企业战略管理中
湖北企业文化与社会责任
融入问题研究

湖北企业文化研究中心 著

吉林出版集团股份有限公司
全国百佳图书出版单位

图书在版编目（CIP）数据

企业战略管理中湖北企业文化与社会责任融入问题研究 / 湖北企业文化研究中心著 . -- 长春 : 吉林出版集团股份有限公司 , 2021.8
ISBN 978-7-5731-0203-4

Ⅰ . ①企… Ⅱ . ①湖… Ⅲ . ①企业文化－社会责任－研究－湖北 Ⅳ . ① F279.276.3

中国版本图书馆 CIP 数据核字 (2021) 第 160011 号

QIYE ZHANLÜE GUANLIZHONG HUBEI QIYE WENHUA YU SHEHUI ZEREN RONGRU WENTI YANJIU

企业战略管理中湖北企业文化与社会责任融入问题研究

著　　者　湖北企业文化研究中心
责任编辑　杨　爽
装帧设计　优盛文化

出　　版　吉林出版集团股份有限公司
发　　行　吉林出版集团社科图书有限公司
地　　址　吉林省长春市南关区福祉大路 5788 号　邮编：130118
印　　刷　长春市昌信电脑图文制作有限公司
电　　话　0431-81629712（总编办）　0431-81629729（营销中心）
抖 音 号　吉林出版集团社科图书有限公司 37009026326

开　　本　710 mm × 1000 mm　1 / 16
印　　张　13.75
字　　数　240 千
版　　次　2021 年 8 月第 1 版
印　　次　2021 年 8 月第 1 次印刷

书　　号　ISBN 978-7-5731-0203-4
定　　价　79.00 元

如有印装质量问题，请与市场营销中心联系调换。0431-81629729

前 言
PREFACE

战略管理在企业管理体系中占据着举足轻重的地位，如今已然成为理论研究的重要内容。战略管理除了在企业管理理论中地位突出之外，在管理实践层面也有着深远影响。企业战略管理是一门重要的管理学科，在众多学科中脱颖而出的主要原因就是其能立足企业经营发展的全局以及企业的未来建设，从深层次和多角度分析与企业生存发展密切相关的重大问题，从而为企业管理与改革指引前进方向。

企业文化在企业的经营发展中发挥着积极作用，和企业成长息息相关，虽然不是其中最为直接的影响因素，但却是最持久的因素，往往起决定性作用。企业的资金、技术、产品、服务、决策等必须以企业的深厚文化底蕴为重要基础与良好保障。企业文化是一种至关重要的组织系统，体现出多元化和独特性的功能，涉及自我改造、完善、调控、凝聚、延续等多个方面。企业文化可以扭转员工落后的价值观念与思想，有效培养员工对企业的认同感以及归属感，密切企业内部成员和整个组织体系之间的关系，把个人的思想感情、行为习惯、信念等方面和组织系统地联系起来，形成一个统一整体，建立良好的企业文化氛围，凝聚成强大的合力，调动广大成员的积极性，使其为促进企业整体目标的实现而不懈奋斗。除此以外，企业文化还处在一个不断完善与发展的进程中，在建立了良性循环体系之后可以长久助推企业发展。诸多实证研究结果显示，企业文化和绩效有着密不可分的关系，主要表现为如果企业文化和企业战略以及整体环境具备高度一致性，那么共同信念就能让上下联系更为便捷有效，提高决策制定的水平，树立相同的思想价值理念，同样有助于企业内部的团结协作，进而带动企业绩效的上升。

随着企业生产运营规模的增大与企业员工素质水平的提升，企业文化在企业建设中发挥的作用不断增强。但是，并不是所有企业均可以自主地认识到企业文化对企业建设的作用。即使有的企业已经认识到这一点，也未必都能构建符合企业实际情况且能促进企业发展的文化体系。对于湖北企业来说，大部分企业虽然已经意识到企业文化的突出价值，但是还没有建立既与企业实际情况相符又可以带动企业发展的文化体系。本书着重研究湖北企业文化发展的现实情况，在此基础上探究湖北企业文化发展的应然趋势。

企业社会责任指的是企业对社会合乎道德的行为，即在通过经营获得利润的同时，积极履行企业对社会的各项责任。企业社会责任运动的蓬勃发展要追溯到20世纪60年代的西方社会，当时大部分的企业都专注于追求企业利润的最大化，还没有意识到自己必须承担更多的社会责任。随着经济全球化的不断加深，企业社会责任理念的重要性已经得到全世界认可。

在策划、编写此书时，笔者参考了国内外的文献资料和有关素材，得到了不少启发；与此同时，也获得了有关领导、同事、朋友及学生的大力支持与帮助，在此致以衷心的感谢！由于时间仓促，水平有限，书中难免有不足之处，敬请同行专家与广大读者批评指正，以便日后能不断改进。

目　录
CONTENTS

第一章　企业战略管理导论

第一节　企业战略概述

一、战略的内涵

历史上，战略是一个与军事密切相关的概念，指作战的谋略。目前，对“战略”的释义主要有两种，第一种指军事战略，即筹划、指导战争全局的方略；第二种泛指对全局性、高层次的重大问题的筹划、指导。

在中国，战略思想具有丰富的内容。“战略”一词最早见于西晋司马彪的《战略》一书，中国古代常称其为谋、猷、韬略、方略、兵略等。春秋时期孙武的《孙子兵法》被认为是中国最早对战略进行全局筹划的著作，这部著作标志着我国古代战略思想的基本建立。其后出现的《吴子》《孙膑兵法》《尉缭子》《司马法》《六韬》等兵书使中国古代战略思想更加完善。在20世纪的革命战争和反侵略战争中，中国的战略理论获得了新的发展，如20世纪30年代毛泽东在《中国革命战争的战略问题》中指出，战略问题是研究战争全局的规律性的东西。

在西方，“strategy”一词源于希腊语“strategos”，原意为“将兵术”或“将道”，即军事将领指挥军队作战的谋略。普鲁士军事理论家克劳塞维茨在《战争论》中为战略下的定义是为达到战争目的而对战斗的运用。

18世纪末，伴随着战争规模的扩大和战争技术的变革，军事战略发展成总体战略。随着战略理论的发展，美国等西方国家出现了更高层次的大战略、国家战略、国防战略及相关的发展战略。战略开始扩展到军事领域外的其他领域，泛指对全局性重大的、高层次决策的谋略。

由此可以看出，战略包含两方面含义，第一，战略的运用是为了达到某种目的，战略本身是达到目的的手段；第二，战略是从全局的、高层次的角度进行的全盘考虑。

二、企业战略的内涵

在企业实践活动日益深化发展的背景下，企业战略管理这一理论在20世纪中后期得到快速发展，并收获了诸多研究成果。但是，业界并没有给出企业战略的统一化定义。

钱德勒在《战略与结构》中对企业战略的定义是确定企业长期基本发展目标和为执行目标必须采取的行动方法与资源分配方案。

安索夫在《公司战略》中强调，企业战略主要包含四个大的要素，分别涉及成长方向、协同作用、产品和市场范围、竞争优势。他的观点是企业战略贯穿企业经营发展全过程，是企业在成长过程中必须牢牢把握的共同经营主线，同时决定着企业经营业务的基本性质。安索夫对战略管理做了许多开创性研究，因此他被管理学界誉为战略管理的鼻祖。

明茨伯格认为，战略可以从五个方面进行定义，包括计划、模式、定位、观念和策略。

（一）企业战略是一种计划

人们常说制定战略并实施战略。对大多数人来说，战略是一种计划。对于企业来说，这种计划是企业为了达成相应目标，由企业领导和管理层制定出来的企业计划，它是企业行动的方向。制定企业战略的过程是计划活动开展的过程，在整个过程中，企业借助多样化的定量或者定性分析法，通过对外部环境的评估以及对企业内部实力的判断，利用科学有效的方法制定战略计划，并对其进行全力执行。

战略作为一种计划的思想在人们心目中之所以如此根深蒂固，是因为战略最初在企业管理中的运用便是以规划的形态出现的。人们从长期预算、趋势分析、差距分析等方法转向战略规划，而规划所要做的便是对资源进行最优配置，编制有条理的行动顺序，控制行为并最终实现预定目标。

（二）企业战略是一种模式

企业战略是企业在以往实践中采取的一系列行为，简单地说就是企业的行为模式。例如，一家企业面临极大的竞争压力，为了改善现状，企业尽可能在产品设计、市场营销等各个环节做到与众不同，希望通过自身独有的特色吸引顾客。这种独特性一旦获得消费者认可，便可帮助企业获得巨大成功。于是，这家企业被认为采取了差异化战略，无论它当初是否做过这样的战略计划。

计划意义上的战略是一种预期的战略，而行为模式意义上的战略是一种已实现的战略。已实现的战略并不一定就是计划的战略，对于一家实施战略管理的企业来说，通常情况下两者皆有而又有所区别。企业不可能完全抛弃战略计划，也不可能圆满而精确地实施战略计划。

（三）企业战略是一种定位

在内外经营环境的约束下，企业需要寻找和确定适合自己生存和发展的市场位置，战略定位在很多时候并不是一件容易的事，它需要领导者具备一定的创造力和洞察力。关于战略定位，波特做了详细的分析。他指出，战略定位是企业竞争战略的核心内容，其实质就是选择与竞争对手不同的运营活动。

企业可以从产品和服务的角度进行战略定位，如三星的“高档数码”战略。同时，企业也可以从顾客需求的角度进行战略定位，如宜家的产品就是为了同时满足注重经济和时尚的年轻消费者。20 世纪 80 至 90 年代，美国航空业一直萧条，而当时还是一家小企业的西南航空公司却取得了巨大的成就。因为西南航空公司从定位上就把自己与其他航空公司区分开来，它将自己的产品定位为低成本、低价格、高频率、多班次的短程航运业务。

（四）企业战略是一种观念

战略是一种观念，是企业在生产运营过程中确定下来的价值观与实践原则，指出了企业基本的处事方法。作为观念的企业战略，将立足点放在企业内部成员共同信念与理解层次上，在集体印象中存在，并不需要被明确阐述。观念体系不鼓励战略改变，至多在组织的整体战略观念之内做一些立场的改变。

关于战略是一种定位以及战略是一种观念这两个方面，明茨伯格指出，两者对于企业来说都是十分重要的。企业的定位与观念应该是一致的。在观念不变的情况下改变定位很容易，但是在保持定位不变的情况下改变观念却非常困难。

（五）企业战略是一种策略

战略是一种策略，即为了击败竞争者而采用的特定的计谋。企业目的的实现并不一定全部依靠行动，有时候引导和威慑也能达到效果。

关于企业战略的定义还有很多，不同学派观点各异，然而正如明茨伯格所说，战略是如此复杂，具有如此多的属性，以至于很难全面地概括。对战略的认知就像是盲人摸象，只有不断地去理解局部，才能向认识整体更靠近一步。

三、企业战略的基本特征

虽然目前对企业战略的定义还没有统一，但是对企业战略的认知在不少层面已达成共识，也就是了解了企业战略的基本特征。

（一）全局性

企业战略要求对企业各个构成部分进行有效协调，将内部子系统有机地结合起来运作，并非强调或突出某个部门或某个目标，而是寻求企业整体发展水平的提高。企业战略是企业高层制定的决策，该决策包含所有企业资源配置，同时关乎企业的长久建设。例如，企业中存在着不同的事业部，每个事业部经理都希望自己的部门能获得最好的发展，但从企业整体战略部署的角度考虑就会有主次之分，有的部门会加大投入，有的部门会减少投入，从企业整体的角度来看，甚至有可能会为了某个事业部的发展而牺牲另一个事业部的利益。由此可见，企业战略的目的不是要哪一个部门达到最优，而是立足全局做好布局，以保证整体目标和终极目标的达成。

（二）长远性

企业战略面向的是企业未来很长一段时间，对企业怎样生存与发展等重大问题开展的筹谋规划，并非短期经营发展计划。通常而言，企业战略往往着眼于未来 3 至 5 年，甚至更久。海尔用了 7 年时间实施名牌发展战略，在建立了品牌的声誉与信用之后，又用了 7 年时间实施多元化产品战略。要想确保长远目标的达成，短期内往往要付出较高的成本。针对这样的情况，企业管理者需要在近期和未来之间进行有效平衡，太注重短期利益，会影响长期发展，但是只追求长远发展而不顾短期利益也会给企业带来风险。

（三）指导性

企业战略管理处在整个管理层次中的最高层。企业战略目标和达成目标的方式是一种整体性以及原则性的规定，是面向企业未来建设提出的全局规划。企业日常的运营发展必须把企业战略作为基础。在确定经营决策的过程中，企业应该把战略作为根本指导，如设计部门该如何设计产品取决于企业实施的竞争战略，成本领先战略强调产品必须方便生产，差异化战略则要求产品具有特色。另外，企业的管理方式也要以战略为指导，如实施差异化战略的企业可以通过主观评价激发员工的创新积极性，而实施成本领先战略的企业则可以通过严格控制的定量化目标激励员工。

（四）竞争性

企业积极践行战略管理的终极目标是提升企业的市场竞争优势，所以企业战略必须充分把握当下市场竞争的整体形势与企业自身的竞争实力，在此基础上抓住机遇，发挥优势，弥补不足，进而在激烈的市场竞争中获得优势，给企业生存发展提供保障。战略的竞争性同样关注企业和企业之间的团结协作。如今的市场竞争环境非常激烈，这无疑给企业发展带来了很大的挑战。在这样的背景下，很多企业开始通过战略联盟建立相互合作关系，在竞争和合作中提升战略优势。其中不乏与竞争对手的战略联盟，以提高企业竞争实力。例如，雀巢与其竞争对手可口可乐联手进军中国茶饮料市场，利用双方的优势互补取得了巨大成功。

（五）风险性

企业战略是面向企业未来的一种规划，是企业面对市场环境，为了求得更好生存发展而制定的策略。但是，未来有很大的不确定性，存在着各种各样的变化性因素，因此无论哪种企业战略都是存在风险的。战略风险的概念在管理领域的提出最早始于决策理论，罗伯特·西蒙认为，战略风险是无法预料的事件或者一系列事件的出现大幅度降低企业管理者实施其原定企业战略的能力。例如，突如其来的金融海啸令众多企业措手不及。风险具有客观存在的特征。有些风险是无法回避或消除的，不过企业可通过有效的管理降低风险，从而减少其可能带来的损失，如建立风险评估体系，增强企业的灵活性与适应能力等。

（六）相对稳定性

企业战略明确指出了企业发展的目标，而且确定的目标具备长远性，同时可以给企业成员带来良好的帮助与指导。在企业战略中，战略目标、方针、重点、程序等都需要维持相对稳定性，避免出现朝令夕改的问题，否则会让内部成员出现恐慌和不知所措的情况。但是，这并不意味着战略是完全不会发生变化的，而且没有变化的战略是非常危险的。战略制定必须要依靠企业的核心实力以及外部环境，不过环境处在不断发展与变化中，其中存在很多无法预测的因素，所以战略必须随环境变化而优化调整。

四、企业战略的层次

在确定了整体目标之后，企业就会将其细分为不同层次的具体目标。企业整体目标的达成必须依靠每个层次具体目标的达成。企业战略的目的就是帮助企业达成目标，所以企业战略要渗入企业的不同层级，并基于各层级战略制定和落实，确保具体目标的达成，进而实现整体目标。企业战略和管理层次存在对应关系。在大中型企业中，特别是多种经营的企业里，战略一般可分为三层，即总体战略、竞争战略和职能战略。对于部分中小企业，由于其内部没有相对独立的经营单位，因此不必刻意将战略划分为上述三个层次。

（一）总体战略

总体战略指企业最高层的整体化战略，也是企业领导层指导与把控企业所有行为的最高纲领，它对企业的发展实践起着引导作用。总体战略对象是企业需要着重解决的问题，包括企业目标在全面研究企业内外部环境与发展情况的基础上确定企业经营发展领域；科学配置企业运营发展必不可少的资源，确保每项经营业务彼此支持与协调一致，确保战略目标的实现。总体战略要高度重视企业和公众之间存在的各种各样的交互关系和社会责任的履行。

（二）竞争战略

竞争战略指基于企业的总体战略，尤其在共有企业使命的基础与前提条件下，结合每个事业部门面对的机遇与挑战、自身已有条件等，制定的有效的战略决策。竞争战略的核心与重点内容是确保企业在行业或者某个细分市场中占据竞争性地位。在通常情况下，事业部门是有自身职能部门存在的，要促进竞争战略的落实，就必须把整个战略分解到每个职能部门。在践行企业整体战略中，竞争战略要把握以下内容：践行企业共同使命，发展机遇与挑战，内部条件，发展目标与要求，发展侧重点，阶段与策略。

（三）职能战略

职能战略是为确保总体与业务战略的顺利落实所制定的战略，是对企业职能的一种战略计划。职能部门应确定所需要完成的工作以配合总体与竞争战略的实施。职能战略的侧重点是怎样提升企业资源利用率，包含细致方案与计划，同时包括多个职能部门，比如营销战略、人力资源战略、研发战略等。职能战略重点内容有践行目标，确定职能目标并进行论证分析，职能发展侧重点，阶段与重要策略，战略实践中的风险与应变。

第二节　企业战略管理概述

一、企业战略管理的内涵

企业战略管理指企业在制定与落实战略过程中做出的决策与开展的活动，决策与活动均确保企业目标的达成。乔治·斯坦纳在《企业政策与战略》一书中特别强调，企业战略管理是明确企业共同使命，结合企业外部环境和内部经营要素确定企业目标，保证目标正确落实并使企业共同使命最终得以实现的一个动态实践过程。这个概念主要涉及三个层次的含义，第一，在落实企业战略管理的过程中，必须始终注意企业面对的外部环境以及企业内部的发展现况；第二，为促进企业战略管理的落实，应该把核心放在企业共同使命以及终极目标层次；第三，企业战略管理过程具备动态性。企业战略管理也可被分成制定、实施、评价这三个阶段。但是，在具体工作中，这三个阶段并不一定有清晰明确的划分。战略评价中有可能会部分践行战略，而战略执行中可能会由于环境变化需要重新研究。

二、企业战略管理过程

企业战略管理过程具备连续性以及循环性，整个过程包括以下几个阶段：

（一）企业战略制定

企业战略制定包括研究总结企业面临的外部机会和威胁，分析企业内部的优势和劣势，制定企业愿景和使命，建立企业的长期目标，提出可供选择的战略方案，以及确定最终的战略方案。

1. 外部环境分析

对外部环境进行全面考量的重要目的在于发现企业当下面临的发展机遇与巨大威胁，既要关注企业现在所处的环境，又要放眼未来的环境变化趋势。企业存在于宏观大环境中，经济、人口、文化、政治、技术、政府等多个方面都会影响到企业。当然，这些环境变量也处在持续发展变化的过程中，从而使新的需求不断产生，而有些原有需求在不断减少。日益变化的需求以及日益变化的环境要求企业既要把握住环境变化带来的重要机遇，又要针对这些变化带来的风险提出强有力的应对方案。企业要时刻关注自己的竞争环境，如是否有竞争者提供了新产品，替代品的出现是否会对企业造成巨大冲击，与自己合作的供应商是否会发生变化等。企业面对激烈竞争的环境应该始终保持警觉性，运用灵活有效的方法进行针对性处理，适应日益变化的环境，进而防控风险。

2. 内部环境分析

从根本上看，研究企业的内部环境就是要发现企业优劣势。企业本身是拥有一定资源的，对持有的各种资源进行整合运用，就会造就企业独特能力。这些能力表现在企业的管理、营销、财务、生产、创新研发等不同环节。企业应该正确识别与评估其在哪些环节存在优劣势，并确定发挥优势与弥补不足的战略措施。

3. 企业愿景、使命和目标的确定

确定企业的愿景和使命要解决如下问题。企业是什么？企业应该是什么？企业为什么存在？企业将来会变成什么样子？这些关于企业基本问题的界定需要在企业内形成共识。企业愿景确定了企业的核心观念和思想，也面向企业的未来发展绘制了远大蓝图。企业使命所体现出来的是企业业务实践范围。在明确愿景与使命之后，企业需要在一些关键领域确定各种长期目标。企业的长期目标是企业制定战略的基础。

4. 企业战略方案的提出

在经过了上面的战略研究后，企业对外部环境、行业特点、竞争结构、竞争对手、自身实力、核心观念以及发展方向等都有了较深入的了解，接下来就要寻找合适的战略。企业战略内容涉及要开发的产品与服务、要选择进入哪个市场、怎样顺利步入目标市场、怎样做好企业资源的优化配置、怎样优化企业业务竞争等。

5. 企业战略选择

在通常情况下，企业有多个战略方案可供选择。接下来，要根据股东、管理人员以及其他利益相关者的期望目标确定战略方案评价标准，然后结合讨论得到的具体标准，评估每一种方案。制定出来的评价标准可以有效衡量企业战略的环境适应度、战略优越性、战略可行性等。

（二）企业战略实施

企业战略制定的成功并不意味着战略实施一定会成功。战略实施比战略制定要难。企业要实施战略必须把握好适度合理、统一领导与指挥、权变这几个原则。为促进战略的顺利实施，企业必须积极构建有助于战略落实的组织体系，优化组织机构中的资源安排，构建完善全面的内部支持系统，充分体现领导的指导与榜样作用，确保内部组织与企业文化和整体战略的高度一致性，妥善处理好内部各个层面的关系，激励所有员工共同参与战略实施，从而为目标达成提供保障。

1. 企业战略实施中的管理问题

企业战略实施的首要任务就是将战略管理的责任从战略制定者向战略执行者转移。如果战略决策与管理者预期的个人收益存在较大出入，战略的实施将很难得到保证。在战略实施过程中，最重要的管理问题包括制定年度目标、制定政策、配置资源、调整现行组织结构、企业改组和流程再造、调整奖励和激励计划、减小变革阻力，使管理者适应新的战略、培育支持新战略的企业文化、调整生产作业过程、发挥有效的人力资源管理功能及优化企业规模。

2. 企业战略实施中的营销、财务、研究和开发、计算机信息系统问题

战略的顺利实施依赖各部门在具体环节上的正确贯彻落实。在现实社会真实的企业经营环节中，仅有不到 10% 的已经制定的企业战略得以成功落实。导致成功率过低的原因多种多样，比如没有做好市场细分、成本过高、在研究开发方面落后于竞争者、没有充分认识到先进管理技术的重要性等。

3. 企业战略评价

企业做好战略评价工作的主要原因包括以下几个方面。企业的战略环境处在持续发展与变化中，企业资源也在发生着改变，企业战略很有可能会显现出和环境不适应的问题，在必要时要做好调整工作；评估战略落实效果是做好战略把控的根基，简单地说，没有战略评价也就不会有战略把控；评估战略落实效果能衡量企业成员绩效情况，并以此为依据落实激励措施。

企业战略评价主要涉及三个重要事项，分别是考察战略内部基础、对照预期和实际结果、运用有效纠正策略确保行动和计划的高度一致性。

第三节　企业总体战略决策

总体战略是公司对整体发展方向及实现方式的确定，主要包括三大部分，每一部分都由若干具体部分和内容组成，每一种战略都有其特定的适用范围。

一、发展性战略

（一）发展性战略概述

发展性战略是企业为了在原有基础上扩大范围，增强实力或为了进入新领域所采用的战略。其目的是为了企业整体业绩的提高和企业进一步的发展。

采用发展性战略一般需要具备三个主要条件：①有较大的资源投入；②外部环境发生或将要发生明显变化；③内部条件具有可利用外部机会的优势。

发展性战略由三大部分组成，分别是集中、多元化经营与一体化战略。其中，每一个大部分又由若干具体部分组成。集中战略涉及市场渗透与开发、产品开发。多元化经营战略包括同心式多元化、混合式多元化。一体化战略涉及纵向和横向一体化，而纵向一体化又被分为前向一体化和后向一体化。

（二）集中战略

集中战略指企业把所有或者大多数资源集中用在某个行业或者某个业务领域，以便在这个领域得到最优业绩。企业所选的这一领域应是最能发挥企业优势的领域。

1. 集中战略的优缺点

（1）企业采用集中战略的优点。①资源优势集中。把企业的人、物、财、研发能力和企业形象等集中于某一个产品和服务领域，有可能获得相对的竞争优势，占领一部分稳固的市场。中小企业应该特别重视这一战略。因为中小企业可能在某一行业内总体上处于劣势，但可以通过缩小范围找到最能发挥自己优势的领域。②取得规模经济效益。扩大产量后，企业可以充分利用其固定成本，加深专业化程度，促使单件成本降低。③经验积累。长期在某一领域内经营，企业可以逐年积累、丰富和优化技术与管理经验，从而带来两大好处，一是成本降低；二是产品和服务逐渐形成特色。

（2）企业采取集中战略的缺点。①有可能因环境的变化而带来较大的风险。②产品和服务品种单一，限制了企业的进一步发展。③限制了企业在不同的业务领域内优化配置资源而产生的效益。

2. 集中战略的内容

（1）市场渗透。市场渗透指企业努力提升产品或服务所占的市场份额。这一战略被广泛地单独使用或同其他战略结合使用。市场渗透的做法包括增加销售人员、提高广告开支、采取广泛的促销手段或加强公关宣传。

市场渗透战略的目的是充分发挥自己的潜力，进一步拓展市场，提高企业的市场占有率，获得更多的利益。当企业面对如下情况时，可考虑通过市场渗透战略获得更大的市场份额，从而提高企业盈利水平。①特定产品和服务在市场上没有饱和；②用户产品使用率还能实现明显提升；③在产业销售额上升时，企业的主要竞争者所占份额在降低；④销售额和营销费用存在相关关系；⑤规模增加能获取极大的竞争优势。

（2）市场开发。市场开发指把企业现有的产品或者服务投入新地区的市场。在日益激烈的市场竞争中，企业都渴望扩大市场。当企业拥有一定的条件时，采用市场开发战略，可以扩大市场占有率，提高竞争能力。在如下情况下可考虑市场开发战略。①企业能得到安全可靠、经济性强和高质量产品营销的路径；②企业经营获得了极大成功；③存在没有被开发或者没有饱和的市场；④存在扩大经营，需要人与资金；⑤企业有过剩的生产力；⑥企业主业是全球化的产业。

（3）产品开发。产品开发指基于优化与转变产品或服务的方式扩大销量。开发产品往往要在研发中投入很多资金，不断地推出新产品是企业得以发展的关键。企业面对如下情况时应重点实施产品开发战略。①企业有着成熟和成功的产品，在这样的情况下，企业能吸引老客户试用新产品，其原因在于老客户对企业原有产品或者服务已经有了满意体验；②企业投入竞争的产业是处在迅猛发展阶段的高新技术产业；③企业比主要竞争对手能提供更高质量的产品；④企业的研发能力很强。

当企业不具有上述条件时，其开发新产品的能力较弱，开发新产品可能会使企业面临其所不能承受的负担。此时，企业只能模仿其他企业的新产品，跟在它们的后边。但是，只要跟得快，也可以获得新产品的利润。

（三）一体化战略

一体化战略指企业在目前经营范围的基础上进行纵向或横向的扩展，包括纵向一体化和横向一体化战略。

1. 纵向一体化

纵向一体化可被具体分为前向一体化和后向一体化。

（1）前向一体化。前向一体化指企业建立、并购或者利用合资方法运营一个或者多个企业，朝着产品销售业的方向发展。企业采用前向一体化战略的主要目的是提高产品的销售成果，企业面对以下情况时，可以应用该战略。①现有销售商不可靠或者成本过大，无法满足销售要求，于是企业自主销售，以此控制与降低成本；②目前能运用的高质量销售商非常少，企业自己开展销售业务可以更加主动，并在这一过程中获得竞争优势；③企业目前所处的行业显现出迅速增长的发展态势，或者预期能实现迅猛发展，企业自己开展销售可以更好地掌握市场和利用市场的发展，获得产业增长的好处；④最终用户的需求变化快、多样化，运用前向一体化的战略方法能让企业预见市场，对自身所生产的产品有足够的信心；⑤经销商有较高的利润，通过前向一体化，能帮助企业在销售自身产品时得到高利润，且能为自身产品确定富有竞争力的销售价格；

⑥企业拥有销售自身产品必不可少的人力与财力，落实该战略可以获得上述所说的好处，如降低交易成本、直接掌握市场、获得更多的利润等。

（2）后向一体化。后向一体化是企业建立、并购或合资经营一个或者多个企业，朝着供应零部件或者原材料的方向发展。当企业发展到一定规模时，从降低采购成本、提高经济效益等角度出发，企业通常会选用这样的战略方法，其优势以及条件主要体现在以下几个方面。①企业现有供应商不可靠或者成本过高，无法满足企业在原材料与零部件等方面的需求，企业采用后向一体化可以降低采购成本，稳定供应渠道；②供应商数量少而需方竞争者数量多，企业自己控制渠道能保证所需的供应，增强竞争优势；③企业所在产业发展迅猛，在增加生产规模的同时必须增加供应规模，那么运用这样的战略可以让企业实现迅速发展的目标；④目前的供应商或者极高的利润表明其所处领域是值得进入的产业，采用后向一体化既保证了供应又获得了采购利润；⑤采用后向一体化是企业得到企业建设所需资源的重要保障力量；⑥在企业已然拥有了自主生产原材料必不可少的财力与人力后，采用后向一体化可以获得上述各种条件下的好处。

2. 横向一体化

横向一体化指企业借助并购或者合资经营处在同一个行业与阶段的企业，得到竞争对手所有权或者强化控制效果。这种做法的好处是提高企业的规模经济，扩大市场份额，减轻竞争压力，提高资本利用率以及重新划分市场。在下述情况下企业可考虑采用横向一体化战略。①企业参与到正在成长的产业的竞争活动中；②通过增加规模，使企业得到竞争优势；③企业有着提高大规模组织机构管理有效性的人力和财力。

（四）多元化战略

多元化战略指企业同时提供两类及以上产品或者服务。企业多样化战略被分为两种基本类型，即同心式多元化战略和混合式多元化战略。该战略和上面所提到的集中战略相反。

1. 多元化战略的优点

①能有效分散投资风险，更易得到理想的投资效益。②可以在多类业务处理过程中发挥良好的协同作用。③可以在多类业务处理中对资源进行合理安排，产生“1+1 > 2”的效果。

2. 多元化战略的缺点

对实力比较弱的中小企业，一般要慎重采用多元化战略。采用多元化战略，有可能带来如下缺点。①资源分散性的特征导致企业在原领域竞争力下降；

②企业在不熟悉的领域缺少经验，造成成本上升或者风险提高；③可能会让企业现金流动难度加大；④管理工作过于烦琐复杂。

3. 多元化战略的适用情况

无论是大企业还是中小企业都有可能采用多元化战略，一般出现下述情况时可以利用该战略。①企业原来所处的行业或者原有开展的业务发展速度慢，目前已然步入了生命周期中的成熟期，且朝着衰退方向发展；②新业务存在广阔的发展前景；③新业务的开展能对原有业务带来很强的带动作用；④市场需求不确定性大，因而风险较大；⑤原有业务的市场容量有限，同时企业具有开展新业务的资源。

4. 同心式多元化战略

同心式多元化战略指企业发展的新业务与原有业务具有一定的相关性，是以原有的产品、技术能力、生产能力、销售能力和客户群为中心发展起来的。

5. 混合式多元化战略

混合式多元化战略指增加新的与原有业务不相关的产品或服务。

（五）发展性战略的实施方式

实施上述企业发展战略要有一定的方式或手段。企业并购、内部创业和合资是企业进入某行业或业务领域进行一体化战略和多元化战略可以选择的三种手段，这三种手段也被称为企业进入战略。手段与目的一定要分清楚，也就是说企业不能为了并购而并购，为了合资而合资。

1. 并购方式

企业并购指通过企业资产支配权的转移实现企业经营权的转移，包括企业收购和兼并。两者虽然不太一样，但对于企业战略来说差别不大，故统称为企业并购。

2. 内部创业方式

内部创业指企业积极开展内部创新活动，并以此为基础开发新产品，参与到新市场竞争中，或者更新、塑造市场，从而进入一个新的行业。

3. 合资方式

合资指若干个企业通过按比例投入资产或合作等方法进行有效结合，组建新企业进行经营发展。

二、稳定性战略

稳定性战略指企业基于原本战略保持稳定发展状态，因而在战略层面不进行较大调整。应用该战略的企业不必改变战略经营方向和调整运营发展范围，只需要依照一定比例提升目标即可，可以提升利润目标，也可以提升营销目标。在稳定性战略下，企业可以将资源集中用于原有产品与服务中，并通过提升部门与广大员工综合表现的方式保持竞争力和提升一定的竞争优势。

（一）稳定性战略的好处

在条件适合的情况下，企业采用稳定性战略具有如下好处：

1. 风险比较小

采用稳定性战略，企业可以基本维持原有的经营范围和市场范围，减少开发产品和市场所必需的资金投入，避免因前景的不确定性而给企业造成损失。

2. 保持企业内部平衡

采用稳定性战略，企业可以保持内部经营目标、经营资源、生产能力和组织结构等各部分的平衡，避免由于失衡带来混乱。

3. 充分挖掘内部潜力

采用稳定性战略，企业可以充分利用现有的人力、物力等资源，调动员工的积极性和创造性，通过经验的积累而逐步降低成本，并使原有业务不断创新。

（二）稳定性战略的条件

1. 原有战略仍然正确

由于对环境变化预测比较准确，原有战略符合环境的变化。

2. 对未来看不准

环境发生了变化，但企业一时还看不准未来的趋势，因而无法确定正确的战略。匆忙中确定下来的企业战略很有可能让企业出现战略失误并遭受极大的损失。

三、撤退性战略

（一）撤退性战略的概念

撤退性战略指企业通过出让整个企业或企业的某一部分，停止企业的全部或部分经营活动的战略。实施撤退性战略的主要目的是通过有计划的退出过程，使企业能更多地收回投资。企业采用撤退性战略的原因有很多，一般主要有以下几种：

1. 退出前景不佳的经营领域

原有经营领域已经经过了成长期和成熟期，企业已经获得了较好的收益，现在该领域已进入或将要进入衰退期，前景不佳。

2. 突出主营业务

企业放弃一些与主营业务关系不大、竞争优势较弱或业绩不好的业务，进一步增强主营业务的能力。

3. 进入新的业务领域

企业找到了更有发展前景、更适合自己条件的业务，进入新的业务领域需要大量的投资和资源的转移。

4. 改善财务状况

企业为了增加现金流入，可能出让一些业绩并不差的业务。

（二）撤退性战略的内容

撤退性战略具体包括以下三种战略：

1. 收割战略

收割战略也被称为榨取战略，指企业尽可能地从经营单位或业务中收回现金的战略。实施收割战略时，企业通过调整组织、降低成本、削减或停止投资、减少资产、收回资产等方式收缩或逐步退出某行业，增加现金流入量。

2. 放弃战略

放弃战略指企业在衰退初期就把经营不善的经营单位或业务出让，最大限度地收回资金。在实施放弃战略时，最重要的是把握出让时机。如果时间过早，原业务以后可能仍会增长，给企业造成损失；如果时间过晚，企业的谈判能力就会下降，出让的价格就会降低。

3. 清算战略

清算战略指企业全部停止营业并进行清理。按原因其被分为破产清算和解散清算。根据《中华人民共和国公司法》，破产清算的主要原因是企业经营管理不善造成严重亏损，不能偿还到期债务而必须进行破产清算。解散清算的原因是根据公司章程规定、股东大会决定、企业合并和分立等情况企业需要解散清算。

第四节　企业战略管理的过程

明确了战略、企业战略和企业战略管理之后，本节将从动态的角度、运用系统的原理描述企业战略管理的全过程。其基本思路是企业的领导层与高管研究企业发展目标和共同使命，并以此为依据，剖析企业当前所处的外部环境；明确企业发展面对的挑战和机遇；评估企业内部条件，发现企业优劣势，基于此确定企业战略。根据战略要求配置企业资源，通过计划、预算和程序确定企业战略。在战略落实环节，企业应该积极评估战略落实的效益与成果，及时进行信息反馈，确保有效控制其生产经营活动，并根据变化情况调整企业战略，或修正原有企业战略，或制定新的企业战略，开始新的战略管理过程。

企业战略管理的全过程是一个循环往复、不断发展、逐步完善的动态过程。动态的企业战略管理全过程，一般被划分为四个阶段，即战略制定、战略实施、战略控制、战略调整。

一、企业战略制定

企业战略制定最先应该考虑并且解决好的问题就是企业是一个怎样的企业。

（一）大体过程

企业战略制定的大体过程是剖析企业面对的环境，明确战略要素，如宗旨、目标、资源、经营范围等，进而制定企业战略规划。

（二）基本原则

企业战略制定的基本原则是发挥企业优势，克服企业劣势，利用企业机会，避免企业危机。

（三）核心思想

企业战略制定的核心思想是始终保持企业未来环境、未来条件和战略目标的平衡。

（四）主要步骤

企业战略制定的步骤包括以下三个方面：

1. 研究企业战略环境

企业战略环境的研究是在分析企业内外环境和条件的基础上，预测企业战略所面临的情况和整体形势。这样的环境分析是制定有效战略的基础与前提，也给战略落实提供了假设。通过对环境情况进行综合研究，企业能了解其优劣势和当前面对的机遇与挑战。

2. 确定企业战略要素

企业战略要素一般包括五个方面：

（1）宗旨。确定宗旨实际上就是确定企业的任务与共同使命，尤其是确定企业应该秉持的正确价值观。企业宗旨所体现的是企业力求和社会共同发展的生存理念。通过对宗旨进行分析，企业能基本把握社会责任与经营管理哲学，使其在行动中始终把握正确行动准则。宗旨对企业经营范围的陈述是企业从事的领域；宗旨对企业未来方向的陈述是企业的战略宗旨。

（2）目标。宗旨阐明了企业目标和价值，指出了企业建设发展应该把握的方向。目标实际上就是确定宗旨实现程度和未来要得到的成果。企业目标是由总目标或战略目标、子目标、细目标所构成的一个系统。

（3）经营范围。经营范围指企业为有效达成发展目标，而在经营生产过程中涉足的生产与市场领域。要对战略领域进行有效确定，实际上就是明确企业将来要生产经营的内容、对象等。

（4）竞争优势。竞争优势为企业战略提供了重要支柱。企业战略价值基于和竞争对手存在的差别化优势，使企业可以在激烈的竞争环境中站稳脚跟，得到客户的青睐。

（5）经营结构。确定经营结构、战略体制是企业管理者的基本任务，企业要在所从事的经营领域中确定竞争优势，必须从战略的角度合理配置资源，建立与经营领域及其差别优势相适应的经营结构。

3. 企业战略规划的制定

战略规划是体现企业战略要素具体内容的战略指导思想、重点、阶段、资源、策略的结合体。战略规划是在多方案论证基础上的企业经营决策。其主要内容包括以下几个方面：

（1）确定经营战略目标。这是企业经营战略的起点。目标要有根据，即企业必须解决已经发生和将要发生的生产技术方面的问题。首先，企业要对经营环境进行深入的调查研究和详尽的分析，找差距、找问题、找原因；其次，要进行定性、定量分析，纵向、横向比较论证，在此基础上，初步确定决策目标；再次，组织专家进一步论证；最后，谨慎地确定决策目标。目标要定量化。尽可能使决策目标定量化，作为实施决策的检验标准，如质量指标、数量指标、技术指标、时间指标等。

（2）搜集有关信息资料。这是企业经营战略的前提。围绕企业经营战略目标，搜集有关信息情况，经过加工整理使之成为战略分析所必需的资料。

（3）拟定备选方案。这是企业经营战略的基础。备选方案要具有指向性，所拟定的方案应该紧紧围绕所确定的目标和所要解决的问题；备选方案要具有完整性，所拟定的全部方案可能包括解决问题的所有方案；备选方案要具有排他性，所拟定的各个方案之间要相互排斥，体现差异，便于比较；备选方案要具有灵活性，所拟定的各个方案应该根据当时的实际情况灵活设计；备选方案要具有创新性，所拟定的各个方案需要决策者充分发挥智慧、经验，大胆设想、大胆创新。

（4）评价选择最佳方案。在拟定备选方案的基础上，企业需要对各个方案进行全面分析、认真比较和总体评价，以选择最优方案。评价选择方案是决策的关键和最重要的环节。评价选择方案包括两个过程，一是评价阶段，即对备选方案进行充分分析、论证、评价；二是选择阶段，即对评价比较的结果进行总体权衡和最终抉择，选择最优方案，也就是人们俗称的“拍板”。评价选择方案先要根据决策目标确定一个合理的选择标准；然后再确定一个合理而科学的选择方法。

二、企业战略实施

企业战略实施是通过一系列的计划、方案、预算、流程安排等活动达成战略目标的实践过程。

（一）中间计划

中间计划是一种介于企业长久战略和实践方案的计划，通常是一年。在内容上，它包括比行动方案更全面的内容。

（二）行动方案

行动方案是企业为确保计划完成而给出的具体活动与步骤。

（三）预算

预算是企业针对财务收支情况的预先设计，是战略目标得以达成的财务保障条件。

（四）程序

程序是完成特定任务的方法与步骤的总称。在程序设计中，企业可以充分发挥计算机技术的优势，把科学先进的管理方法整合起来，确定出科学有序的工作程序。

三、企业战略控制

企业战略控制指对比实际成效和预定目标，找出差距，采取措施，达到目的。

（一）确定评价标准

确定评价标准的重要目的是建立能对战略落实情况进行评估的指标系统。其内容主要包括以下几个方面。

1. 定性指标

定性衡量标准包括以下几项：①战略与环境保持平衡性；②战略与资源保持匹配性；③战略内部各部分保持统一性；④战略保持相对稳定性；⑤战略保持可行性和可操作性；⑥战略注重评估风险性。

2. 定量指标

定量指标指经济效益、劳动生产率、产品质量、产量、产值、成本费用、利润、销售利润率、市场占有率、新产品研发等。

（二）衡量实际成果

实际成果是战略实施中达到具体目标情况的反馈。企业可以依托管理信息系统，借助科学有效的控制方法与系统掌握准确的成果信息。

（三）评价工作成效

将实际成果与预定的战略目标进行比较，可以了解如下情况：①正偏差，即实际成果超过预定的战略目标，若是稳定协调的发展结果，则是良好的结果；②负偏差，即实际成果落后预定的战略目标，这是不好的结果，要查找原因，及时采取措施，进行调整；③基本达到目标，介于以上两种情形之间，存在偏差，但是基本上属于好的结果。

四、企业战略调整

企业战略调整指当实际和预期目标存在差距时，对企业战略进行修订、改变、补充、完善的过程。

（一）企业战略调整的原因

1. 客观原因

由于客观环境变化和条件改变，企业战略的长期稳定性与改变性之间产生了不协调，由此带来了战略与实际情况不相符，进而需要调整企业战略。

2. 主观原因

企业战略调整主要受三方面主观因素影响，一是受战略制定者的意识、思想、动机、能力、知识、价值观等主观因素影响；二是受战略执行者的理解能力、认知能力和执行能力等因素影响；三是受战略评价者的知识、经验、能力等因素影响。

（二）企业战略调整的类型与程序

1. 局部性调整

局部性调整指对战略所进行的较小范围的改变，而不涉及战略方向或全局的改变。这种调整可以由执行单位进行，并报综合部门备案。

2. 职能战略调整

职能战略调整是对子战略的调整，涉及的范围比局部性调整要大些，但是又比总体战略调整范围小些。这种调整可以由职能部门提出调整方案，并报综合部门审定后，经过主管领导批准后执行。

3. 总体战略调整

总体战略调整涉及企业全局的、长期的、基本方向的调整。这种调整可以由综合部门提出调整方案，由领导集团讨论后，报主管部门批准后执行。

（三）企业战略调整的方法

企业战略调整不是权宜之计，而是每期都要进行的。在通常情况下，企业会运用战略滚动法。战略滚动通常情况下有着极大的时间上的跨度，一般超过三年。因为滚动中总会有四年的重复调整和持续准备时期，所以其可以缩短企业战略和实际情况的差距。

第二章　企业文化与战略管理

第一节　企业文化的内涵与构成

一、企业文化的内涵

（一）企业文化的概念

在对企业文化内涵进行研究的过程中，对国内与国外学者在研究企业文化概念时的成果进行简单叙述是非常必要的。

美国学者在对比美国和日本企业管理模式的过程中发现，美国的企业管理过去过度关注企业的资源、制度与组织机构建设，但是随着认知识水平的提升，开始转变这样的思路，朝着更加重视人和企业员工的方向发展。出现这种转变的主要原因是这些企业意识到企业文化是现代企业管理的创新观念，不仅关注企业的管理方法与技术，还关注企业生存发展的精神、物质以及外部环境；企业管理不仅要基于物进行关联思考，还要立足企业内外部的所有因素和条件，探寻创新型的管理模式，以便让内外部因素彼此影响和制约，从而达到一种良性平衡。

《Z 理论——美国企业界怎样迎接日本的挑战》一书中指出，企业文化是由气氛与传统组成的。与此同时，文化体现着企业价值观，如拼搏进取、保守、灵活等。企业价值观促进了企业行为规范与员工活动。企业管理者通过言传身教，把企业文化所规定的标准和规范传输给广大员工，并实现代代传承。本书作者提出的观点是只有在组织内培养共同目标与信任感，才能在经营层面上收获成功。

《追求卓越》这本书则着重叙述了卓越企业的典型特点，分别是注重实际行动、有效贴近消费者、具有独立自主与企业家的精神、凭借人的力量提升生产力水平、把企业价值观作为根本动力、坚持在本行业竞争与发展、宽松和严格相结合、简化程序精兵简政。在对上面提到的特征进行总结和分析后，发现无论是哪个特征都和人有着密切关系。企业的管理者不能闭目塞听，在固定空间中冥思苦想，而要到生产一线，真正和一线员工交流互动，在和员工的沟通交流中构建企业价值观，身体力行地强化与落实价值观。卓越企业可以收获成功的主要原因就是其拥有独特的企业文化。

《公司文化——公司生活的礼节和仪式》这本书的作者在研究了数十家美国企业之后，给出了以下结论：企业文化构成要素主要包括企业环境、价值观、模范人物、礼节仪式与文化网络。该书作者指出，人是整个企业中最大和最为重要的资源，而要对企业进行优化管理，充分发挥人的积极作用，就必须基于企业文化的渗透机制。学术界认为，这本书的诞生标志着企业文化形成系统性的管理理论。

国内也有不少学者在企业文化研究方面创造了一系列成果。

许鹏、陈力在《企业文化》一书中指出，企业文化是基于文化学视角观察到的企业所有活动和由此引起的所有社会现象。企业文化是企业作为社会群体存在的特殊形式，更是企业生存发展的重要保障。企业文化所反映出来的企业思想、心理与行为模式往往能体现在企业生产经营与组织生活中。其中，企业观念在这一过程中处于主导地位。企业文化是企业成员共同创造、认同、传承与更新的文化，所以在企业内显现出共同性，在企业间则显现出差异性。

刘炳瑛在其主编的《企业文化建设论纲》一书中对企业文化内涵进行了说明，他认为企业文化是维持成员凝聚力与统一性，以企业经营哲学、行为规范、价值观、目标信念等为内容的新型管理模式。

郝真在其主编的《企业文化建设的运作》一书中对企业文化内涵做了如下阐述：企业文化指企业或行业在自身发展过程中，在长久的生产、经营、管理等活动中建立的、居于主导地位的，并且得到所有员工认同与遵守的共同行为原则与价值观。

国内外学者对企业文化的定义大体可分为四种类型：

1. 总和说

总和说认为，企业文化是逐步形成并为所有员工认同遵守，能体现出企业独特价值观、经营作风与准则、企业精神、道德原则、长远目标等的总和。或是说，企业文化是企业软硬件的结合体、外显与内隐文化综合体、物质和精神财富总和。

2. 群体说

群体说认为，企业文化属于群体文化，是企业外在文化环境、内在文化特质和群体文化素养的综合体现，是企业价值观与行为原则等在群体中和社会上产生的文化影响。也有观点指出，企业文化是某个行业的企业群在长时间发展中建立的公共性企业文化。

3. 构成说

构成说基于构成要素视角展开研究，认为企业文化是由行为文化、心理文化和物质文化构成的综合体，抑或是经济与文化意义的混合体。此处所提及的文化指人们面对知识时的态度，对待利润的心理，在处理人际关系过程中展现的处世哲学等。

4. 观念说

该学说认为，企业文化是一种观念层面的价值观，是企业的经营哲学与信仰。企业文化抑或是企业价值观、观念形态与文化形式的总和。

由此可见，要科学定义企业文化，针对企业文化内涵进行准确恰当的表述是非常有难度的。在通常情况下，人们能轻易举出一些例子说明企业文化，比如厂风厂貌、文明礼仪、娱乐休闲活动等。但是，这些内容属于文化外延，并非文化内涵。上述学者与学派在研究企业文化内涵的过程中做出了一系列努力，但是有的定义显得非常宽泛笼统，有些模棱两可，似是而非（如“总和说”“构成说”），有的则强调了企业文化特征的某一方面、某一领域（如“群体说”“观念说”），对内涵的说明缺乏全面性和整体性。在我们看来，上述研究成果均未把握企业文化的整体特征，也未给出确切说明。因此，要对企业文化内涵进行研究，应该把侧重点放在文化产生、包含范围与区别于其他文化的核心特点上，同时要用准确语言进行表达。基于此，对企业文化内涵可进行如下表达。企业文化是在一定社会历史条件下，企业领导层倡导上下共同遵照的文化传统与持续更新的行为方式，主要体现在独特企业价值观、经营思想、行为规范方面，同时渗透在企业的不同领域。由此观之，企业文化内涵着重涉及以下内容。企业文化是企业经营思想、企业价值观与广大成员的行为准则；企业文化时时处处存在，充溢于企业发展的所有领域中，体现在所有员工的行为中；企业文化和企业相伴而生，是继承下来的成果，不过其中存在着各种各样的变化，伴随时代发展变化而改变；企业领导层在构建企业文化方面发挥着主导作用，因为企业文化往往体现的是创办人和后继者倡导的文化与思想。

（二）企业文化的特征

企业文化内容丰富多样，从本质特征角度分析，明显区别于其他文化，具体可以归纳为以下几点：

1. 民族性

企业并非孤立性的生产组织或经济单位，也不是由大量生产与经营人员单独构成。企业是存在于社会的组织机构。企业文化并不是自然生成的，是企业所在地域社会文化彼此渗透与相互影响的结果。企业文化以民族文化为根基，直接体现民族文化的鲜明特征。民族传统文化是企业文化得以产生和生长的沃土，也直接影响着企业员工的思想行为与言论，随时代发展而发扬光大，并长时间流传。民族心理、习俗与价值取向都会给企业成员的取舍与好恶带来影响，关乎是否可以使他们产生情感共鸣，是否能激发出企业凝聚力。企业要想在真正意义上激发广大成员的热情与创造力，就必须在民族文化基础上培育企业文化，因为民族文化是得到了整个民族共同认可的文化。当然，具备创新特色与新时代面貌的成功企业文化也可以反过来增加民族文化的丰富性，并且给民族文化发展建设增光添彩。

2. 功用性

企业文化是企业生存发展的动力，这也从本质上显现了企业文化独特的功用性。如今，世界经济发生了翻天覆地的变化，人们正逐步迈入高科技化、信息化、全球化时代，并涉及越来越多的新经济领域，也在持续助推陈旧落后经济体制的改革创新。在这种新形式和新经济环境的影响下，企业要想实现生存与发展就必须凭借综合战略决策与经营组织策略。单一化的经济与生产手段会造成片面与短视行为，影响企业的长远发展。只有基于企业文化这一宏观视角分析企业生存发展，考虑当前企业发展的整体形势，积极探究科学化的发展道路，提高企业对新时代的适应能力，利用内外部各种资源与优势条件，企业才能走向健康与高效发展道路。企业领导层需要做的就是主动把企业文化提倡的软性管控技能和科学规划、数量化管理进行有效整合，把策略研究和文化建设放在同等重要的地位，体现企业文化在打造卓越企业中的积极促进作用。目前，国家经济处在一个开展全面性结构调整的时期，企业生存发展问题日益凸显。在传统计划经济背景下，企业生产经营只注重完成预定指标或积极探寻提升产量的方法，在这一过程中忽略了文化管理功能。为了在真正意义上转变这样的局面，帮助企业彻底走出困境，我国企业必须对企业文化存在的管理功能进行正确认知，积极在企业内部构建有助于团结员工，调动员工工作热情，促使员工为企业崇高目标实现而不懈奋斗的企业文化，只有这样才能助推企业文化的成长和繁荣。

3. 承传性

企业文化是企业的宝贵财富，为企业成员共有，同时也是企业成员的行为准则与规范。无论是哪个企业成员，要想在企业中获得发展，就必须持续学习企业文化，自觉接受文化熏陶，遵守企业文化所体现出来的各种准则规范。这里所提到的文化学习涉及多方面的内容，比如在工作生活中持续实践以探究积累新经验，立足更高层次认识企业文化。企业成员应逐步适应企业文化，遵守企业文化提出的各项准则规范，并在实际行动中为文化建设贡献力量，从而不断提高自身的素质水平，助推企业文化持久发展。

4. 人文性

人文主义是文艺复兴时期倡导解放人性，反对神权统治的产物。人文主义的基础内容是尊重与关心人，坚持人本主义。企业文化的宗旨在于服务社会，给广大员工提供和谐的工作生活与发展环境，给广大顾客提供优质的产品和服务。所以，企业文化从始至终都彰显以人为中心的特点。人文性是企业文化不同于西方传统企业管理理论的标志。在西方管理领域，从泰罗发明科学管理方法开始，企业管理者就始终提倡用监督管制人的制度达成目标，把人和机器等同看待。企业目标也是重视物质的目标，并不关注人，把企业宗旨确定为获取最大化的产品、产量与利润。

5. 革新性

企业在建立了稳定性的企业文化之后，就有了相对稳定的传统，但是这样的传统与模式并不是长久不变的，而是处在不断革新中的。随着社会历史的持续发展，企业文化所依赖的社会文化也会持续变更，无论是形式还是内容都在发生着变化，与之相对应的企业文化也表现出明显的革新性。企业文化只有随社会历史与文化持续变革，才可以保持旺盛的生命力。该特征在企业文化中体现得非常明显，所以国内外诸多成功企业都在顺应改革发展潮流，对陈旧落后的文化模式与文化传统进行革新，以催生出新的文化内容。第二次世界大战后，西方社会盛行层级制管理思想，主张社会各个领域都建立起由专业人员组成的管理人员队伍，由专业人员对上至国家行政机构各部门下至私人企业内部实行分层分级的科学化管理，各级管理部门和机构独立行使职权，对上级和全社会负责。与此潮流相呼应，20 世纪 50 年代至 60 年代，美国企业大都建起了层级制的管理机制，企业内的各层管理部门为完成本部门的数量指标和管理任务而独立工作。但企业的各管理部门缺少相互间的协调和感情上的沟通，特别是处于较低等级的管理部门和人员及企业中的普通员工对企业的经营决策和内部事务根本没有发言的机会。这种情况截断了企业员工主动为企业发展提供建设性建议的途径，更不利于企业内和谐文化氛围的形成。当时，美国福特汽车公司内部各级管理部门只做自己分内的工作，企业产品设计、市场营销设计等全由老板一人决定。而由老板一人设计的产品到了20世纪70年代已无法与别的产品相匹敌，整个企业一度面临竞争危机。当时，美国这样的企业不在少数，这种现象引起了企业界人士的反思。

企业文化革新性体现为企业文化在与时代持续磨合的过程中，在保留企业优势的基础上，经历适应、改革、创新到新适应这样的循环过程，让企业始终走在时代前列，获得竞争优势。

6. 独特性

企业文化虽都注重以人为本，不过落实到企业中表现出来的形式却是不同的。不同企业的生存发展道路不同。每个企业运用的经营管理手段也有很大的差异。每个企业内部都有自身特有的企业文化，它可以帮助企业适应外部社会环境以及市场竞争环境，促使企业在内部打造和谐融洽的人际关系，推动内部的协调一致，从而带动企业的综合发展。因此，每个企业文化都各具特色，体现出和其他企业不同的个性化与独特性。在通常情况下，相同或者相近行业中的企业文化比较相近或者相似；不同行业中的企业文化存在很大差别。也正因为这样，企业文化显现出异彩纷呈的局面，推动了企业界与行业内部企业文化多样性，最终推动了全局多样性的构建。每家企业在文化建设过程中，都应该立足自身的独特性，运用已有条件，发挥各自优势，选择性吸收对自己有益的理论方法与经验，摒弃照抄、照搬与忙碌追赶的弊端，从而有效构建与发展带有自身特色的企业文化体系。照抄、照搬文化建设方法，不仅会影响企业文化功能的发挥，还会因此让企业文化失去生命力。

（三）企业文化与企业经营管理的关系

企业文化是企业管理体系的构成要素，企业文化和企业管理的关系可以概括为局部和整体的关系。

1. 企业文化以新的管理方式推动企业发展

企业生产力能否提升往往取决于企业资源应用效益的好坏。一般情况下，企业资源包括资金、技术、人力资源、机械设备、原材料等。假如企业可以把这些资源组合应用起来，并进行科学化管理，不仅是企业，甚至整个社会生产力水平都会得到大幅度提升。生产率体现的是投资和产出之间的关系。企业要想实现产出增长快于资源投入的目标，就必须凭借科学有效的资源配置，尤其要科学设置投入产出比，完善和运用科技手段，让专业素质过硬的职工队伍参与企业生产管理活动。

企业文化的重要作用是辅助企业构建有助于科学配置资源的组织机构。企业文化在继承发展传统企业管理理论的基础上，突破陈旧和过度迷信组织制度与机器的管理理论方法，克服非理性和非组织因素，尤其是人这一因素的弱点，倡导企业在关注硬件设施建设的同时，重视并发挥人的积极作用，肯定情感与文化等因素的重要意义。企业文化既要关注管理科学，又要把人、企业与社会联系成一个有机整体，让企业不单单变成员工求生的平台，也让员工在这一过程中感受生命意义和实现个体价值。企业文化让一个企业从传统管理和单纯的经济层面扩展到文化与价值层面，也支撑企业在管理领域开展竞争，极大地深化了管理理论，也推动了管理实践策略的完善。

2. 企业文化以健全企业内部组织结构的方式加强企业的内部治理

现代化企业一般都拥有一支专职管理人员队伍，负责企业各级日常管理工作，维护企业的运营。这类日常管理工作一方面是数量化、技术化的，另一方面则协调企业内外部关系。这种协调管理工作常常是企业文化发挥其特有的激励与协调功能的体现。从企业内部的分工与协作情况，更能看出企业文化发挥的作用。现代化企业的成员分为董事会及成员、各层管理人员、技术人员、普通员工。现代企业正因为落实了企业文化中尊重人和重视人，坚持以人为中心的思想，考虑到了企业成员物质和精神层次的需求，充分发挥了企业文化凝聚、激励、协调等方面的功能，优化了机构之间的关系，才让企业中的每个部门与各个方面的人员实现了责权义的统一，在具体工作中相辅相成，全面提升企业经营效益。

3. 企业文化促进企业经营思想的提升

随着时代的发展以及文化意识的提升，各个行业对文化发展的重视程度越来越高。如今的企业只是立足市场与经济核算经营，已然无法顺应时代的要求。现代企业经营必须将满足广大民众的高层次物质与精神文化需求作为根本目标，所以在选择和确定经营方式的过程中应该带有鲜明的文化色彩。当然，企业家在事业开拓中也必须要有文化眼光。另外，企业所处的内外环境、企业内部人和人的交往都受到社会与民族的文化影响。这样的文化影响在逐步增强，甚至对社会经济、企业运营管理显现出制约性。两种意义上的文化和过去的经营准则存在矛盾冲突，也因此催生出了现代新型经营思想。

传统企业经营思想把关注点放在了指令、计划与调控等方面。企业基于对上述要素的调整改造，提出以下目标：①生成成果与价值；②保证运营科学高效；③全方位发挥企业功能，并在激烈竞争中获得成功。企业文化主张的现代企业经营思想在吸收了传统经营思想合理成分的基础上，拓宽了视野，提出企业的经营活动是社会经济生活的一部分，在性质上属于一种社会集团的活动。

企业的经营活动必须与社会文化共同发展。当今世界，知识与文化高度繁荣发展，并渗透于不同领域，在这样的时代背景下，企业经营思想发生了翻天覆地的变化。这样的转变体现在从过去只重视指标与数量变成抓好战略制定与策划，促进企业与内外部的关系协调。在现代企业经营思想中，把经营的目标、战略以及综合性管理作为几个重大要素。

中国企业是基于社会主义制度产生的经济组织，在经营管理方面，除了向西方企业学习借鉴之外，更为关注的是承担企业的社会责任，真正发挥自身作用，给社会与广大人民群众谋求福祉，给广大客户提供优质产品与服务，把满足人民群众的需求和助推社会建设当作最高宗旨。

二、企业文化的要素构成

企业文化是系统又完整的工作体系，该体系是由多个彼此关联又分别具备独特性的要素组成的。这些要素不单单影响企业日常经营管理，还影响企业文化建设。

（一）企业环境

企业环境是企业运营发展的内外部条件，也是建立与发展企业文化的前提。无论哪个企业，都处于一定的社会与自然环境中，同时深受环境影响与制约。所以，企业必须竭尽所能适应环境，与此同时，企业在这一过程中不能完全处在消极被动状态，而要主动影响与改造所处环境。企业只有在和环境达到动态平衡状态后，才能保证发展的协调性。企业环境有内部和外部环境之分。

1. 企业的外部环境

在社会这个复杂的系统中，企业运行被多种多样的社会环境问题困扰。评价企业是否成功，除了要看技术与财务情况，还必须关注企业是如何参与和服务社会各个方面的发展，维护人类整体利益的。企业生存发展必须协调处理企业和社会各个方面的关系，打造和谐的外部环境。企业的主管和经理人员不能仅对出现的问题做出被动的反应，而要积极主动地对周围环境的变化保持敏感，并能预见和解决问题。创造良好的外部环境，特别需要研究和解决以下几方面的问题：

（1）恰当处理外部公众关系，优化关系环境。对普通企业而言，这里所提到的外部公众关系重点包括企业与政府关系、企业与消费者关系、企业与媒介关系和与社区关系。

了解政府制定的法律法规、政策要求以及工作程序，关注企业提供的各类信息，并且和政府相关部门进行积极沟通，落实政府的相关决定，用行动支持政府的各项工作，进而获得政府信赖，是妥善处理外部公共关系的重点。许多法人企业的经理虽不喜欢政府对企业的管理和控制，但他们中的大部分都能在日常的经营活动中与政府各级主管部门建立良好的关系，在企业内部也相应制定出一系列应对政府管制的业务措施。企业在制定自己的发展规划与战略的过程中也常把政府的管制要求作为重要的参考。那些有远见的企业家都善于从政府新颁布的条例法规中看到社会对每个经济产业、行业以至产品的要求和期待，这也就间接反映了未来产业的发展趋势，为企业提供了未来发展方向、产品标准、行为规范等方面的宝贵信息。

消费者或客户是企业赖以生存的基石和前提条件，企业为消费者所有，为消费者所治，为消费者所享。企业生产经营的最终目的是消费，没有消费，企业就没有存在的意义，因此决定企业兴衰存亡的关键因素正是广大消费者。建立良好的消费者关系需要主动服务的精神，通过调查研究，了解消费者的需求和心理，认真对待消费者的投诉，不断更新产品和服务，积极引导消费，倡导新型消费观念和消费方式，不断增加消费者生活乐趣，优化生活环境，改善生活质量，提高生活水平。企业应以自身的不懈努力获得广大消费者的理解、信任和支持，只有这样，才能在激烈的市场竞争中立于不败之地。

社区关系是企业生存发展环境的重要方面。企业要想得到广大消费者的好感和支持，必须建立良好的社区印象。社区内的各类组织和群体虽然与企业不一定发生直接的经济、业务联系，但对企业的生存发展有重大影响。企业应当以互利互惠为原则，采取睦邻友好政策，积极支持和参与社区内安全保卫、环境秩序、教育卫生、社会福利等活动。在广阔的社会中，企业要想建立优良形象，第一步就是在社区中打造好形象。优质的社区环境是企业生存发展的基础环境。

在现代社会中，新闻媒介对企业犹如空气、阳光对人，两者无法分开。报纸、杂志、广播电视等大众传播媒介具有神奇的功能，传播信息迅速，覆盖范围广，影响力大，单位成本低，任何一个企业都不可忽视其重要作用。企业通过新闻媒介获取大量的社会信息，了解社会动态，为决策提供依据；利用新闻媒介的影响力可以宣传企业的理念政策、经营实力和成就，表达企业的社会责任感和慈善公益之心；利用新闻媒介可以做广告宣传、推销商品和服务；通过新闻媒介可以了解舆情民意、接受社会监督和帮助。对于企业来说，好的媒介关系就等于好的舆论环境。

除上述四方面的重要关系之外，还有其他关系需要妥善处理，不同的企业有不同的重要关系对象，需要从实际出发加以确定。任何企业都必须十分重视良好关系环境的建立，以确保企业的生存和发展。

（2）永远保持科技领域优势。科技在市场经济各个层面都有融入和体现，并为企业带来了不可估量的利益。对人类经济发展史进行综合分析发现，在人类经济每次飞跃中，科技均在生产中发挥着原动力的作用。20世纪80年代以来，新型电脑技术相继在发达国家推广应用，为现代化的科研、办公、商业经销及通信联络都带来了巨大的方便与利益，增强了企业的竞争力。电脑行业也因此一跃成为主要经济支柱产业。但是，技术进步在提高生产力的同时，若不辅以及时的产业发展与结构调整，又会以工人的大量失业为代价。电脑的广泛应用挤掉了大量操作工的工作职位；硬质塑料被大量用于制作汽车外壳，炼钢厂的工人因此大量失业。为了避免这种企业和个人因技术进步而遭淘汰的局面，企业的领导者必须高度关注技术的创新与研发，激励所有员工主动为企业科技发展进言献策。企业的领导者必须适时预见科学技术发展的未来趋势，据此制定企业未来的发展战略，在每一项新技术进步高潮到来之前及时采取相应的措施，或实行产品转向，或培训人员使用新技术。在资金条件具备的情况下，企业还可以自己进行新技术开发与研制。只有这样，企业才能赶上新科学技术进步的浪潮。

（3）熟谙社会道德标准与社会价值观。企业应该和外部环境进行有效磨合，而在这样的磨合过程中，必须熟练掌握以及深度理解社会的道德标准与价值观。其内涵是大众社会观念，对社会行为进行对错、是非判断的标准。社会中的人、组织机构与民众团体均会受社会道德与价值观的影响。观念产生的力量时时刻刻都在影响与制约人和社会按规范采取行动。对与人类需求不相符、无法给人带来福利甚至只会带来灾祸的行为，社会道德观与价值观则应给出警示并进行谴责。一般来讲，社会道德和价值观念是约定俗成的观念，它们是在与社会团体、与个人达成共识的基础上发挥作用的，它们一经形成，就成为检验社会团体和个人行为的标准。在经济领域，诸多商家往往对彼此共同遵守的准则形成共识。企业在这一过程中必须遵守相关准则，依照得到大众公认的原则，安排所有活动，否则会被认为错误。如果企业与企业领导者背离社会道德，基于价值观提出的各项准则就会进入困境。因此，所有的企业在策划战略和制定行动纲领时，必须保证企业与所有员工积极遵守道德标准，让自身言行获得社会价值观的认可，满足社会对企业的期待，力求获得大众的褒奖。

（4）积极打造企业和自然生态环境的和谐关系。企业在生存发展过程中，面对外部环境中的挑战，要注意维持生态平衡，即协调生产经营和自然环境的关系。

现代企业从事的工业生产常常会带来资源的浪费、自然环境的污染和生态平衡的破坏，这也是现代文明放弃宁静的乡村生活换取现代化都市生活付出的代价之一。现代工业发展无法规避的副产品对自然环境的影响是企业与自然环境的核心矛盾之一。然而，时代与社会向现代工业企业提出的要求不是在避免浪费与污染的同时把现代工业的发展停滞下来，而是要通过合理的资源配置与利用，在保持工业生产与科学技术快速发展的同时降低资源的浪费与环境的污染，减轻社会的负担，并尽量消除污染与浪费带给人类的伤害与损失。

2. 企业内部环境

企业作为一种经营团队，同其他集团一样都是人的集合体。企业把经营发展作为重要目标，将组织营造作为根本基础。组织和经营有着不可分割的关系。企业内必须构建优良经营发展环境。利用内部员工的通力协作与互帮互助打造优良经营发展秩序。

存在共同的目标和协作的欲望，主动沟通思想，是企业组织维系自身存在的牢固根基。只有在这一前提下，才能谈得上经营思想的确立、权利义务的行使、利益的调整、绩效的评价和领导艺术的有效发挥。企业需要积极培养正确价值观，营造和谐的企业发展氛围，优化人和人之间的交往关系，激励员工内在动机，借此提升员工凝聚力，增加企业整体的发展活力。企业决策与管理人员必须正确认识员工对企业生存和发展的决定作用，真正做到尊重和善待广大员工，使员工保持积极向上的状态和朝着目标不断努力的动力，并在吸收员工意见建议的情况下，科学制定企业决策，让员工的创造力得到提高；构建激励机制与约束机制，鼓励上进，鞭策后进，淘汰劣者，形成一种催人奋进的氛围和竞争机制；进一步密切员工和企业之间的情感关系，让员工能真正地热爱自己所在的企业和岗位，热爱自己生产营销与管理的产品，只有这样，才能为社会提供满足需求的产品与服务。

企业要想打造优良形象，就必须同时优化内部与外部环境。只有优化企业内部与外部环境，才能赢得政府、媒体、消费者和社会各界的信任，才能使企业上下养成服务社会、爱护自然的习惯，从而使企业内外环境和谐一致。

（二）价值观

价值观是企业坚持的基本思想与信念，在企业文化中处在中心地位。具备良好企业文化的企业都有着所有员工共同遵守和坚持的价值观。企业领导持续为员工传播这些信念和思想，并让企业始终把握这一价值标准。

正确的价值观是企业在确定企业目标、性质、经营管理方法等过程中所做出的重要选择，同时也是企业积累经营管理成功经验的成果，对企业经营行动方向与性质起到决定性作用，是企业成员行为准则的一部分，也是企业开展所有活动想要达到的理想化境界。企业文化及其内在构成要素均是从企业价值观中衍生出来的，其重要价值是对企业价值观进行有效维系与传递，并在这一过程中逐步加强。

企业价值观显现出个性化以及多元化，这种区别让不同企业在经营宗旨、战略、作风等层面显现出多样化特色。

假如立足企业内外部关系对企业价值观进行划分的话，可将现代企业价值观划分成两大类，分别是外向型价值观与内向型价值观。内向型价值观是以人为本的价值观，即将企业成功的一系列行动以及希望寄托在企业人力资源的开发上。在该价值观的引导下，企业将人作为经营发展中最为宝贵的资源，积极开展人力资源开发工作，并且全面推动员工培养计划，提升员工综合素质，与此同时高度关注职工个体的价值，运用各种各样的方法与多样化手段，让员工的生产热情与创造力得到激发与充分发挥。对于只有内向型价值观的企业来说，尊重和培养企业员工，让他们的积极性得到充分调动与维持，是企业在市场竞争中获得优势与顺利步入成功道路的关键。外向型价值观是一种面向顾客的价值观，该价值观是对以人为本思想的延伸。坚持这种价值观的企业把收获成功的期望寄托于妥善处理企业和外部环境关系方面，尤其关注顾客和企业关系的建立。这种价值观要求积极满足顾客多元化需求，需要给他们提供物美价廉的商品及令人满意的服务，并且和顾客建立情感，维持和谐关系，使企业能成功打败对手，顺利达成企业发展目标。

从价值观发展演变角度分析，西方企业价值观演变发展主要涉及三个阶段，分别是经济人价值观、社会人价值观与以人为本价值观阶段。西方古典经济学以经济人假设为前提解释企业行为。利用人格化方法对企业本质进行说明，即经济人受利己主义动机支配，将利润最大化作为追求的目标。在西方古典资本主义阶段，企业基本奉行经济人价值观。在这种价值观的影响下，企业制定的所有经营管理决策以及实施的实践行为都要求实现利润最大化，彰显利己主义与经济人伦理，不会顾及员工权益、工作环境，甚至生命。到了现代资本主义阶段，随着社会的进步和发展，经济人价值观逐渐让位于社会人价值观。在这一阶段，随着行为科学的快速发展及其逐步在企业管理实践中的运用，企业对员工的认识也发生了变化，从过去将员工看作赚钱机器，只是重视员工生存需求，开始认识到员工除经济需求外的心理以及社会需求，所以企业开展了各项经营活动，避免单纯追求利益，开始彰显人道主义。20 世纪 70 年代以后，西方诞生了全新的以人为本的企业价值观。该价值观指出，利润并非是企业开展经营活动的唯一目标，在很大程度上是企业借助经营管理活动达成目标的有效手段，是企业回报公众和社会的奖赏。企业无论何时都不能把员工作为获得利润的一种工具，而应把员工当作企业实现有效生存发展的根基，要想让企业得到发展，就必须先助推员工人格与多元素质的发展。所谓价值观三阶段，不能绝对化地理解，并非一个阶段只有一种价值观。实际上，它只是表明每个阶段都有占统治地位的企业价值观。

对比分析和深入研究上面三种价值观发现，以人为本的企业价值观更能代表企业大部分成员的利益，也更契合社会发展潮流，可提高企业利润与社会效益，所以也是目前最先进和最优秀的企业价值观。

以人为本的企业价值观侧重三方面的内容，分别是建立崇高目标、形成共识与追求卓越。建立了良好企业文化的企业组织不再将经营侧重点放在狭隘的利润获取上，而是将为社会做出积极贡献当作崇高目标，将为社会提供优质产品与服务作为最高价值追求。将崇高目标融入企业员工的具体行动中，使其变成引导企业所有经营发展活动与激励员工的主导要素。企业管理者要尊重并积极践行以人为本的企业价值观，使其为企业提供指导与方向。形成共识即企业上下就涵盖企业崇高目标的企业价值观达成共识，尤其得到员工积极认同。其本质上就是秉持以人为本的思想，让员工积极参与其中，强化员工的主人翁意识，让他们愿意在广阔的发展平台上主动创造，辅助企业构建高效运营动力体系。优秀企业会把企业经营和推动员工个性与才能发展进行有效整合，让广大员工获得和企业共同发展进步的良好环境与宝贵机遇。追求卓越指为达成企业崇高目标，用执着的精神信念追求企业运营和其他各项工作的完美完成。其实质在于超越当前的产品、服务、管理、技术等。追求卓越的内容主要有以下两点。一是持续创新。要想充分适应新时代环境，迎合人们日益变化的需求，企业必须持续推动产品、服务、经营、管理等方面的创新。创新是企业得以发展的动力，只有建立持续开拓创新的价值观，才能促使企业进取创造，从而获得发展。二是面向顾客。秉持情感化经营以及以顾客为中心的价值观，力求为广大顾客提供优质的产品与服务。

（三）模范人物

企业模范人物是为对企业进行有效宣传，对企业价值体系进行落实，为广大企业成员建立的，能够直接学习效仿的良好榜样。优秀企业往往非常注重树立可以彰显企业价值观的模范人物，力求借助这样的榜样人物，宣传企业大力倡导的观念与行为。

在树立了企业的模范人物之后，企业应逐步发挥其独特作用。模范人物成功的经历经验，让人们意识到成功可望可及，只要持续不断努力，最终就会到达事业巅峰。模范人物在整个企业中具有标杆的作用，给其他员工提供了参考，使员工能通过他们的表现明白自己该做与不该做的事情，确定如何为企业建设与个人发展建功立业。就企业以外的社会公众而言，模范人物实际上是企业形象的缩影，可以向外部展示企业的理念和文化，体现企业的价值观。模范人物在日常工作中采用的方法与形成的工作风格为广大员工确立了完成工作的规范标准。企业奖励模范人物是一种可行性强的激励方法，激励广大员工刻苦工作以便得到和榜样相同的奖励。总而言之，模范人物在企业中发挥着持续影响力，为企业提供着精神支持与凝聚力。

（四）典礼仪式

典礼仪式指企业基于企业价值观组织的各种各样的仪式与活动。不少大型企业管理人员基于企业典礼仪式，为内部员工和外部社会大众展示企业所遵循的礼仪标准以及工作程序，进而保证员工和与企业有关系的人可以用正确方法开展活动。

企业典礼仪式涉及不少具体活动。它基于不同角度彰显企业价值观，并在共同组织的指导下营造完整企业文化氛围。

礼仪在企业中发挥的作用就是指导工作与生活。礼仪背后所彰显的是企业文化的一种信念，具有潜移默化的文化暗示作用。礼仪不仅有助于人们正确行事，还可以消除企业内部的混乱，建立良好秩序。

典礼常用于企业特殊化的庆祝和纪念类实践活动中。其加入了文化性渲染的仪式，可以辅助企业庆祝重大纪念事件与表彰模范人物。企业组织的典礼活动可以让企业提倡的价值观在员工内心建立良好印象。

（五）文化网络

企业文化网络是企业传播企业文化信息的正式与非正式信息沟通系统，是组成企业文化众多要素中突出的一部分。企业文化网络的重要功能就是对企业文化进行解释与传播。一般而言，每个企业信息沟通均是基于正式与非正式这两个系统顺利完成的。正式系统主要包括电视、广播、会议、报纸等。企业在构建文化网络的过程中，尤其关注非正式系统的构建以及作用的发挥，非正式系统是没有经过设计的自发形成的一种内在沟通体系，通常应用在非正式的组织互动中。在企业的文化网络中，信息发送与接收人员均不存在确定性双方职位也不公开，原因是企业文化网络是内部联系手段，将企业各环节联系起来，不考虑职位等级。

企业文化网络的重要性不仅体现在有效传递信息上，还体现在为广大员工树立价值观上。文化网络中传递的信息往往是和企业领导或典型人物有关的信息，感染力强，对收到信息的员工有良好的影响和熏陶。企业典范与典型人物行为体现出来的价值观借助文化网络传递到企业各处。企业文化信息基于文化网络在企业内流传，因此在企业内营造出非常特殊而又浓郁的文化环境，给企业内部构建共同价值观和体现文化管理价值发挥着重要推动作用。

第二节 企业文化的运作与管理

一、企业文化的运作机制

企业文化属于一种新型企业管理理论，相较于过去的管理理论，其最突出的表现就是将企业价值观渗透到企业经营管理的整个过程，运用文化的手段与力量，提升企业管理水平与综合效益。因此，认识和了解文化的内涵和文化力的功能，就显得十分必要。

文化是人的本性与力量的体现。文化备受重视的主要原因是其可以影响人的行为，并对人的行为起到调节与引导作用，这就是文化力。文化力可以对人的行为起到调节与干预作用，在精神与价值层面调节人的力量，使其和文化价值体系在方向上保持高度一致。这样的文化力还能有效激发人的文化力量，使人得到持续不断的力量之源，建立良好文化合力。

企业文化力是基于内部员工的文化观念生成的精神力量，这样的精神力量和物质力量的整合能为企业参与市场竞争提供能源与力量。

企业文化力的形成有其特殊的轨迹。和市场机制一样，文化机制也是一只无形的手。市场机制通过竞争使资源得到合理配置，发挥最大的效益；文化机制通过竞争使人的积极性、创造性得到最大限度发挥，从而创造最好的经济效益。文化运作和文化管理的推进实施，不能依靠命令与指标，只能依托机制与多个文化要素的彼此作用与制约，进而建立有效运作方法，自觉助推文化正常运行，并建立一种良好惯性。

（一）企业文化运作的激励机制

激励是激发员工积极性的根本。工作积极性是在面对各项工作任务时的一种自觉能动的状态。显而易见，企业文化管理先要解决的问题是激发人的积极性。所以，企业文化管理要将构建激励机制作为运行机制建设的基础，以便运用这一方法全面了解与明确指导人们的各项行动，运用科学方法对员工进行激励。

企业文化运作过程中的激励机制，目前正面临着巨大的变革与发展。知识经济时代的企业把知识型员工作为人力资源管理核心，所以在激励机制建设过程中，也把这类员工作为根本着眼点。

1. 知识型员工的特点

人们通过接受各种形式的教育和亲身参加各种实践活动而获取知识，不断丰富和更新知识。知识产品作为物化和外显的财富，有着明确的归属权；作为无形资产的知识又有一种独特的性质，它一旦进入人的头脑便带有某种私有的性质。不管是国家投资、集体投资，还是个人投资，教育的结果都是一样的，个人所获得的各种层次的知识都归个人所有。个人知识贡献的对象、数量、时间、方法等并不取决于投资者，而取决于知识拥有者。要把个人头脑中的隐性知识转化为组织共享的显性知识，必须使知识型员工认清个人工作价值，调动其工作积极性，并在工作中发挥个体创造力。

知识型员工是企业中非常重要且有一定特殊性的员工群体，主要表现在具有鲜明的个性化特征，追求独立自主，具备很强烈的创新精神。

2. 激励知识型员工所采取的策略

一是科学确定激励重点。企业在激励员工的过程中，不能把物质激励作为主要内容，而应把侧重点放在满足员工成就感与实现个人发展目标层面。二是选用科学激励方式。在激励方式的选择上，应该把个人、团队与组织激励整合起来。三是把握激励时间效应。在激励机制的建设和落实过程中要坚持短期和长期激励整合，提倡对广大员工产生长久的正面效应的激励手段。四是科学设计激励报酬机制。在激励报酬机制建设过程中，应该打破过去事后奖励报酬的模式，把出发点放在事前、事中、事后这几个方面。

3. 知识管理条件下激励机制的构成及运作

一般来说，激励方式涉及目标、参与、强化等内容，可以选择有效的激励要素，运用恰当的运作方法，确保激励机制作用的发挥。

（1）战略性合作伙伴关系理念是此激励机制的思想出发点。作为战略性合作伙伴，知识型员工应该对其眼前及长远发展有实际发言权；在报酬方面，知识型员工以财富创造者的角色和企业的投资者与经营管理者共享企业成功；在企业决策方面，知识型员工和企业经营者一道，共同参与决策过程。

（2）面向未来的人力资源投资机制。对个体事业和知识的追求成为多数知识型员工的首要激励因素。

（3）以 SMT（自我管理团队）为代表的创新授权机制。授权的重点是上级将组织决策权授予下级，主要激励下属充分发挥潜能，提高工作绩效。

（4）多元化的价值分配要素。有竞争力的薪酬水平仍然是企业吸引和留住知识型人才的重要因素之一。企业需要基于竞争淘汰机制给员工提供公平合理的报酬。具备良好激励价值的工资制度需要体现以下内容：第一，工资设置不同标准；第二，以资历为标准确定工资制度；第三，以能力为标准确定工资制度；第四，以责任为标准确定工资制度；第五，对某些岗位的员工，将个人收入与企业效益和个人业绩挂钩。在当前的社会背景下，价值分配要素已经远超薪酬，对比来说，机会是激励知识型员工发挥创造力，对知识进行灵活应用的关键要素。机会的表现形式多种多样，如成长机会、参与决策、自由权限、趣味工作活动等。

（5）持续性开发和终身培训机制。打造学习型组织是企业对高素质员工进行激励的重要因素。

企业文化建设离不开激励机制对人的工作积极性的激发引导，离不开激励机制对积极向上的企业理念及其精神的正面强化与宣扬，这是企业文化运行中的关键载体。需要注意的是激励机制的内涵面临着时代的变革发展，激励理念也是不一而足的。例如，企业评价指标从硬治理转向软治理；任何激励都适用于任何人是不可能的；构建科学的评估体系是实施有效激励的基础；等等。

（二）企业文化运作的纪律约束机制

企业文化是新型管理理论，也是在建设企业文化体系背景下提出的重要成果。企业文化是观念形态的，把企业价值体系作为根本基础。怎样把企业价值体系转化成群体积极向上的行为，怎样引导员工针对企业精神建立共识，是广大企业遇到的共同难题，简单来说就是怎样将抽象化价值观念转化成具体化内容。要顺利完成转化，必须要有硬性规定和具备约束力的载体，这实际上就是企业文化建设中至关重要的纪律约束机制。

纪律属于企业文化的硬性管理范畴，与企业文化的软管理性质不同，因为纪律带有强制性色彩。但与法律不同，它对人的行为要求更加具体，具有更加细致的特点。纪律是一种约束，一种限制。但如果细心体会，就能感觉到纪律约束条文的表层下面，有着内在的和谐美。学习、生活、工作在集体中，大家都渴望自己的集体是和谐的。在和谐的集体中生活，会得到美的享受，而纪律恰好可以充当维系这样的集体的卫士，建立能满足企业与员工个体发展要求，促使形成价值共识的良好文化氛围以及文化环境。

（三）企业文化运作的暗示机制

暗示是心理学中的一个概念，是将自身意向传递给他人，引起他人反映的社会行为。暗示是社会互动的一种形式，不具备强制性特征，仅仅是诱导他人如何做而不带有强制性。暗示和行为规范一道，在社会发展历程中发挥着调节人际互动与维持秩序的作用。

将暗示融入企业文化管理，即利用暗示在个体心理变化中的独特功能与人际互动中的作用，构建暗示机制，从而让广大员工形成理念共识，打造优良形象，尤其是塑造团队精神。

1. 在企业文化管理中创设暗示机制的必要性

第一，由企业文化软管理特征决定的。软管理主要依靠正确价值观激发员工热情，引导人们在经济活动中沿着正确的目标前进、发展。人的积极性具有昭示性，对他人有着影响和暗示作用。可以说，企业文化“软”管理的特性本身包含着暗示的功能及其机制。

第二，暗示具有自我完善功能。暗示处在一个具备极高凝聚力的群体中，通常会生成两种自觉行为，一种是依照精神凝聚力展现的价值观达到目标标准；另一种是依照价值标准完善自身，使自身价值观和群体价值观接近或保持一致。

第三，在全球经济一体化的背景下，全新的环境要求人们在生存模式上坚持我为人人，人人为我，和他人和谐交往与共同生活。人和人的知识资源共享，开展密切交流合作，相互协调与服务是知识经济提出的客观要求。在人和人共同处事中，暗示和模仿是彼此相伴的，也是当代人生存模式的重要内容。

第四，企业文化建设就是构建共同企业价值观，要确保建设目标的达成，就要积极发挥暗示机制作用。企业在员工心中注入追求卓越的精神品质，实际上就是打造环境或文化机制，恰当地运用暗示机制等方法，让越来越多的人心甘情愿追求卓越。

2. 企业文化管理的暗示机制内容

暗示有自我暗示与他人暗示之分。自我暗示往往凭借思想与语言进行自我刺激。自我暗示往往来自人的内心，通过自我刺激的方式调整思想观念，进而转变个人意志行为，引起自身在身心层面上的相应变化。正确运用自我暗示可遵循以下原则。暗示不付诸压力和命令的成分，所以在身心轻松愉快的条件下效果最好；暗示以无批判地接受为基础，对自我刺激的内容要深信不疑；重复就是力量；肯定和简洁的言辞产生积极的暗示效果。

他人暗示是不批判接受他人态度、思想、语言或动作刺激，让自身思想态度与行为受影响。

3. 运用暗示机制应注意的问题

第一，积极宣传与扩大企业文化建设过程中的积极要素，为暗示行为的产生和发挥作用提供有效参照物，克服与缩小企业文化建设中的负面因素及其带来的不良暗示作用。

第二，暗示是具有个人自发性倾向的心理实践活动，必须关注群体教育活动的开展，注意发挥正面强化作用，利用企业价值观所提供的行为规范促使暗示机制发挥积极作用，为构建和巩固企业目标服务，以激起员工学先进、赶先进的向上意识和群体互动形式。

第三，企业领导者对目标进行有效传达的方法多种多样，暗示就是其中的一种方法。暗示方法的应用效果和企业家个人形象好坏直接相关。企业家形象拥有启动企业整体形象的暗示与导向功能，因此企业家需要严于律己，积极打造良好的暗示环境。

（四）企业文化运作的凝聚机制

在企业的发展过程中，企业内部积存了各式各样的价值观念、道德规范、礼仪习俗和好人好事，它们往往在企业内发生着潜移默化的作用。如何让企业文化要素得以恰当梳理与管理，体现企业文化网络凝聚价值是企业文化管理实践中面临的新问题。

企业文化内容与文化网络的有效设计，包括以下几个层次的内容：

1. 确立广大员工认同的企业价值观网络

企业的文化管理首要以企业共同价值观的塑造、传播、接受、认同互动过程建设企业文化网络的基础脉络。企业价值观建构的过程，是广大员工文化、思想与心理素质提高的过程；是个体文化和目标文化彼此融合，建立命运共同体文化的实践过程；是社会宏观文化和企业微观文化彼此交融互动的过程。因此，建设得到员工广泛认同的企业价值观网络是一个长期与系统性工程，在这一过程中应该充分发挥教育引导作用，发挥实践的力量。

2. 确立广大员工认同的企业目标网络

企业目标网络是企业文化有形结构与文化建设的出发点与落脚点。企业目标是用经营目标形式进行有效表达的企业观念形态的文化，通过符号、信号与意念传递给企业员工，并对员工的行为起引导作用。

企业目标传达引导作用主要是基于企业目标的多个层次逐层体现以及网络化管理逐步实现的。企业目标的不同层次指一个国家内的企业共同目标、不同行业不同地区的企业共同目标和不同企业的企业目标。具体到一个企业内部，企业目标又分为企业整体目标、分厂（车间、科室）目标、班组目标与个人目标。

3. 确立广大员工认同的人际关系网络

人际关系是人与人交往联系的社会心理行为现象。良好的人际关系有助于建立企业员工之间分工合作的互动秩序，为团队精神的不断扩大提供行为支持与人文环境。在企业管理实践中，不同的人际沟通模式被建立，并发挥了应有的作用。在推行企业文化管理新理念的条件下，企业内部的人际关系沟通方式要有大的变化。

作业管理是企业管理中的重要内容，它能推动人际关系沟通网络的建设。20 世纪 70 年代，以作业为基础的管理理论诞生了。该理论的主要内容是将企业看作满足顾客需求而设计的系列作业的集合体，是一个由此及彼、由内到外的作业链。最终产品是企业开展一系列作业之后得到的综合性成果，在不同作业中形成与转移给广大顾客的价值。

作业管理与传统管理最大的不同是以基层作为管理权利的基点，真正确立了广大员工的主体地位。作业链的构成要素是供应人与顾客形成的关系网。每个作业岗位上的员工都有双重性，是供应人，也是顾客。员工从各自主体地位出发，彼此承诺形成一个积极遵照权责的内部契约关系，并以此规范各自行为。与之匹配的是一套贯穿全过程的动态追踪式的瞬时信息沟通网络，生产关系是人际关系的基础。“作业链”式的管理方式必然推动人际沟通方式的新变化。每一个作业岗位上的员工既是“供应人”，供应着物质上的加工品为下道工序提供“方便”，又是“顾客”，从严格而挑剔的标准出发，为“供应人”提供改进工作的信息。双重身份的不断转换，使人与人之间真实地联结成目标一致的利益共同体和精神融合体，形成一个密不可分的契约式交际网络。这一交际网络有利于企业价值观、企业目标的贯彻与落实，有利于通过任务承诺、群体吸引和群众自豪感营造充满凝聚力的人文环境，让每一个人都能有热情与责任投入创造活动，统一人的内在需要与企业管理机制。

4. 企业文化网络中的文化设施设置、文化网络手段及工具配置是企业文化网络管理的物质保证

文化网络管理的启动必然需要相应的管理手段。一是从文化设施的配备上

看，要加强图书馆、俱乐部、体育场等文化设施的基础配置。运用健康积极与多姿多彩的群众性文化活动，陶冶员工情操，鼓舞奋斗精神，让员工能保持精神愉悦与精力旺盛的良好状态，形成高雅的情趣。迎接知识经济的挑战，就要先做有知识的人。只有用科学知识、先进技能武装员工，企业才能跟上信息时代的发展，建立与现代化生产和社会发展要求相符的健康生活方式与文化环境。二是从网络管理手段和工具配置上看，企业应有一套科学准确的信息管理方法，还需要有内容分析、因素分析、聚类分析等重要的统计分析方法。古语说，“工欲善其事，必先利其器”，要更好地对人们的心理、意识、动机、价值观念实行科学化的软管理，就应有一套科学准确的信息管理方法，使调研分析更能反映实际情况。因此，要运用计算机技术协助文化网络管理，使企业文化网络管理规范化、科学化。

企业文化建设运作中实际起作用的机制还有典型的带动机制。这一机制用模范人物的优秀思想和行为引导、启迪员工，有利于构建共同价值观与规范行为，是建设企业文化过程中必不可少的运作载体。

二、企业文化的管理

企业文化的管理是一个复杂的系统工程，需要付出极大的艰辛和长期的努力。

（一）鉴别企业文化

鉴别企业文化通常指认定企业文化特征与诊断文化发展现状。鉴别企业文化需要着重把握以下内容：

1. 鉴别企业理念的有效性

检验企业文化是否健康的一个可靠手段是企业的主导信条。

如果企业文化是健康的，那么主导信条和企业的日常信条是相符的。如果两者相背离，背离的程度越高，则表明企业文化环境越不健康。

2. 鉴别企业价值观的行为载体是否切实可行

企业价值观是企业文化的核心，为广大员工共同遵守，能对员工行为取向起到决定性作用。企业价值观不直接显现作用，而是基于价值观的外化形式实现功能，也就是依托企业行为规范实现。企业行为规范与行为标准是否明确，奖惩机制是否完善，能否体现对员工思想行为的引导作用，从本质上看都是企业价值观外化的表现。企业价值观不是写在纸上的价值观念，将其转化为员工的日常行为，要有行为载体作为保证。真正优秀的企业指导思想、企业价值观，总是植根于自身特定的历史传统、经营战略、产品服务、人员素质、伦理道德乃至制度、环境之中。企业文化对员工的影响，可基于测量企业内部氛围的方式确定，通过文化和员工价值观的适应程度确定。

3. 鉴别企业伦理观是否正确

我国的文化属于伦理文化，所以我国企业在文化建设的过程中，也把伦理原则作为依据和指导。企业价值观的中心是企业伦理观，抓住了企业伦理观，就牵住了企业文化的牛鼻子。企业所拥有的文化伦理观念决定了企业在社会与公众心中的地位与形象。优秀企业除了要给社会大众提供优质产品与服务外，还必须向他们展现自身精神风貌，并用优良的伦理道德文化对社会产生积极影响。

4. 鉴别企业精神是否极具个性特征和凝聚力

企业精神在企业管理中的作用主要可以概括为凝聚与激励，体现的是企业的灵魂，且具备独特性。例如，中国海尔“真诚到永远”的广告词，体现了海尔的企业精神，体现了海尔坚定的企业追求、强烈的团体意识、正确的激励原则、高度的社会责任。

企业精神能通过其向心力被感受到。其重要方法是和企业员工谈话，询问其是否感受到企业内的某种精神。谈话能反映出企业精神文化向心力真谛。在企业外部，可找顾客访谈，倾听顾客的想法，体会企业精神在社会与人们心中的反响度以及向心力成效。

（二）企业文化管理要诀

把握企业文化管理技巧与方法，要特别注意以下几点：

1. 处理好借鉴与创新的关系，把握企业文化的个性化、特色化

个性化、特色化是企业文化的特性，是企业凝聚力的内在因素。例如，美国艾奥瓦州一家肉类加工厂的文化，绝不会与纽约一家出版公司的文化相同，也不应该相同。又如，“百事可乐非可口可乐”，它们从产品到产品文化、企业文化绝不会相同，也不应该相同，因此才有了今天两大饮料企业竞争共存的市场局面。再如，GE 公司把自己的企业文化定义为“发展就是我们最重要的产品”，以此引导该公司不断发展。全球著名企业都非常注重创造自己独有的文化氛围。

打造个性化、特色化的企业文化，必须继承优秀传统、学习国外优秀做法、吸收国内成功经验与秉持企业创新发展理念。不同民族、不同群体都有自己独特的文化传统和文化理念。每一个企业也都有在自身发展的历史沿革中凝练而成的精神风貌、行为准则、价值观念等，这些是企业文化独特性的基础。企业文化的独特性要在企业继承和发扬自身的优良传统中、在企业处理重大事件和企业的重

大变化中、在企业的经营方针和企业形象中、在企业先进人物和员工的精神风貌中寻找、发掘和培养。随着市场经济发展和竞争的深层次化，企业文化的个性、特色越来越鲜明，越来越强化，企业文化越来越成为企业生存发展的重要资源。部分企业就是因为企业文化雷同化、空泛化、庸俗化，丢掉企业个性，在市场竞争中遭淘汰。因此，对企业的个性化以及特色化文化进行培养，必须妥善处理创新和借鉴之间的关系，只有这样才能确保企业文化管理的有效性。

2. 要用文化手段管理文化，坚持以文化引导人、培育人

企业中存在大量文化因素，必须利用文化手段将其凝练使其升华为企业精神、企业价值观。这是文化的本质功能；是“人化”与“企业化”的选择、设计过程；是疏导、整合员工思想与行为方式，建设企业价值观体系的过程。利用共有价值观内化的方法，让所有员工基于这一准则有效调控与约束自身行为，以实现自我管控与激励，完成从他律到自律的转化。比如，员工认真负责的态度、高尚职业道德情操、良好时间和效率观念等敬业精神并不是发端于个人的“良心”，而是企业环境压力（通过暗示作用）和员工自律动力（个人追求）相互作用的结果。因此，具体的文化手段包括以下内容。

（1）要帮助企业员工建立心理调适机制，重视员工情绪的引导和管理。所有产出都脱离不了人，只要涉及物，就必须考虑人的心理状态。20 世纪 90 年代之后，人们的整体生活水平有了很大程度的提高，生活上的不满足以及工作压力与竞争观念，可能会转变成工作动力，也可能会引发不良情绪与行为。企业管理者需要积极利用心理学疏解员工巨大的心理压力，培育员工开放心态与平和心理，使员工产生良好的心理状态。

（2）用文化手段建立面向知识经济的育人机制。用文化引导人，重点应放在培养与提升员工思想道德素质方面，高度重视人对行为的调节作用。用文化手段培育人则强调员工文化知识培训，用科技文化知识武装人的头脑。经过良好培训和被充分调动起来的员工是企业最大的资本。美国企业借鉴了日本企业重视开发人的价值和精神层面作用的经验，强化了文化知识育人的学习型组织功能，从而在知识经济挑战面前，有备而战，推动了经济良性发展，同时深化了企业文化管理的新内涵。

第一，要建立文化育人机制，将学习作为实际工作的构成要素，对其进行有效的业绩考核。同时，将学习当作一种荣誉，并和员工晋升衔接起来，最终使员工建立良好的终身学习观念，推动知识观念和实际行动的持续创新。

未来的不可知性成为员工最强大的学习动力。教育使他们懂得企业在知识经济时代将承担更多的责任，学习型组织是未来企业的生存模式。

第二，文化育人的内容大致包括如下几方面：一是要形成与经济不断发展、就业要求不断提高相适应的员工培训，全面提高劳动者的素质；帮助劳动者不断更新并熟练掌握多种技能；增强提高员工解决问题能力的训练，迎接科学技术更新的挑战。二是增强保护生态平衡、促进经济可持续发展的经济环保一体化意识。三是进行服务文化及企业文化培训。四是突出知识经济时代国际意识和合作精神的培训。五是人际关系培训，通过行为训练学会理解、沟通、宽容，改变那些引发冲突的态度和行为，促进群体之间的相互了解与接纳。

总之，文化培育人强调的是培养心智和提高能力。这是企业文化管理的第二要诀。

3. 处理好虚与实、无形与有形的关系，坚持内外双修、软硬管理结合

企业文化是先进企业管理理论，将侧重点放在人和人的精神管理层面，是一种柔性管理与无形管理。所以，文化管理的关键是妥善处理虚和实、有形和无形、柔和刚的关系。

企业文化管理对象是无形的精神与观念等，不过管理对象是有形的、实在的“自在”“自为”之物，都是活生生、有情感、有血肉的人；文化管理的性质是柔性的、软的管理，但其管理手段却是刚性的、硬的管理。因此，企业文化管理要就实避虚，寓无形于有形之中；要软硬结合、刚柔相济。这是企业文化管理的魅力所在，也是企业文化管理的诀窍与要领。

就实避虚的含义是在文化管理过程中见人见事，有效塑造两个形象。一是磨炼员工精神，塑造企业新人形象；二是基于企业价值观与精神，打造良好企业形象，实现神凝形聚。

软硬结合、刚柔相济要求在企业文化管理过程中，一方面要注意软管理，注意内功修炼；另一方面要积极运用硬化管理方法，真正将管理理念融入每一项管理制度中，增强执行能力，刚化管理目标和考核办法，最终使企业意志内化为全体员工的共识和行为，外化为企业的形象和风格，使企业成为内外双修、形神合一的金刚之躯，增强企业的凝聚力和竞争力。

第三节　企业战略与企业文化的关系

优秀的企业文化能让企业在激烈竞争中得到辉煌成绩，不良的企业文化可以使大型公司举步维艰甚至倒闭破产，如企业文化失衡就是美国安然金字塔轰然倒塌的重要影响因素。在经营管理方面，独断专行的企业对小规模企业来说

似乎没有多大危害性，但对大规模企业而言是非常有害的。

一、企业战略与企业文化的关系

企业战略与企业文化的关系就像人的行为和精神的关系，精神决定行为，行为能给人的精神带来极大影响。

（一）企业文化决定企业战略

优秀的企业文化是制定企业战略必不可少的条件。企业文化解决的是企业存在价值、目标、如何生存等问题。企业文化是企业内所有员工共同价值观的综合体，表现出很强的企业个性特色。企业战略是对企业集体意志的表现，更具企业特色。因为企业战略是基于企业共同价值观形成的，所以可以最大限度地体现出企业成员合力，更有利于企业目标的实现。

（二）企业文化支撑企业战略执行

优秀企业文化是企业战略在实际落实过程中获取成功的条件。企业文化不仅影响企业战略制定，还可以调动企业员工热情，为企业战略落实带来坚实保障。企业要想顺利达成战略目标，就需要体现出企业文化的引领与支撑作用，利用文化建设提升企业信誉与形象，进行企业形象传播，建设优质和富有影响力的企业品牌，提高企业竞争实力。

（三）企业战略调整需要企业文化与时俱进

在企业经营管理工作中，成本永远存在节省空间，利润永远存在提高余地，战略永远存在调整优化的必要性，经营永远存在简化优化的可能性。持续超越就是基于市场与时代需求，持续挖掘新领域与新业务，且走在他人之前。

二、领导力的体现

管理者的领导能力决定了企业文化，企业文化又决定了全体员工的整体素质，员工的素质决定了企业的业绩。

大量事实表明，企业文化只有适应市场环境变化，且领先其他企业文化，才能与企业经营业绩联系起来。适应能力较低的企业文化均带有一定的官僚作风，员工反对改革，缺乏冒险精神，整个企业缺少创新创造能力和发展活力。

企业员工彼此信赖、互不猜疑，拥有可以排除所有困难与抓住各种机会的能力。企业员工有着强烈工作热情，愿意为企业建设牺牲一切。员工敢于创新，对企业发展改革持有支持态度。因为在拥有良好企业文化的企业中，经营者习惯步调一致，强化协作与沟通，这样的协作沟通与统一指导可以大大推动企业业绩增长。这样的情况出现需要满足企业在特定市场中运营，企业行为和领导策略与能力保持一致。

如果企业员工共同行为不能适应对应产品所服务的市场环境、资金市场环境与劳动力市场环境要求，那么企业业绩也就无法增长。企业文化只有助力企业适应多变市场环境，才有可能带动企业业绩长久的上升，而企业战略体现了决策者倡导的企业文化。

第三章　湖北企业文化建设发展

第一节　湖北企业文化建设的意义

一、企业文化建设的含义

业界在对企业文化进行研究与分析的过程中形成了诸多共识，下面主要对以下几点进行介绍。

①企业文化具备客观存在性，企业文化影响着企业生存发展，并在企业综合建设中占据举足轻重的地位。现如今，建设与完善企业文化已然成为企业运营管理环节不可或缺的一部分。②在推动文化建设的进程中，企业需要主动吸收发达国家的相关企业探索经验以及理论研究成果，避免运用直接移植和照抄照搬的方法，应该立足本国优秀传统文化和市场经济建设带有本民族和本企业特色的文化。③中国国企有着思政工作的优秀传统以及典型优势，需要在文化建设的过程中整合这一独特优势，着力打造带有浓郁中国特色的企业文化建设新格局。④企业形象是企业文化的一种外部表现，企业文化则是企业形象的本源所在。对企业文化进行优化建设，可使企业内部凝聚强大精神力量、外部提升整体形象与竞争。⑤现代企业管理经历了经验、科学与文化管理三个阶段。我国大部分企业当前正处在一个重要的过渡期，即从经验管理转变为科学管理，要想完成过渡不仅要积极落实法制管理，还必须秉持软硬兼施原则，推动企业文化建设，实现科学管理中国化。⑥文化管理是新时期管理的核心，基于这样的管理要求，应该提高对企业文化建设的重视程度，并且把企业文化建设作为经营管理的根本指导。我国的很多优秀企业，如海尔、长虹、三九等已经率先朝着文化管埋方面过渡，也给诸多中国企业指明了正确创新的方向。虽然很多企业在文化建设中仍处于启蒙阶段或发展初期，但是如今中国企业已然意识到体制转轨环节，要实现真正意义上的转型转轨就要开展文化改革，把企业文化建设作为企业发展建设的根本配套措施。

二、企业文化建设的心理机制

企业文化是内部心理环境的组成部分，对员工的情感、道德、理想、追求、实际行动等有着很大影响力，也发挥着制约作用。一些企业在文化建设过程中存在形式化与表面化的问题，这主要是因为企业负责人缺少对企业文化建设心理机制的了解。

（一）运用心理定式

人体心理活动是存在定式规律的，前面的心理活动会给之后的活动带来深刻影响。

企业文化建设手段多种多样，其中备受重视的方法就是对干部与员工进行教育培训。在培训新员工和新干部的过程中，心理定式发挥着至关重要的作用。究竟如何成为一名新员工以及新干部？新员工与新干部应该拥有怎样的思想情感与工作作风？对于这样的问题，大部分人的大脑是一片空白的。借助教育培训这一方式不仅能够大幅度提升企业综合业务素质，更能有效运用探讨、归纳、实习等方式深化理解，形成先入为主的心理定式，真正做到入脑入心。利用这种方法的独特优势是从新员工与新干部开始就构建与企业文化相适应的心理定式，从而给之后的行为带来引导和约束作用。

在推动传统企业转型升级时，必须对企业原有文化进行有效更新与改造。先要突破传统心理定式束缚，有效构建全新心理定式。随着企业逐步从单一的生产型到生产经营型转变、从计划型到市场型转变，企业的价值观、战略目标等也必须进行相应调整。大量实践表明，思想观念转变并不容易。企业负责人应该发挥榜样和表率作用，积极扭转落后观念，借助学习、培训、参观等多元化方法，引导干部与员工加强对新型企业文化的理解与领悟水平，构建全新心理定式。

（二）重视心理强化

强化是让某心理品质更为牢固的手段。强化的含义是借助行为肯定或否定的方法，促使行为重复或者停止。促进行为重复的是正强化，反之是负强化。这种独特的心理机制，在企业文化建设中有着非常突出的作用，但是在实际应用环节，必须要激励赞赏与企业文化方向高度一致的思想行为，批评惩罚违背企业文化的思想与行为。为了获得更好的效果，很多企业制定了相应的规章制度和政策方案，也组织开展了评比评选等实践活动，其目的在于体现心理强化价值。

（三）利用从众心理

在推动企业文化建设中，领导者应该建立良好的主动意识，发挥主体能动性，积极运用舆论工具和工作手段宣传推广企业文化，利用从众心理，让大多数员工在行动上保持一致。在行动一致性得到初步建立之后，就会对极个别的后进职工产生较强的群众压力，促使其改变思想和行为，和大多数员工在行动上保持一致，从而构建满足文化建设需要的舆论环境。

在内部文化宣传的过程中，很多企业积极依托报刊、电视、广播等传统媒体，宣传好人好事，讲解企业规章制度，对企业精神与文化进行推广宣传，建立了有助于文化繁荣建设的有效舆论与群体压力，促使职工生成从众心理，并获得了非常显著的文化建设与传播效果。

（四）培养认同心理

认同指人们将自身和其他对象等同成同类进而形成彼此密切关系，建立不可分割整体。初步认同主要在认知层面上体现，深层认同则主要在情绪层面上体现，完全认同往往是在行动上体现。个体的认同会助推个体与其他对象互相交融，建立休戚与共的密切关系。

为有效推动优秀企业文化建设，提升文化建设成果，企业负责人应把获得员工的认同作为最先解决的问题。因此，企业负责人应该自觉提高自身素质和精神品质，不管是在思想上还是行动上都要自我约束、身体力行，建立良好工作作风，秉持民主精神。只有这样，员工才会把企业负责人当作良师益友，并积极努力地促进自身价值观的发展。

除此之外，企业必须高度重视员工企业认同感的建立。企业负责人需要尊重员工，肯定员工在企业中的主体地位，聆听群众心声，让员工积极投入企业决策和企业管理，确保员工工作目标与企业目标一致，将企业与员工利益联系在一起。这样一来，企业员工就会对整个企业产生强烈的认同感，这才是企业文化真正的基础。此外，企业需要把企业形象、名牌产品、社会对企业的评价等反馈给员工，增强员工的自我效能感和集体主义意识，让员工内心深处也怀有热爱企业的情感，并且始终站在企业角度思考问题，运用积极措施维护好企业的优良作风与传统，推动企业文化的持续优化与完善。

（五）激发模仿心理

模仿是人在受到社会刺激后根据他人行为采取相应行动的一种行为倾向。

模仿在生活中较为常见，是非常典型的人际互动现象，也是构建企业文化不可忽略的心理机制。榜样是模仿的基础与前提，可为模仿提供有效根据。企业中的模范人物，实际上是企业文化人格化的产物。员工在面对模范人物时，往往会经历从钦佩爱戴到主动模仿的过程，从本质上看这是认同企业文化并落实到实际行动中的过程。

企业负责人要让自己成为企业成员偶像和自觉自愿模仿的对象。身教的价值远远大于言传，企业负责人是企业文化的倡导者，其言谈举止有着很强的暗示与榜样作用。

比如，美国达美航空公司高管会在圣诞节这一天帮助企业的搬运员完成工作，给予员工充分的关怀和支持，而且每年至少会组织一次面向全部员工的企业聚会活动，了解员工的思想与情感，听取他们的意见与建议。这样的实践行动可以增进彼此之间的情感，提升员工对企业文化的认同感。

企业负责人可借助表彰劳模、先进人物等方式，宣扬一些优秀事迹及其体现出来的企业文化与价值观，从而影响广大员工的心理与行为，增强企业员工的模仿心理，为企业建设优秀文化建立基础。不过需要注意的是，建立标兵和典型必须秉持实事求是的原则，防止出现弄虚作假的问题，否则就会适得其反。

（六）化解挫折心理

在企业开展生产与运营时，上下级与同事间出现矛盾冲突往往是不可避免的，同时干部与职工在工作和生活中也会遇到各种挫折和难题。这时，他们可能会出现挫折心理，影响员工团结和实际工作中的团结协作，从而影响优秀企业文化的建立。因此，怎样对职工表现出来的挫折心理进行有效化解是企业在推动文化建设环节需要重点考量的内容。

三、企业文化建设的辩证思考

企业文化热这一现象具有双重性，表明企业界、管理界对企业文化重视程度不断提升，当然这一过程中也存在一定的缺陷和不足。另外，中国企业界对企业文化内涵和外延的认知有各不相同的观点与看法，很多企业在建设企业文化的过程中，会出现不能深入推进的问题，所以合格的企业管理者需要进行辩证分析。

（一）多与少

在推动文化建设过程中，我国企业表现出明显的不平衡特征，具体表现为以下几点。

1. 大中型企业重视得多，小企业和乡镇企业重视得少

大中型企业中有很大一部分已经把企业文化建设纳入企业重要日程，提炼出了明确的企业精神与内涵。在分析了小型企业与乡镇企业的发展状态后，发现只有极少部分企业拥有企业精神，大部分小企业和乡镇企业对建设企业文化还缺少良好的自觉性。

2. 成功的企业重视得多，落后的企业重视得少

优秀的企业会抓住文化建设这一重要时机，并将其作为企业发展建设的核心力量，还有一部分企业在该领域发挥了榜样作用。当然，也有一定数量发展水平比较落后或者效益不理想的企业在发展过程中陷入困局。导致问题出现的主要原因是管理层次低、凝聚力不足、思政工作欠缺。抓好企业文化建设，对企业落后文化进行改造，建立可以振奋精神、提升凝聚力的新型群体价值观，应是企业突破困境的重要着力点。事实上，很多落后型企业仍然忙于解决生产经营中的问题，无力顾及企业战略和企业管理，甚至可以说完全忽视了这些内容。企业文化建设的不足体现了企业发展的落后，也构成了企业落后问题出现的根本原因。

3. 知识密集型企业重视得多，劳动密集型企业重视得少

高技术企业虽有很大一部分属于新建企业，但因为在筹备建立企业时就把企业文化放在企业战略地位，所以在企业文化建设水平方面表现出良好状态。高技术企业在文化建设与发展起点方面比其他企业高，其原因在于这类企业高度关注企业文化。知识技术密集型企业中，技术人员所占比重较高，技术改革、创新的压力较大，职工的文化素质相对较高，企业对建设企业文化的内需非常强烈，所面临的外部压力较大。

劳动密集型企业中，企业职工的文化素质相对较低，企业领导管理素质并不高，甚至有很多企业并不存在企业文化概念，也没有感受到外部压力与内在需求，企业文化建设没有得到应有重视，实际的文化发展和建设也受到很大影响。

以上这些现象的产生是必然的，造成这些现象的因素有很多，在众多因素中，最根本的是企业素质，尤其是企业负责人的素质水平有待提高。通常情况下，劳动密集型企业人员的素质低于知识技术密集型企业员工的素质，尤其是在思想道德素质、心理素质、能力素质等方面。

（二）个性与共性

企业文化建设中存在一个非常普遍的问题就是个性化的缺失。企业文化个

性往往在观念上表现出来，特别是在企业精神上予以体现。企业提出的企业精神体现在以下四个方面。①团结、求实、奉献、开拓；②团结、振奋、开拓、奉献；③团结、务实、开拓、奋进；④团结、奉献、开拓、奋进。从字面上分析，我们不能确定这几种企业精神来自不同行业的不同企业。造成这种情况的主要原因就是没有建立个性化企业精神，无法对员工形成吸引力与影响力，也无法让员工产生良好认同感。

（三）继承与创新

企业文化建设过程是一个积淀文化的过程，应该用辩证的观点看待企业传统问题，取其精华去其糟粕。在这一过程中更加需要强调创新。企业的内外部环境都处在不断发展变化中，应该基于战略角度思考未来，积极提炼和建立前瞻性的新型价值观，在新型价值观指导下推动企业发展，在运营管理工作中建立全新局面。只有这样，企业文化才能与时俱进，并保持生机和活力。

（四）求同与存异

大型企业（集团）必须主动投入到共同文化的发展建设中，打造良好的企业发展形象。因此，确保企业内部文化一致是至关重要的，这也是在实际行动中要把握的原则。在这一过程中，需要尊重下属单位的文化个性与文化差异，坚持实事求是的根本原则。具体来说，每个下属单位应该在企业愿景、经营哲学、核心价值观等方面保持高度一致。

四、企业文化建设的指导思想

以马克思主义作为根本指导，把培养“四有公民”作为目标，发展面向现代化、民族的、科学的社会主义文化。构建基于中国国情传承历史文化优良传统，吸收外国文化中有价值成果的社会主义精神文明。这是企业文化建设总的指导思想。

在企业文化建设的具体操作中，应遵循上述总的指导思想，同时注意解决以下几个问题。

（一）坚持人力资源是第一资源，实施以人为中心的企业管理

坚持以“人”为主线，把尊重人、关心人、理解人、爱惜人作为企业运行的一切方向。既重物更重人，以人为主；既重人力（包括智力与体力）更重人心，以人心为主；既重人力资源开发，更重人的价值实现，以人的价值实现为主；既重素质开发，更重人的积极性和潜能的发挥。

（二）坚持企业文化战略发展与企业经营战略发展紧密结合

建设企业文化应该和企业的经济工作相结合，必须以生产经营为中心。实际上，企业文化本身就是企业生产经营中的心理、道德、社会等要素的总和。企业文化战略发展与企业经营战略发展挂钩，如战略目标对接、发展阶段同步、发展重点一致等。

（三）坚持以企业文化的核心为主轴，构建企业文化体系，指导企业运行，规范企业行为

企业文化的核心是企业精神、价值观与部分意义层面的企业哲学。它被规定为指导思想，有时以企业精神的面目出现，作为指导思想规划各方面的工作；有时以企业哲学的面目出现，作为企业运行的根本指导思想；有时甚至以企业价值追求的形式出现。无论以哪种形式出现，都应以企业文化的核心为指导思想。

（四）坚持扬长避短，发挥优势，以不断彰显本企业的个性和特色

企业文化建设应特别注意本企业的实际，在不断扬长避短中形成自己生产、经营和管理上的优势和特色，为企业文化的生成与发展提供条件与基础。

五、企业文化建设对实际工作的影响不断加深

随着企业对企业文化认识的不断深入，各企业除提出自身企业文化的口号和标语外，如东风汽车公司提出的口号“东风和畅，与你偕行”，还进一步将口号落实，将企业文化与员工的关爱、社会责任等问题紧密结合。

员工对本企业文化总体感知水平较高，具有较高的认可度。同时，具体到不同方面的文化感知也具有较高水平，反映出员工对企业文化的认可度均处在较高的水平。这说明企业的宣传发挥了作用，企业文化的这种宣传作用正在不断提升。

首先，从企业与员工整体关系来看，员工对工作环境的安全性、自身地位、薪酬分配以及企业工作氛围总体满意度均较高；纵向比较上，除薪酬满意度没有明显变化外，其余的满意度水平均显著上升，显示出员工较强的归属感。其中，相对于有限责任公司、股份制企业、国有企业、外商独资企业在工作环境创建、对员工的尊重、薪酬分配等方面做得更好，不断改善组织与员工的关系状况。

其次，管理者和员工关系较为融洽。大多数员工认为与上级管理人员的关

系比较和睦，并能够和上级管理人员进行顺畅的沟通和交流。从不同性质的企业来看，相较于有限责任公司和股份公司，国企和外资企业依然表现较好，特别是在倾听员工意见方面得到了各级人员的认可。

最后，湖北省制造业企业内部员工之间的关系总体较好，在生产、工作中能保持较好的合作状态。有权威机构研究成果显示，员工满意度水平每上升3%，企业消费者满意度水平会提升5%；员工满意度达八成的企业，在平均利润率增长方面往往高出同行业其他企业两成左右。

第二节　湖北企业文化建设的目标

一、企业文化建设的目标

企业文化建设是一项大工程，有其专业性以及复杂性，如今已然成为当代企业在市场竞争中占据有利地位和获取竞争优势的重要法宝。缺少企业文化的企业是没有前途的，丧失信念与理想的企业是毫无希望的。从这一角度分析，企业文化建设既是企业在市场经济背景之下生存发展的内在需要，又是践行现代化管理的关键内容。

从整体上分析，良好的企业文化建设要实现以下几个方面。

（一）确立理念

1. 确立全体员工的价值观

企业价值观在企业文化体系中占据核心地位，是企业命脉的决定性因素，也直接关乎企业的兴衰。在当今社会条件下，企业不仅要积极创造物质价值，还要创造独特的企业文化价值。要让所有员工都意识到，企业竞争并不仅仅是经济层面上的竞争，更是人才、文化与智慧之间的竞争。企业员工应该认识到服务社会是企业终极目标所在，应该寻求获取社会价值的最大化。

2. 确立企业精神

企业精神是企业员工在长久生产经营中建立的精神文化。它是由企业传统、文化、经历、经验、领导人管理哲学等共同孕育而成，包括有效归纳总结与提炼升华所确定出来的思想发展成果与精神力量。塑造个性化企业精神是企业文化顺利建立的核心。企业应该认识到，要把文化建设的重点放在培养个性化企业精神层面，让企业精神发挥引导作用，激发员工潜能，提升员工凝聚力与向心力。要促进企业精神的确立，必须积极落实先进性、效益性、时代性、激励性准则，既要体现企业本质，又要体现行业特征、企业特色，使经营管理和企业精神相互交融。

3. 确立符合实际的企业宗旨

确定与企业实际相符的宗旨，是企业生存发展的目标和追求。这项工作的侧重点是在企业目标和建设方向中彰显企业的价值思想。

（二）树立精干高效的队伍形象，打造精神文化

从本质上分析，企业文化是人的文化，人又是生产力中最活跃的因素。企业成员属于企业主体，要对企业文化进行积极建设，就要将提升人的素质素养作为重中之重，把人作为立足点，提升群体凝聚力，形成共识与共同理想。为确保以上目标的达成，企业应该着力建设学习型组织，高度关注理论与实践培训活动的开展，培养卓越管理者，使这些管理人员可以在发展文化方面发挥带头示范作用。

（三）塑造品质超群的产品形象，打造物质文化

总体来说，企业的文化建设和形象塑造是高度统一的。应推动技术改革发展提升合理化水平，使其彰显技术与产品特色；塑造企业品牌，维护企业信誉，让企业产品与服务能够在社会上拥有响亮的名号，可以在市场上占领先机。在实际经营管理中，应该将企业战略和企业的运营发展思想联系起来，保持彼此的一致性，协调员工活动和企业活动，确保视觉信息传播的有效性，为企业可持续发展创造良好条件。

（四）塑造严明和谐的管理形象，打造制度文化

正确把握并且处理企业文化和管理之间的关系是推动企业发展的核心与根本。企业制度建设和企业制定的战略都可以纳入硬性管理范围，企业内部成员管理、企业目标制定、员工工作作风等都可以纳入软性管理范畴。对于企业来说，要确保企业管理效果，打造良好管理形象，就必须在管理工作中落实改革行动，贯彻以人为本的思想，确立员工的主体地位，强化员工的主观能动性，让他们能够自觉参与企业管理的各项活动并履行其中的责任，承担一定的义务。要保证企业管理效果，一项至关重要的措施就是把企业管理与制度建设、市场开拓、服务优化等工作联系起来，修订改进企业职业道德准则与行为规范，构建纪律机制以及约束机制，从以制度为规范变成员工高度自律。应倡导团队协作，增

进成员之间的交流与互动，维持和谐人际互动关系，提升团队内部凝聚力和向心力，体现出团队的综合价值。

（五）塑造优美整洁的环境形象，打造行为文化

人可以改造周围的环境，环境也能改造人。因此，必须对企业文化培育的环境影响因素进行正确研究和把握，让各种优势资源转化为企业文化发展动力。企业在生产经营和管理工作中，应该积极制定发展方案，做好绿化与美化等方面的工作，坚持分工协作，落实责任机制，加强治理和整顿，打造优良的卫生环境。要积极开展文体娱乐实践活动，并将组织大型实践活动纳入制度体系，如文化艺术节，丰富广大员工的文化生活，对他们进行良好的企业文化与价值观熏陶。

（六）以人文关怀为目标

目前，湖北制造业企业中大多数的一线员工都是深受改革开放影响的年轻一代，经济发展与社会变革的影响，使他们对生活与工作的要求越来越高，且拥有更强的自我意识，更追求平衡工作与生活。与此同时，对这些员工的管理方式需要发生转变，不能教条地依照之前的制度化、独裁式、叫骂式的管理模式，要增强企业对一线员工的人文关怀。在人力资源管理中，人文关怀是对人的价值以及人性持有肯定的态度，强调个性解放与平等自由，给予人更大的尊重与关怀。

人文关怀的本质是把员工作为评价尺度和根本目标，在企业中做到关心、尊重与重视人，积极为员工的全面与自由进步创造优良的社会环境与发展氛围。以现实情况为例，湖北省制造业企业大体都遵循以下几条准则，保证对员工的人文关怀。一是优化生产劳动条件，构建完善的员工安全保障工作机制。企业要强化对员工的人文关怀，必须把保障员工安全放在第一位，将人本理念贯穿安全生产全过程。首先，在生产管理环节积极制定并践行安全生产方案，每年组织开展专门的安全教育培训以及考核工作，为员工发放劳保用品。其次，为了维护员工健康，积极建设员工健康登记制度，全方位了解员工身体情况。最后，美化环境，优化生产氛围，给员工提供卫生安全与舒适干净的工作环境。二是坚持民主治理原则，构建完善的员工民主参与机制。在企业中推进民主治理方法，可以给企业管理注入人文关怀，强化员工思想与行动共识，提高凝聚效果。比如，健全职工代表大会制度，使企业员工能够参与企业的民主决策，成为企业的主人；贯彻总经理联络员制度，有效聆听基层员工的意见与建议，确保有效信息的上传下达；促进员工思想分析工作常态化，听取员工意见与建议，使

员工可以在自由表达过程中获得企业关注，并采纳员工所提出的优秀建议。三是坚持员工利益为先，健全员工权益保障制度。企业坚持依法保障员工合法权益不受侵害，彰显对广大员工的人文关怀，落实以人为本的管理模式，维护好法律赋予企业广大员工的合法权益。在经济层面，秉持按劳分配的基本准则，维护广大员工物质层面的利益，在积极提升劳动生产率以及企业经济效益的同时提升员工的工资待遇水平，优化整体福利。除了国家规定的社会保障与企业年金等福利待遇之外，还要设置娱乐性与辅导性的福利，如旅游、聚餐、生日会、公益慈善等。对这些活动进行有效组织实施，能够大幅度提高员工的工作热情和效率，增强员工凝聚力。除此之外，人文关怀属于企业管理方法，必须在企业管理的不同环节予以体现。从制定有关规划到项目落实，从构建制度到做好具体工作安排，均要彰显人本思想。第一，在现实工作中，应该信赖与尊重广大员工，真正将他们的所思所想作为管理者制定决策的首要信号，把他们的积极性以及工作热情当作工作实施标准，把企业目标分解成员工自觉担当的责任。第二，必须推进制度建设，提升制度操作性与可行性。制度是对人行为进行规范的重要原则和准绳，让绝大多数人自觉遵守的制度应该是人性化的制度。四是维护员工心理健康，完善员工心理教育以及心理疏导机制。身体和心理健康是维护社会和谐的重要保障，也是建设和谐社会不可缺少的要素。如今人们的精神需求不断提升，心理健康也逐步演变为评价幸福感的参数。对社会巨变所带来的一系列心理问题，企业方面需要做好对员工的心理疏导，加强人文关怀，使员工能够建立积极乐观的社会心态，正确对待自己、他人以及社会，在实现自我价值的同时，主动为社会价值的实现贡献力量。

二、企业文化建设的基本原则

（一）“以人为本”原则

以人为本指将人当作企业管理的根本出发点以及落脚点，将调动人的主观能动性当作企业建设文化的核心任务。落实到实际行动中，就是要充分激励与尊重员工，让他们能够发挥更大的创造和创新能力。

在企业文化建设过程中坚持以人为本的原则，在具体落实中需要切实关注与解决如下问题。

1. 充分重视人，把企业管理的重心转移到如何做好人的工作上来

一段时间以来，企业发展建设中显现出过度关注生产经营而忽略企业管理的情况。部分管理者虽重视管理工作的落实，但是片面认为管理的重点应该是

构建制度、确定目标和落实奖惩措施这几个方面，没有把做好人的工作放在管理工作中的关键地位。大量实践经验表明，在管理活动中见物不见人，只关注行政与经济手段作用的发挥，侧重外部强制管理的开展，忽略人主观能动性的发挥，将人当作外在文化约束对象，忽视员工文化创造价值的发挥，其结果背离管理目标，最终无法提升企业发展活力与生机。因此，企业管理者在管理工作实施中要合理调控关注点，把握管理重心，始终把人放在中心地位。

2. 正确看待人，切实处理好管理者与员工之间的关系

针对员工是什么人这个问题，西方的诸多管理学者开展了研究与探讨，得出了这样的假设：经济人、组织人和社会人。这些假设实际上均是从企业管理主体如何控制与利用管理客体视角看待员工所得到的结论，无法使员工的积极性、主动性与创造性得到充分发挥。所以，管理者要把企业员工当作企业的主人，把员工作为企业管理主体以及文化主体，认清建设企业文化必须关注员工主体作用的发挥，加强对员工素质的培养力度，让企业文化主体成为具备极高素质素养的文化人。

3. 有效激励人，使人的积极性和聪明才智得到最大限度的发挥

确立员工在企业管理体系中的主体地位，发挥企业主体能动性，充分挖掘员工的潜能，发挥其聪明才智。对此，企业需要从以下几个方面着手。一是健全民主管理制度，维护广大员工的民主权益，让员工可以积极参与企业管理活动。二是扭转过去压制性和片面性的管理模式，把集权式管理转变为分权和集权整合的管理模式，把依托行政管理手段转变为员工提供服务与帮助的管理模式，变层层监督为引导员工自我监督与控制。三是给员工提供优质成长的进步环境，使其可以在实际工作中发挥积极作用，实现个人理想与抱负，施展各自的才华与才能，健全人才培育以及激励机制，帮助员工完成职业生涯规划，满足他们在物质与精神层次存在的需求。

4. 全面发展人，努力把员工培养成自由发展的人

在中国这一企业发展的大环境下，真正合格的企业应该将员工培养成有理想、有道德、有文化、有纪律的社会主义新人；努力使员工之间、员工与管理者之间、管理者与管理者之间、企业与社会公众之间的关系更加和谐与密切。

企业对员工的全面关心，可立足以下角度进行综合考量。一是全面满足员工多方面需要；二是全面关心企业中的各类人员；三是全面关心利益相关者。

（二）目标原则

对上面的研究分析结果进行归纳总结可知，建设企业文化的根本目标是提

高企业成员的素质素养，实现人全面发展的目标。

在市场经济深化改革背景下，市场竞争日益激烈，要想适应复杂的环境，在激烈竞争的环境中脱颖而出，就必须提升企业成员的素质水平，使他们能够在企业生存发展与竞争力发展过程中发挥专业作用。可以说，企业成员素质已然成为影响企业生存发展与竞争力的核心因素，决定企业是否可以顺利改革创新企业文化。当代企业特别重视竞争力的提升，要想提升竞争力，就必须培养基层员工的能力素质，积极打造名牌员工。名牌员工应该拥有责任感、事业心、创造力以及高超技术。企业成员只有在拥有以上优秀能力与综合素质的情况下，才可以真正意义上实现当代企业的改革建设要求，为企业长效发展和改革创新贡献力量。所以，企业文化建设需要积极围绕人的综合素质培养开展。

要想组建高素质的员工队伍，抓好教育培训是根本。在教育培训中应该完善培训机制，明确培训内容，落实理论和实践相结合的原则。员工培训是企业提升员工道德素质、知识技能，确保实现预期目标，让员工顺利完成自身所承担工作和任务的有效路径。在如今这个知识经济时代，企业除了要加强对员工的岗位培训外，还应该加大智力投资力度，帮助企业保持发展活力与生机。

与之密切相关的是绩效准则。在建设企业文化的过程中，秉持绩效准则不动摇，不仅要结合员工业绩给予奖励，还要激励员工，让他们用积极的心态投入工作，同时要把关注点放在结果上，防止出现形式和教条主义等问题。

传统的管理与其说重视目标，倒不如说更重视完成目标的整个过程。传统的管理一般会花费较多的时间和精力，对整个过程进行标准以及规范化建设，不仅让员工知道要做什么，还要告诉员工应该如何做，将工作方法以及依照工作程序完工看得极为重要。按照这样的方式，广大员工在实际工作中需要严格落实既定方法与工作程序，接受来自上级的严密监管与约束，因此其个性与创新创造精神受到了极大压制。所以，建立绩效准则的终极目标是改变员工被动状态，提高其主动性和创造性，培育企业主人翁精神。具体而言，在企业管理中需要运用协商方法，而不是直接命令和约束。在对目标进行具体落实的过程中，要提高员工的自我约束能力和自我教育能力，并以此为重点，而不是被动约束和用制度规范员工的行为。简单来说，就是要扭转传统管理模式，尽可能地消除发号施令与严密监管，主动提供服务，坚持以人为本，激励员工自主管理和加强自我激励。

（三）共识原则

共识指共同的价值判断，这是企业文化建设的核心所在。

其原因主要有以下两点。①企业文化的核心在于企业中的精神文化。员工自身是有各自价值观的，如果不能形成共识，那么整个企业就如同散沙一般；如果拥有共识，企业就会团结一致，彰显出巨大能量。②当下企业所面临的内外环境异常复杂且瞬息万变，因此更要达成共识，集思广益，取长补短，确保每项企业决策和企业管理方针都立足于全员智慧和经验，从而提高决策和管理措施的科学性与准确性。

贯彻共识原则的方法主要有以下两点。①充分发挥文化网络作用。文化网络是企业价值载体，也是企业中至关重要的非正式沟通方法。基于文化网络能够有效传播企业价值观，实现信息沟通与共享，促使企业全员形成良好共识。②有效清除以权力主义为核心的企业管理文化，构建参与型文化。前者过度关注发挥行政权威价值，主要运用制度、命令、计划等方法，对人的行为采取硬性约束措施，这不利于共识文化的建立和发展。后者强调的是突破权力至上思想观念，积极践行分权体制以及授权机制，强调企业成员的平等参与，以彰显群体意识，建立良好共识文化。

（四）兼容原则

企业文化建设的过程少不了要进行学习借鉴，国内与国外都有很多的成功经验与方法值得学习。中国企业在文化建设环节必须积极吸纳合理的优秀传统文化。

我国的传统文化和国家现代化具有一定的矛盾与冲突，如轻自然、重技艺的观念与科学思想的冲突，这正是国家企业文化发展建设的基础所在。

在近代以及现代西方文化的强烈冲击和影响之下，中国人在生活、文化等诸多领域发生了翻天覆地的变化，西方的不少生活方式与文化习俗等逐步得到接纳与认可。但是，中国流传下来的传统思维、心理特征、伦理道德等仍然存在。简言之，中国传统文化合理性要素主要包括以下几项内容。一是自强进取精神；二是基于道德规范构建和谐人际关系；三是集体主义思想；四是人和自然和谐统一。在中国需要构建的应是能够突显本国传统文化合理性的企业文化与管理学。在中国企业的管理与综合建设中，很多企业引入了西方科学管理方法，落实定额定量生产，执行严格规章制度。但是，这样的行为和我国传统价值观有所背离，造成了员工和管理层的矛盾冲突。这实际上是因为在学习借鉴的过程中没有考虑企业自身的情况，盲目照抄照搬，忽视了国情、社会情况与企业自身情况，是万万不可取的。

（五）创新原则

1. 企业文化的冲突

企业文化的冲突包括组织文化与个人文化、新文化与旧文化、企业主文化与亚文化间的冲突，以及每一个企业文化自身的问题等。

（1）任何企业文化自身都存在问题。①企业文化自身有相互对立的理念、规范等。等级性的组织结构以及过于严格的规章制度虽然能够在一定程度上加强对人的管理，但可能会影响人和人之间的信息交流与情感互动。不管是哪种企业文化都要避免极端化的情况，不能倾向于某一方面，要坚持互补原则，要对彼此对立的思想理念进行充分考量，找到其中的可取之处。企业制定的目标有很多，如就业目标、利润最大目标、综合效益目标、稳步上升目标等，需要在目标建设过程中寻求一种平衡状态，避免因为走极端而给企业带来不利影响。

②企业文化自身在发展过程中存在异化问题。如果劳动分工过于精细，会让工种作业变得乏味单调，缺少刺激性和创造性。员工的各项工作会受到机械设备的影响，反而变成机械设备的附属物。过于烦琐复杂的管理影响了人和人之间的交流互动，也不利于企业内部关系的优化建设。企业文化创新成果在经过积累积淀形成文化传统之后会拥有权威性。企业文化传统带来的惯性往往是由文化创造者与追随者的选择偏好形成的。企业文化惯性是一把双刃剑，即如果企业在稳定发展环境中保持良好传统的话，那么企业的表现往往是非常突出的。但是，如果环境条件发生了极大的变化，企业仍旧固守自身的文化传统和文化惯性，就会因为保守而落后。在这样的情况下，企业领导者需要做的是培育优秀企业文化，如果企业内外出现根本转变的情况，就必须要重塑企业文化。

③企业内部存在主流的、正统的文化与非主流的、“异端”的文化，如企业正式组织文化与非正式组织文化间的冲突。

（2）企业文化环境中存在问题。企业文化环境中有各种各样的文化，如群体文化、社会文化、个体文化。这些文化间也容易发生冲突。例如，如果外部个体没有进入企业建立的文化环境中，没有得到组织的认可，那么个体不管是在心理层面上还是在实际行动上都会出现不适应的情况。企业文化落后于社会，或者企业文化无法满足个体追求先进文化的需求，都会引发文化冲突。

2. 企业文化的变迁

造成企业文化变迁的原因有很多，总的来说有内因和外因两种。外因主要包括企业外部的经济、文化、政治等；内因主要包括企业管理、员工素质、内控体系等。

有关研究显示，企业文化往往基于以下几个方面影响员工能力。第一，在对员工进行选聘的过程中，企业文化会给整个选聘过程和最终结果带来极大的影响。把员工能力作为衡量标准聘请员工的企业远远好于只是依靠经验与喜好聘用工作人员的企业。第二，奖励机制通常可以体现组织结构对能力的重视。如果缺少团队精神的员工和具备良好团队精神的员工获得相同的报酬，在企业中得到的关注度也完全相同，那么员工在未来工作与生活中可能会逐步忽视与人合作和帮助他人。第三，企业决策会对员工的工作热情以及主体能动性和创造性的发挥带来极大的影响。如果企业制定的全部决策均来自管理者，员工在这一过程中只是听从管理者的各项命令，那么员工就不愿意承担责任，在实际工作中就会逐渐失去热情和动力。第四，企业精神文化和员工的能力发展存在非常密切的关系。第五，企业的管理流程以及工作惯例会让员工意识到自己需要具备的能力。第六，良好的企业文化高度关注员工个体的发展，注意加强对员工的教育培训，员工能够认清提高自身能力的重要价值。第七，企业文化会在一定程度上反映企业领导的能力，同时通过企业文化也可以了解企业领导的行事作风、管理思想以及对员工的态度等。

3. 企业文化的整合

企业文化的整合主要表现在以下几个方面。

第一，积极吸收内部或外部输入的企业文化特质。

第二，企业文化整合是对企业内部或外部引进的企业文化特质开展必要的重组改造，进而建立局部新型或者是完全创新的企业文化。

第三，企业观念以及管理革命等活动的开展让企业越来越关注企业文化整合与重建。比如，第二次世界大战后，美国铁路公司在不懂技术的领导管理下造成了列车对撞事件，从而引发了企业所有权与经营权相分离的观念革命，确立了经理体制的企业管理革命，开始了企业组织文化、决策文化、动力文化、管理文化等新文化的整合。

第四，企业文化存在激烈冲突，遇到了文化发展危机，促使企业在推动文化改革中加强彻底整合。这往往发生在濒临倒闭、经过剧烈震荡完成了一个大转折的公司或企业。

第五，企业文化的一体化。这里所说的文化一体化不仅体现在寻求各个层次与局部一体化，还强调追求总体文化和谐一致。也就是说，企业文化各个组成部分相互渗透、相互支持，紧密地结合成一种基本文化。

第六，在企业的文化趋向成熟或者是即将得到完善之后，开展迅速传播扩散活动，超越民族与不同的文化背景。比如，上面所说的企业质量管理文化源于美国，后迅速扩散到欧洲和日本，经日本企业的文化整合达到某种境界后，又开始流行与传播。这是企业文化整合的一种模式。

4. 企业文化的创新

（1）企业文化创新的四个阶段。

第一阶段：企业高管与文化顾问共同确定并积极践行新创意、新思想或新战略。

第二阶段：企业员工运用创新性的思想创意或者战略，引导企业实际行动构建规范化制度，在实践中落实。

第三阶段：企业在积极落实新策略的背景下收获良好经营成果，并且持续了较长时间。

第四阶段：企业培育出新企业，文化综合涵盖企业各个层面与各个领域的创新创意发展成果，也体现在对新策略落实过程中得到的经验感悟。

（2）实施企业文化创新的步骤。

第一步：企业高管与文化顾问重构企业文化，以提高对新形势的综合适应能力，确定企业经营发展方针以及综合目标，做好榜样示范作用并且鼓励员工投入改革活动。

第二步：企业经营策略、思想行为与制度建设发生相应变化。

第三步：企业经营获取胜利且持续很长时间后，做好归纳总结以及合理升华。

第四步：企业经营行为规范逐步发生变化，共同价值观念等更加趋向于新型目标与运营战略。

三、企业文化建设的步骤

（一）企业文化盘点

确保企业文化建设效果的关键点是运用量体裁衣的合理方法，积极构建与企业自身相符的文化体系，确保该目标实现的前提条件就是全方位以及精准有效地把握企业文化。企业文化盘点的含义在于面对企业文化开展调查诊断。

在实际的调研工作中，可选方法有很多，如访谈、问卷调查、资料分析、实地考察等。通常情况下，应运用自上而下的分层方法确定具体的诊断方案，这些往往会受企业规模以及企业生产特征的影响。企业在落实文化调研活动的过程中，要倡导所有员工积极踊跃参与，所以调研工作的最佳时机是工作开展前，由企业领导组织召开动员会议，充分调动员工的积极性，增强他们的参与意识。在实际调研过程中可引入一定的辅助方案，确保调研工作的顺利开展，如构建访谈式对话、设置专用信箱等。

企业文化开展的调研活动必须要有针对性，访谈的提纲和问卷内容必须是精心设计的。在内容的具体设计过程中，需要综合关注企业建设思路、经营管理现况和未来发展前景、员工价值观、员工的企业文化认同、员工凝聚力、向心力与满意度等。部分企业内部资料通常体现在企业文化中，因此可以对这些内部资料进行充分的挖掘和研究，如分析规章制度、内部报刊、历史信息奖惩条例、新闻报道、先进材料等，在众多资料中筛选出有价值的信息。为了给实际工作带来更大的便利，最佳方法是列出清单对相关资料进行全面收集、整理和运用，为今后查找与利用奠定基础。

在调研企业文化过程中，一般常用的方法是发放匿名问卷，该方法的运用可以体现企业文化建设的具体情况，了解员工对企业文化的认同感。在问卷内容的设计环节，必须坚持从实际情况出发，确保调查研究目标准确且具备很高的区分度，同时方便进行信息数据的统计。对于价值观类的调查内容而言，要避免让员工识破实际调查的目的。例如，在对员工需求进行研究的过程中可设置以下疑问。如果你有再次选择职业的机会，你主要会考虑以下哪几个方面的内容？在问题之下列出工资、住房、个人发展等多种要素，并且要求最多选择三个选项。基于结果的统计研究，可以顺利掌握员工需求的分布情况。

在完成了系列文化调研工作后，紧接着要开展深层次研究，以便获得初步诊断结果。研究分析工作主要集中于以下内容。一是研究企业内部与外部环境，了解企业经营特征，明确企业在整个行业中的地位与具体的生产经营管理现状。二是研究企业在管理层面上达到的水平和保持的特色，分析企业内部运转机制，着重研究企业在管理思路、观念和方法等方面的不足。三是研究企业文化建设现状，评估领导与员工对企业文化的重视水平和持有的价值理念。四是逐层逐项研究企业文化的各个层次。

透过这几个方面的研究与分析，基本能够诊断企业文化发展现况，把握企业员工基本素质情况，了解企业战略，执行对企业文化建设的实际要求，研究企业目前急需化解的发展难题与未来发展建设所面临的阻碍。

（二）企业文化设计

企业文化属于有机整体，包括理念层、制度 / 行为层、符号层，涵盖企业形象识别系统（corporate identity system，CIS）体系中的所有内容，即理念、行为与视觉识别系统。在对企业文化进行实际设计时，应该认识到开展设计工作的关键点是保证理念体系设计的效果。其原因在于这一设计理念决定了企业文化建设的实际成效。同样，我们需要认识到设计文化理念是非常困难的。一个完整的企业理念体系，综合包含了企业使命、价值观、道德、作风、精神、管理模式、经营哲学等。

在理念层的具体设计中，必须落实历史性、个性化、前瞻性、操作性、群体性等原则。在企业理念体系中，每一个组成部分均有其内在逻辑，在实际的设计过程中必须维持内部系统的一致。比如，企业愿景实际上是企业拼搏奋斗要达成的终极目标，同时还给出企业存在的理由。企业哲学是对企业内外部情况开展的哲学性思考。企业经营理念为企业的可持续运营发展提供了指导思想。企业核心价值观说明的是企业开展价值判断时坚持的原则与标准。企业精神体现内部工作人员的精神面貌。企业道德以及作风对员工来说是一种无形的约束。上面所提到的内容有着相辅相成密不可分的关系，它们共同构成完整的理念体系。

企业制度、行为层次设计的关键在于把握好制度、风俗习惯、员工行为等。不管设计其中的哪一个要素，都应该把企业理念渗透到设计活动中。企业制度是确保企业运转秩序的根基，在塑造企业整体形象方面至关重要。企业风俗的设计是区别于其他企业的一种标志。员工行为规范涉及仪容仪表、为人处事、纪律意识等。优秀的行为规范需要表现出极强的操作性、针对性与简洁性，这样才能够给企业发展带来积极影响。

企业符号层设计的关键点是设计好企业的名称与标志。企业的名称和标志就像是人的姓名一样，属于企业代码。所以，在实际设计过程中必须要保持谨慎。企业标志是企业理念与精神的根本载体，可依托这一标志对企业理念进行有效传播，当然社会大众也可基于这样的标志深化企业印象。企业标志出现次数和出现是否频繁都会影响公众对企业的认知，也关系到其对企业的接受情况。企业理念可以说是企业的内在精神，企业标志则是外部形象，只有做到形神兼备，才能够把完整的企业形象表现出来，缺少其中任何一个方面都是不完整的。

（三）企业文化实施

文化实施过程通常是企业的一次重大变革，借助这样的变革能够传承和发扬企业的优良传统，也可以对企业中的问题进行有效纠正。勒温是最先提出组织变革过程理论的专家，这一理论后被称作勒温模型。这个模型指出组织变革要经历三个重要阶段，分别是解冻、变革、再冻结。一般而言，企业文化变革与落实主要分为以下几个阶段。

导入阶段就是模型中所说的解冻期。该阶段应该将侧重点放在优化变革之前的准备工作上，这里所说的准备工作，涉及思想准备、氛围环境与组织准备。导入阶段需要健全领导体制、执行机制和传播机制等，借此让内部成员意识到文化变革正在到来。为确保该阶段工作的顺利完成，可以积极组建专门领导小组，促进相关工作的贯彻执行，通过构建文化建设专项基金的方式，提供资金方面的支持。

变革阶段属于文化建设中的关键阶段。这一阶段的主要任务是全方位组织推进文化理念层、制度 / 行为层与符号层建设工作，这个阶段是塑造企业形象的阶段，也是一个非常完整、系统的大工程，要把握的核心内容是建立企业的价值观念，并对企业所确定的思想行为准则进行落实。这个阶段的持续时长一般不少于一年。

制度化阶段属于文化变革过程中的巩固阶段，侧重点应该是归纳文化建设中的经验以及教训，建设完善化企业文化体系。制度化阶段的文化变革会逐渐从突击性工作变成日常工作，企业的领导小组也开始把宣传推动工作变成组织监控工作。毋庸置疑，制度化阶段的工作重点就是文化制度的一系列建设工作，尤其是文化考核制度、表彰制度、文化传播制度等。该阶段显露的问题往往是新的企业文化没有站稳脚跟、旧的习惯卷土重来，这一点必须得到企业管理者的重视。

评估归纳阶段的重点是对阶段性成果进行总结，是在完成文化建设任务后归纳评价以往的工作，以便给接下来的文化建设提供指导与参考。评估工作的侧重点是事先确定下来的文化变革方案，检验变革结果和预期目标的契合度是否有利于优化企业绩效。归纳总结工作涉及文化建设反思，需要结合环境变化检验原假设成立与否。具体的实施方法很多，如组织研讨会、座谈会、表彰会等，还可以运用现场考察的方法进行实际情况的评估与总结。

四、企业文化建设应避免的误区

第一，避免只关注文化形式而忽略文化根本内涵。在我国的企业发展与文化建设中表现出来的最明显的问题是对文化形式的盲目关注和对企业文化深层内涵的忽视。企业的文化实践活动与形象设计均属于文化表层内容。企业文化是关乎企业适应市场措施与处理内部矛盾冲突的一系列标准原则与行为方法。企业文化中包含了创业者在文化建设中建立的人性基本假设与价值观，也汇聚了广大创业者的集体经营理念。这样的理念与价值观往往会用不同形式和活动体现出来，如果仅仅从表层着手停留于形式层面，不能体现内在思想与价值，企业文化就会失去其存在意义，自然无法长远发展。

第二，避免把企业文化和企业精神等同起来，脱离企业管理活动。部分企业家的观点是建设企业文化就是塑造企业精神，它和企业管理没有关联。事实上，这样的认识是非常片面的。企业文化是将文化作为根本手段，将管理作为根本目标。企业是实体性组织，主要是结合生产经营情况与业绩开展评价工作。精神要素虽然对企业生产效率、内部凝聚力等具有非常突出的作用，但这样的影响并非单独发挥作用，而是渗透在企业管理中起协同作用。企业经营思想与价值观贯穿于企业经营与管理全过程，渗透在每个环节中，并伴随企业内外部变化而变化。从这一角度分析，企业文化和企业管理不可分割。

第三，不能忽视企业文化发展过程中的个性化建设以及创新发展。企业文化是特定背景下形成的特色化管理模式，体现出的是企业个性化特征，并不存在标准化和统一化模式。在对大量企业的企业文化进行研究分析后发现，它们在很多方面都是非常相似的，没有独特个性与风格。事实上，每个企业成长历程均不同，企业构成成分也各不相同，企业在经营发展过程中需要面对的竞争压力也千差万别，所以企业在应对外部环境变化时运用的方法各不相同。因此，企业文化在文化的类别、强度、内容等方面应该彰显个性化和创新性，体现出本企业的特色与魅力。

五、企业文化建设的基本方法

企业文化建设这项工程非常浩大，可选用的方式方法有很多，需要结合企业实际情况进行确定，这就要求企业对自身有足够的了解，可以结合企业特征联系企业发展过程中的各种问题，做到具体分析具体解决，然后整合实际情况，灵活运用各种不同的手段与策略，建立本企业的文化体系。建设企业文化过程中的基本方法有如下几种。

（一）宣传教育法

宣传教育法在企业文化建设中扮演的角色越来越重要，属于一种基本方法，只有运用科学有效和创新性的宣传教育方法，打造良好的企业文化氛围，才可能从真正意义上将文化转变为自觉，让整个企业主动把企业文化作为行动导向和价值追求。

1. 搞好文化意识培训

对于企业成人教育来说，最见成效的文化意识培训方法首推“在职培训法”（也叫“实干学习法”）。企业根据员工所在的岗位、所从事工作的具体性质以及员工个体要求对他们进行文化意识教育指导，这样能够大幅度提升员工文化素养与专业素质，也让员工由此掌握与企业文化有关的情况，把握企业文化构成要素，明确员工在企业文化建设中的作用，提升员工投入企业文化建设的自觉性。

2. 开展多种形式的舆论宣传和教育工作

开展文化宣传教育是建设企业文化非常重要的步骤。做好这一工作能够达成的效果是可以在内部建立良好的舆论氛围，使广大员工在这种氛围和良好环境的熏陶之下接受并且认同企业价值观，然后在实际行动中予以落实。企业可选用的宣传方法和宣传手段有很多，以下列举几种基本方法。①厂史教育。厂史教育的主要内容是为新进入企业的员工详细介绍企业内部优良传统、价值观与道德准则等内容，说明企业从建立一直发展到现在的整个历史，在增强员工对企业的了解的同时，使他们建立对企业强烈的责任与荣誉意识，为自己是企业中的成员而骄傲、自豪。②编辑出版刊物。企业文化刊物、纪念册等的编制以及发表，可以让员工以及社会了解到企业文化建设的具体内容，了解自己可以在企业文化建设中做出哪些贡献。③创办学校传播。大型企业基于其规模和实力可以积极创办员工学校，对企业风格、精神、特征等进行大力宣传，有效调动员工的积极性。④借助多样化的会议活动宣扬企业文化，让员工在这些活动中了解更多企业经营管理方面的资料，尤其是让员工明确企业所制定的政策和提出的具体行为规范的目的，让每一个成员都能够认识到自己是大集体中的一员，不能袖手旁观，更不能把自己的发展和企业建设脱离开来。⑤组织精彩纷呈的实践活动。比如，在企业内组织各种各样的文化研讨活动，特别是以丰富员工精神文化生活为重点的娱乐文化类活动，真正让员工在趣味活动中感悟企业文化，享受企业良好的文化氛围。

（二）典型示范法

典型示范法是利用对典型人物进行宣传推广的方式，促进企业文化宣传与建设。典型人物是指企业中的优秀分子，他们在日常工作与生活中，能够体现出企业发展的原则和精神。企业在选择典型人物时，可从企业领导中选择，也可从员工中选择。通常情况下，从员工中选择的典型往往具有更大的影响力，因为平凡之中见伟大。典型人物实际上就是企业思想文化与价值观的人格化体现，能够用典型人物的正面形象体现出企业的整体形象，并且让员工意识到自己应该把他们作为榜样。当然，要想知道企业推崇、赞扬的精神，通过评价分析典型人物的思想行为就能够发现。简单来说，典型人物和他们在相关事迹中体现的意识与精神就是企业文化所大力提倡的。

在建设企业文化的过程中，运用典型示范方法最为主要和关键的策略就是塑造典型人物。通常情况下，这些人物是在企业长时间的经营发展中成长起来的，但在企业文化建设中变成企业楷模，往往要有企业的认定、宣传与提倡。企业要想造就典型人物必须先要发现人物。也就是说，企业要擅长发现拥有楷模特点的优秀员工，即在价值观和信念、信仰上积极进步，和企业始终提倡的思想价值理念保持一致的人。在发现典型人物之后，接下来就需要对他们进行有针对性的教育培养，进一步提升其理论素质和实践技能，让他们在企业实践活动中展现聪明才智，积累更多的发展经验和技巧。最后，对典型人物的优秀事迹与良好形象给予高度认可和积极宣传。在这一过程中应该充分肯定企业典型人物，了解并且归纳他们在工作与生活中的优秀事迹，创新组织开展人物宣传活动，尽可能拓宽宣传范围，提高他们在企业中的影响力，扩大其知名度。这样不仅可以得到员工的认可，体现出典型人物的模范与榜样作用，还能够带动其他员工，让其他员工主动向优秀员工看齐，甚至逐步成为典型人物。除此以外，企业还需要给予典型人物以良好的保护，简单来说就是构建激励和保护典型人物的制度规范，并且要严禁企业内部嫉妒、挖苦、讽刺、打击先进人物和先进典型的错误行为。当然，企业在宣传典型人物的过程中，也不能运用虚假宣传方法，过度拔高是不可取的行为，只有做到实事求是，才能够让典型人物发挥应有的指导作用。

（三）环境优化法

环境与人之间的关系不可小觑。人可以采取一系列的行动改造环境，环境也会对人产生极大影响。结合企业管理理论，建设企业良好环境可以为企业文化建设起到推动作用。企业环境因素的建设，可以对文化起到支撑作用。心理学的一个重要主张是共同生活的群体能够形成共同的心理追求。这样的追求可升华到理论层面，并在群体中获得内部成员的认同，进而生成为其不懈奋斗的精神。这样的精神可以为人们的生存发展提供巨大的动力。对企业来说，只有积极向上、富有活力的企业精神，才能够对企业行为进行优化引导，把员工的职业道德与理想信念融入企业。所以，要高度重视企业环境的优化，尤其是要打造向心环境，让企业内部成员组建一个牢不可破的群体，共同抵御外部冲击，解决内部矛盾和冲突，壮大企业的综合实力。

1. 建设向心环境

形成向心环境应该充分考虑到企业的共同理想和坚持的目标原则，全面考虑企业特色、历史、传统、精神等，对这些要素进行有效的提炼与概括，明确企业精神目标，然后将该目标融合于企业管理，把经营管理和思政工作融合起来，建立拥有较高操作价值的体系，让员工对企业产生更强的认同意识。比如，有些人觉得市场经济和服务大众存在对立关系，将两者结合起来是无法实现的，但是很多在经营发展中收获成功的企业，用实际行动回答了这个问题。市场经济建设和服务社会大众是能够融合的，并且存在内在一致性。不管是哪个企业，越能为客户着想，关心、关爱以及尊重每一个客户，竭诚为他们服务，越能获得他们的信任，也越能提升企业经济效益，从而维护好员工利益，增加企业内部凝聚力。所以，建设团结拼搏、乐观向上的企业向心环境，能够升华广大员工的思想，让这种环境变成力量之源与精神支柱。

2. 创造顺心环境，开发动力资源

人具备的聪明才智与创新思维和创造力是一种无形的力量，也是个体发展的内在动力。这对每个人来说都是非常宝贵的，在环境不适宜的情况下，往往以潜在形态存在。所以，要提高文化建设效果，就要提供一个和谐团结和能够带给人亲切感的环境。企业环境建设的核心环节是在企业管理实践中做到动之以情，晓之以理，导之以行。不单单要重视员工基本生存，满足衣食住行等相关要求，更要重视对他们精神需求的正确引导，并且满足其需求；在员工的日常生活中给予更多的关心和照顾，认识到他们在生活中存在的困难并予以解决，创造一个如同家庭一般温暖的环境。企业领导层与管理层应以身作则，身体力行，积极发挥员工的积极性，让他们认识到每项工作都是有价值的，感受到工作、生活是有乐趣的，进而愿意为企业的振兴做出努力和贡献。

3. 营造荣誉感环境，激励高效行为

行为科学的重要观点是人的行为有高效、低效之分。荣誉感环境是对人的高效行为进行强化、对人的低效行为予以消除的重要因素。真正合格的企业领导者，往往可以给员工创造多劳多得、甘于奉献、以团体提升为荣的良好心理环境，从而减少与消除低效行为，让整个团队始终焕发生机与活力。

要打造荣誉感环境，首先应该引导内部成员建立良好的荣誉意识，借助多样化的方法，让员工对企业产生强烈的归属感，愿意为赢得企业荣誉不懈努力。其次应该建立为企业增光添彩的主人翁意识以及良好的责任感，使其为企业的繁荣兴盛感到光荣、为企业的衰败落后感到耻辱。再次要对企业优良的传统、获取的成就和为社会做出的贡献进行大力宣传，有效提升企业的知名度，打造良好社会形象。最后要打破企业中的消极平衡状态，鼓励员工学习优秀榜样，从而达成更高层次的目标，不断强化员工的集体意识和进取精神。

（四）激励法

激励是运用科学方法激发人的潜能，对人的能力进行积极开发，发挥他们的主观能动性与创造性，并在工作中展现自己的才华与能力。激励法属于企业管理的基本手段，也是优化企业文化建设的重要方法。企业文化建设中的激励法，需要结合具体情况灵活选择。常用的激励法有如下几种。

1. 强化激励

强化激励的含义是肯定、奖赏某行为，促进该行为巩固、增强；或者是否定、惩处某种行为，促使其不断削弱、消退。正面强化主要是用奖赏、赞扬的方法进行，也就是对好人好事予以表彰，积极肯定优秀思想与经验方法，使其在企业内部有效传扬。奖励往往有物质与精神奖励之分，在奖励的落实过程中，不能单纯地给予某一种奖励，而要将两种奖励方法结合起来运用。负面强化往往借助惩处与批评的方式达到目的。实际上，批评也是一门艺术，可以直接或间接批评，也可以暗示批评，还可以商讨迂回批评，等等。惩处方法涉及行政处罚、经济制裁以及依照法律法规严肃处理等。

2. 支持激励

支持激励指的是对下级的各项工作表示支持，肯定他们在工作中做出的努力和积极贡献。支持激励有很多具体的行为方式，如尊重下级以及他们的尊严、创新精神、拼搏进取、责任感、创造力等；信赖下级并在实际工作中适当放手给他们提供良好的条件，使其可以在各自的工作岗位上发光发热，展现自己的聪明才智；支持下级解决实际工作中的困难，让他们有更大的安全感。

3. 关心激励

企业领导层和管理层应在员工的日常生活以及工作中给予充分关怀，让员工认识到企业实际上是一个大家庭，让他们感受到家庭般的温暖，形成主人翁责任意识。

4. 情感激励

有情感才能够吸引与触动人心，才能够对人进行有效的教育，即只有真正意义上激起人的同情心、敬仰心，才能使其生成极大的精神能量，并对自身行为产生良好的引领作用。大量事实表明，很多卓有成效的谈心、讲话都少不了渗透在字里行间的激励，同时这一过程中融入了情感和趣味性的要素。员工有各自不同的兴趣爱好，应该在工作之余对爱好进行有效的发展。对此，企业需要积极运用多样化方法，组织多样化活动，培养员工的高雅情趣与喜好，提高他们的工作积极性。

5. 榜样激励

榜样拥有强大的力量，就如同旗帜一般生动又鲜明，能够让人在情感层面上形成强烈的共鸣。在确立榜样并且发挥出榜样的带动作用之后，企业员工不管是学习还是实践都会有明确的目标和方向。因此，树立榜样也是一种非常重要的激励法。

6. 集体荣誉激励

先进集体中的成员会对自己所在的集体有很强的自豪感与荣誉感，同时会信赖这个集体，并为自己是集体中的一员而感到光荣。集体中的各个成员均要为集体荣誉负责，并为了维护集体荣誉不受损害而爆发出强大干劲与持久热情。

7. 数据激励

利用数据来呈现出成绩以及贡献情况最有说服力，也有很强的可比性，最能够激起人的拼搏进取之心。比如，在组织球赛时公布比分往往可以激励队员不懈努力以获得胜利；各种各样的统计图和报表数据，可以激励企业员工进步并在企业中形成比学赶帮的良好氛围。可利用数据激励的方法，有每个月公布企业不同部门与班组的生产经营指标完成情况；公布员工各方面的考核成绩，自我激励并且带动员工积极学习新技术，把握有效的业务实践技能；建立光荣册，公布各项竞赛成绩，激励广大员工不懈努力，争当先进与典型。

8. 领导行为激励

良好的领导行为可以激发员工的自信心以及潜力，所以企业领导应该通过自己的模范带头作用与完善的素质素养激励广大员工。

总之，我们应根据企业的发展阶段和自身特点合理选择企业文化的激励方法并综合运用，这样才能取得较好的效果。

第三节　楚商文化与湖北企业文化

一、楚商与楚商文化

（一）楚商

1. 楚商的起源及其名称的由来

楚是一个复合型概念，兼具民族、国家与地区概念内涵。周朝的楚民族属于单独民族。就地区概念而言，楚主要以湖北为主，所涉及的是湖北周边几省的地区；就国家概念而言，楚指的是周朝以来的诸侯国。楚文化生成于荆楚大地，湖北是楚文化的发源地与发展中心区。

商业发展始于原始社会末期。商业生成的基础与前提条件是商品生产交换。楚国所属地属于平原，而平原的自然条件非常优越，适宜农作物生长，所以楚国物产丰富，也因此带动了楚国农耕经济建设，更为楚国商业建设带来了极大便利。从历史记载可以看出，楚国物产从商周之后逐步输送到中原地区。春秋之后，楚国和中原商业互动日益频繁。到了战国时，楚国的疆域日益增大，在商业交往方面也扩大了范围。楚国商业在各国经贸中占据举足轻重的地位。楚国商业的迅速发展壮大，和楚国重商政策有着不可分割的关系，也正是在商业的带动之下，楚国逐步成为当时的一个重要强国。

楚国商业起源很早，但是对楚国商人的称呼始终没有统一，各地对其称呼有所不同。这样的情况极易造成楚国商人的群体意识降低，影响其社会形象的塑造与传播，也会在很大程度上影响楚国的商业建设。楚商和浙商、晋商不同，其不如两者历史悠久，名称也不是自古就有的。

2. 楚商的特点

对于一个地区来说，商业文化的形成会受其所在地域文化的影响，即拥有怎样的地域文化就会相应形成怎样的商业文化。湖北商业文化可追溯到楚文化。楚文化已然深入到湖北商业文化的整个发展历史中，楚文化所具备的特征也成为楚商的特征。

（1）交通便利。武汉自古以来就被称作“九省通衢”之地，在水、陆、空这几个方面，武汉都发挥着交通枢纽作用。武汉和距离中国主要大城市的距离均为1 000千米左右，即武汉处在中心地带，是当之无愧的中国经济地理心脏，在全国交通结构中发挥着沟通南北、承接东西与维系四方的作用。

（2）精明与能干并存。民间流传着这样一句话：“天上九头鸟，地下湖北佬”，这句话是用来形容湖北人的，把湖北人比作九头鸟，想要传达的意思是嘲讽湖北人的狡猾。不过从另外角度看，这样的形容肯定了楚国商人精明能干的特征。

（3）仁义感恩合一。楚文化特别关注人文关怀，楚商企业的经营与管理特别重视感恩和仁义思想，这样的观念正是对楚文化人文关怀的传递。在众多企业中，企业文化建设都特别重视维护秩序和加强人文关怀并重的原则要求，以实现两者的和谐。所以，楚商企业中极少会出现员工和企业对抗和矛盾冲突的问题。

（4）经营广泛。古代中国周朝时期的楚国，通常是对中原各国输送林渔、牧产品以及矿产，当然也有土特产品。中原输送到楚国的包括盐等日常生活用品。楚国和岭南以及西南等地进行贸易往来，主要输出手工业品、输入海产品。对这样的商品贸易特征进行总结分析，可以了解到楚国在商业经营范围方面尤为广泛。

（5）顽强与务实相结合。楚商不单单拥有敢为天下先的勇气，还有顽强拼搏的务实品质。在经济全球化背景下，市场开放程度逐步提高，外来资本的注入逐步增多，市场竞争明显增加。在如此复杂而又竞争激烈的环境之下，楚商并未退让，而是继续顽强拼搏。比如，中百集团在与国际巨头企业的激烈竞争中没有丝毫犹豫与退缩，在勇敢拼搏中保持相当的市场份额，在经营与管理方面获得了成功。

（二）楚商文化

1. 楚商文化的地域特点

楚商发展的立足点是内陆省份地域商业文化，在商品交易层次表现出东西流通与南北贩卖的特征。“九省通衢”所说的是武汉作为交通枢纽的重要地位和作用，正是凭借这种独特的交通优势，楚商不仅具有非常齐全而又多样的经营类别，在经营范围方面也非常广泛，拥有多样化的商业互动渠道，这大大推动了商业贸易发展。

2. 楚商文化在企业文化中的体现

楚商文化不单单重视楚的地域性概念，还特别关注文化概念。楚商文化是以湖北为中心，涉及湖北周围省份的历史文化发展、商业文化发展以及由其形成的涵盖“楚”这一地域文化特色的文化体系。

3. 楚商文化的特点

（1）开放融合。楚文化是有着多元化特征的开放性文化，在这种文化熏陶下，楚人大部分都善于学习，并且在学习过程中注重吸取他人长处、弥补自己的短处。楚人开放融合的精神有着悠久的发展历史，冶炼青铜、刺绣、木工等均是楚人从其他地区学习到的技术。楚人的精神可以用海纳百川来形容，这种精神也推动了楚商的发展，楚商开放融合的精神品质已成为楚商精神和浙商精神、晋商精神的差异点。

（2）强军爱国。楚人崇尚练武，具有强军爱国的精神品质。比如，湖北省博物馆所展览的行军床由木头制成，可以折叠成背包的形状。另外，在荆州博物馆展览的连发弩在当时已经算是非常先进的一种兵器。通过这些文物，我们能够了解到楚国特别关注军事装备研究，也特别关注提升国家的军事实力。

（3）诚信和谐。司马迁《史记》中“庄王伐陈”这一历史故事反映的就是楚人重诚信和谐的精神。另外，成语故事“一诺千金”也与楚国人有关，故事主人公是楚人季布。基于这样的历史典故，我们能够了解到楚人重视诚信与和谐的精神品质自古就有。

（三）楚商与晋商、浙商及其商文化的比较

商业的发展让地域和地域之间相互交流，互通有无，不同地域的从商之人也建立了带有明显地域与文化特色的商帮。从明清开始，在推动社会经济发展的过程中，全国逐步盛行地方商帮。中国有名的十大商帮就是在这一时期建立并且发展起来的。晋商、徽商等产生的影响力最为深远，所发展的势力也最大。在十大商帮产生与日益发展壮大的进程中，楚商始终没有统一成商帮。后来经过不断壮大与发展，湖北省统一了楚商这样的称呼，楚商才正式成为商帮。

1. 地域特点不同

晋商、浙商分别产生于山西与浙江，主要分布范围是沿边沿海地区。山西的农业生产环境比较恶劣，处在边关，政府给予的政策较为倾斜，山西商人在商业发展方面抓住了机遇，催生出了晋商文化。浙江地处沿海地带，这样的区位优势使浙商可以开展海上贸易往来，有效带动了地域商业活动的发展。楚商的分布则主要是内陆，没有相对突出和比较优越的贸易条件，但可以依托这样的地理条件朝着水、陆、空这几个方面发展，大大扩展了经营范围。

2. 形成时间不同

晋商的兴起是在明朝初期，随着明朝的开中法兴起。开中法是商人给边塞军事提供粮食，而朝廷则以相应的盐引进行交换。盐引可用来兑换盐，于是商人开始贩卖盐，他们把贩盐作为经济发展的开端，并逐步形成了晋商。

“浙商”这个词最初出现在南宋时期，在当时只是指代两浙地区的商人。清朝时，浙商成；了对一个区域性群体的特指。如今我们所提及的浙商除了包含浙江商业群体外，也涵盖外来到浙江经商的商人。

楚商这个概念是近些年才被提出的，虽然在古代楚国商业就已经非常盛行，但并没有统一称谓，所以在发展方面也远远不及晋商、浙商。

3. 经营方法不同

晋商主要实行的是股份制、连锁制。这样的经营发展模式推动了晋商经营事业的拓展，也有效确立了企业在商业竞争中的有利地位，而楚商大多数青睐于个体单干，没有依托相互合作的方式推动行业综合发展。

二、楚商文化影响下的湖北企业文化

（一）楚商文化对湖北企业文化的影响

在楚商文化体系中，艰苦创业的精神品质助推湖北企业在经营发展过程中始终秉持顽强拼搏的精神，在发展中不懈奋斗，也正是这种艰苦创业的精神品质使湖北企业日益壮大；开放融合的精神品质在很大程度上推动了湖北企业和其他企业的沟通与交流，增进了不同企业之间的信息互动与技术交流，提供了一个共同发展的机遇与良好环境；开拓进取的精神品质给湖北企业的创新进步带来了强大的激励作用，促使企业主动投入到产品创新研发中，并带领企业走在行业前沿；强军爱国的精神品质号召湖北企业把整体利益以及社会利益作为重要出发点，坚持以大局为重和以国家为先，把维护和保障国家利益放在首位，倡导甘于奉献的精神，以实现共同发展；诚信和谐的精神品质使湖北企业能够树立诚实守信的良好社会形象，而这种形象是湖北企业可持续发展的推动力。

不过，楚商文化是商业文化形式，受历史与现实的影响，在一些方面有很大缺陷。首先，楚商在自我认识与群体观念方面比较薄弱，导致楚人经商虽然有很长的发展历史，但因为以“单打独斗”居多，并不能形成较大的发展规模。其次，楚商的整体社会形象塑造得并不理想，其中负面形象需要在之后的发展过程中予以纠正。最后，楚商文化中虽涉及创新精神品质，但在经营发展环节却缺少长远的战略眼光，即使有创新精神，也无法让创新品牌发展得更为持久。

（二）湖北企业文化及其表现

楚商精神对湖北企业的影响是非常深刻的，如东风汽车公司的企业文化就是将楚商文化作为核心拓展形成的，即“拼搏精神、创新精神、竞争精神、主人翁精神”。这种企业文化正是对楚商精神的完美诠释。在这一精神与文化的引导之下，东风汽车公司就可以持续做大做强，并在未来发展过程中拥有更广阔的前景。

又如，稻花香集团不断丰富企业文化内涵并建立了相对成熟的精神文化体系，其所倡导的勇冒风险与创造机遇精神，给企业经营管理以及员工群体建设提出了全面需求。这样的精神与企业发展相符，且能够带动企业建设以及员工的全面综合发展。在持续发展与创新中，稻花香精神文化逐步演变成企业所有员工的共识，且在整个社会获得了热烈反响。正是有了这样的精神，稻花香集团不管是规模还是实力都持续壮大，在白酒行业的地位不断提升，目前仍有很大的上升空间。

第四节　湖北企业文化的整合

一、全新的企业理念

做好企业优势的规划，可以让企业正确把握自身优势以及由此带来的发展机遇。建立正确的企业文化理念，可以让企业在当下以及未来的发展过程中取得优势。树立全新的企业文化理念是推动湖北企业繁荣发展的根本保障，其中诚信文化、顾客文化以及学习文化都有着很高的推广应用价值，在新时期的文化建设中扮演着重要角色。

（一）诚信文化：诚信是企业的立身之本

诚信的第一个概念是企业的真实呈现。笔者通过对当前通信行业的发展现状进行分析发现，国外电信业的巨头亏损问题日益增加。这些企业本身在技术以及专利方面都有着很大的优势，但是即使有这样的优势条件，仍旧出现业绩大幅度下滑的情况，原因究竟是什么？两个字就可以概括答案——私利。在利益的驱使下，企业经营管理者采取了一系列的短视行为，没有看到所采取的行动给企业未来发展带来的危害，只是追求眼前的利益，自然无法维持企业的信誉与形象。这样即使是顺利完成了个人利益套现，也会给企业带来不可估量的后果和打击。若企业因为没有建立良好的诚信文化，没有认清诚信是企业的立身根本，从而采取伤害企业长远发展的行为，就必将自食恶果。

诚信的第二个概念是企业成员互相信赖和尊重。企业文化应该是全部员工共同认可的价值观念以及实践行为准则，而不是某个成员或者小部分成员的思想。良好的企业文化能够让员工的潜能发挥到最大化，促使员工积极承担建设企业的职责。比如，在企业管理中，正确的企业文化内涵应该包括对员工参与企业管理的有效授权，给员工更大的信任和支持，让他们始终握有工作主动权，为企业发展创造利益。企业管理者所扮演的是教练的角色，主要是引导以及帮助企业员工达成工作目标。如果存在上级与下级观点不同甚至有冲突的情况，应该及时沟通交流，以达成共识。沟通所关注的是立足倾听与平等开放的心态，给员工提供越级汇报的权利，使员工的利益和诉求得到有效维护。

信赖与尊重员工往往体现在企业奖励的设置方面。以中兴为例，该企业在设定员工职业生涯的过程中提供了三种选择，分别指向的是管理、技术与业务，员工可根据自身特长选取其中的某条发展跑道来实现自身的职业发展目标。这样的方式给予了员工充分的尊重和肯定，也因此能够帮助企业留住人才，给员工的发展带来了强大的动力。事业、待遇、情感是中兴吸引与留住人才的法宝。这几个重要的选择让员工与企业同向同行，实现了共同发展。

（二）顾客文化：顾客至上，始终如一地为顾客的成功而努力

企业是为广大顾客提供优质产品与服务的经济与社会组织。企业能够在生产经营与管理过程中得到成功的关键是赢得顾客。中兴生产的产品就是由顾客所决定的。顾客的需求在发生变化，这种需求的变化所体现的是市场信息与环境在不断发生变化。面对市场变化所带来的一系列挑战，企业要把握正确的方向，提高对环境变化的适应能力，始终如一地为顾客服务，坚持顾客至上的原则。

建设顾客文化要求企业在面对顾客时始终有强烈的热情和极高的积极性。一般情况下，顾客会自主选择产品或服务供应商，那么企业要想在真正意义上留住顾客，就要给顾客提供满足其需求的产品与服务。另外，企业始终要做的就是坚持诚实守信，要具备极强的预见性和前瞻性，了解并且把握顾客的未来需要，而不是只着眼于眼前。

（三）学习文化：不学习的人，实际上是在选择落后

学习是一种美德，学习优秀企业的成功经验和方法技巧是非常必要的，而且要以开放的心态面对各种各样的批评指导；增强勇于挑战和不断突破的精神品质与动力，改变各种游戏规则，为企业长足发展创造机会；激励创新发展，持续寻求所有优秀设想和创意。

随着知识经济时代的来临，企业间的竞争已然不只体现在产品和技术上，更主要的是体现在人才上，这归根结底是学习能力上的竞争。企业需要努力建设可以促进知识共享和知识增值的创新型企业文化，并且把知识当作最重要与核心的资源，积极引导企业与内部员工对知识进行创造、共享以及合理利用，进而提升企业竞争实力，打造学习型企业，让企业在持续学习的过程中提高对复杂环境的适应能力和解决复杂问题的能力，从而在社会与市场上立足。

二、全新的思维

企业是基于人和人组合所形成的一种经营主体，企业的经营行为最终都要实现人格化。换句话说，企业是人格化企业，企业中的全部活动均需要借助人

的力量来落实，这就要求人们必须树立全新的思维，并且可以用企业文化的形式进行有效表现。

美国零售大王山姆·沃尔顿在对自己成功经营的经验进行归纳的过程中指出，与帮助过自己的人分享成功是收获成功的秘诀。与企业员工和伙伴共享成功的成果，让他们在各自的工作岗位上拥有相应的权利，让山姆获得了忠诚的员工伙伴，也让他在沃尔玛的发展过程中大获成功。实际上，不少企业领导层最易出错的一点就是把各种功劳都归功于自己，在出现失误之后不在自己身上找问题，而是责怪员工。

在某大型企业年终会议上，领导点名表扬了两组业绩良好的员工，同时邀请这两组的经理上台讲话并发表感言。两位经理的表现反差很大，其中一位经理在上台之后开始夸夸其谈，说起自身的经营哲学与管理技巧，并且持续向他人暗示自己给整个企业做出的贡献，导致企业领导和员工听完之后心里稍有不悦。而另外一位经理在上台之后首先感谢员工，并认为自己拥有如此多的具有拼搏向上精神的员工是自己的荣幸，最后还邀请同组的员工走上台来共同接受大家的掌声。这时台下反应是非常热烈的，赢得了大家的不断夸奖。

第一位经理的做法让员工产生了不满情绪，哪怕是企业领导也不喜欢这种独占功绩和自夸的人；第二位经理可以和广大员工分享成功的硕果，能够让员工感受到自己是受尊重的，可促使员工以更努力积极的状态全身心投入未来的工作中。事实上，企业领导心中最清楚功劳应该归结于谁，究竟哪个经理的行为更加可取也就不言而喻了。

我们通过对人类的整个发展历程进行分析后发现，要想得到突破，只是改变行为与心态并不能达到目的。最为关键的是要改变看世界的角度，也就是改变思维模式。历史上的伟大变革无一不来自思维变革和人们看待事物的方法与角度的改变。如果人们仅仅是希望得到点滴的进步，那么只需要改变行为与心态即可；如果想要获得巨大进步和成功的话，就要转变思维，促进思维创新。

在得到巨大突破与长足进步前，企业最先要做的是彻底纠正落后的思维方法，做好反思工作，保持积极主动和开放性的心态。毋庸置疑的是，任何转变都是存在风险的。但是要想得到极大的进步，就要有敢冒险的思想准备，不能因为风险的存在，就放弃改革的决心和动力。

在对企业文化进行创新时，当下的思维模式如何？我们是否正在取得大的进步？如果答案是否定的，究竟是什么因素阻碍了我们进步？我们是不是在这一过程中得到了突破性的成果？我们应该如何立足当下的管理进行改变？想要解决这些问题，就必须在创新思维的过程中把握以下几项重要技能。

（1）提前预知未来有可能发生的事。

（2）在他人之前发现某种趋势并得到某种发现。

（3）创造优良环境，使最佳想法脱颖而出。

（4）精准评价新想法和新创意所拥有的潜力。

企业文化是对企业与员工进行有效引导的价值观，会引导员工的思想以及行动。从这一角度分析，企业文化是企业的灵魂与根本。企业文化所关注的是在价值观上认同企业制定的战略和制度，并且利用符合制度与战略要求的价值观指导实际行动。

企业文化和企业大力提倡的理念以及发展背景有着非常紧密的关联。企业在建设和渗透企业文化的过程中，应该先让员工明确自己要完成有关工作具备的能力、达成的目标和对企业造成的影响。当然，员工也要持续寻求技能技术的突破，认清复杂而又多变的个体发展环境与企业建设环境，提高对复杂形式的适应能力，把企业的工作完成好，并在这一过程中实现自己的人生价值。

三、成为知识型企业

未来最容易成功的企业是学习型企业，这是因为在知识经济背景下，只有不断提高学习能力，并在学习速度上远超竞争对手，企业才能获得竞争优势。企业应该把自己建设成合格的学习型组织，这就需要建设知识型员工队伍，让他们能够在企业建设中发挥专业作用。

一个企业要想成长，变成合格的知识型企业，就应该积极转变管理模式，从过去的经营管理变成如今的文化管理。知识型员工队伍的建设必须要依托培育共同的企业价值观、企业精神以及职业道德的方法来实现。企业利用这些要素给员工的思想态度和实际行动造成影响，给他们营造一个有利于开放进取和互相信任的内部氛围，让员工在实际工作中始终保持热情，增强其责任感以及敬业品质。在这样的前提下，员工才会自觉、自愿地投入工作，并在知识和技术创新中不懈努力，为企业创造更大的效益，突出文化管理的重要价值。

优秀企业文化在创新中必须坚持与时俱进的原则，即企业文化应该随企业与市场发展而持续创新。成功的企业应该用实际行动激励员工形成创新思维，能够运用实践这样富有感染力的方式，增强员工的学习与创新热情，推动员工积极学习企业文化，参与企业文化创新，并帮助企业把企业文化转变为真实的企业效益。

企业是由人组成的，人都有思想，不论是哪种行动均会受思想引导与思想约束，所以企业文化作为员工的企业理念存在，必然会影响员工的行为，其作用发挥的重要方式就是坚持员工业绩导向。

业绩导向的重点是明确挑战性目标，并且为目标达成付出努力。以业绩为导向的方法可以有效区分绩效出众和绩效不达标的情况。但是在很多企业管理实践中，这样的业绩要体现出来是非常困难的。

这种情况的出现主要和企业制度有关。制度会对人产生很强的约束力，分别是内在约束和外在约束，也会影响员工价值观的确立。业绩导向意识强烈的人认为，任务完成是限定的过程，不管是完成的时间还是任务大小等，都会存在一定的限制要求；业绩导向思想薄弱之人在处理具体问题时常常不清楚自己想要从中获得什么。企业文化能促使广大员工主动践行企业制度，推动企业经营发展战略的落实，因此企业文化给企业制度践行和企业战略的实施提供了思想方面的支持。

就我国当前的情况来说，只要是企业制度和战略可以有效落实的企业事实上都拥有一套良好的企业文化。不仅如此，企业文化确实在企业发展建设中发挥着积极作用，海尔集团就是凭借完善有效的企业文化得以迅速高效发展的。

四、铸就企业团队精神

团队这个集体非常复杂，团队中的成员运用各种差异化的方法为团队做出贡献。合格的组织者所擅长的是对任务进行有效分配，以便确保任务高效率地完成；部分团队成员用辛勤劳动与付出助推团队发展进步；部分团队成员所擅长的是协调小组成员完成各项工作，目的是确保每个成员保持步伐一致的行动状态，优化彼此的合作与交流关系；有的成员依靠激情与活力激励团队中的其他成员，充分激发他们的工作热情；有的成员在为人处事方面坚持实事求是，积极指出他人在工作中的问题。在很多情况下，假如没有这种各司其职的成员发现并且正面提出问题，就容易带来灾难性的后果，从而影响团队的正常运作。理想的团队应该是拥有各种个体差异的成员，以平等和谐的关系投入集体并共同建设集体，在各类工作的处理过程中发挥各自的专长，消除团队成员沟通所带来的巨大成本，避免对工作与任务造成拖延。

企业领导者要具备以下能力。

（1）履行对团队成员承诺的义务。

（2）对成员工作做出反馈，辅助其成长为更优秀、更出色的成员。

（3）在真正意义上彰显出企业核心价值观。

企业领导要想组建一个具极高忠诚度的团队，就应该提升责任感以及使命感。在进行评估的过程中，需要先了解团队是不是具备使命感，因为没有使命感，就不能得到高价值的产出。人们是不可能把创新创意和聪明才智浪费在一个没有前途的团队中的。团队应该确立正确的发展目标，把个人目标和团队整体目标联系起来，保证目标的一致性，从而在正确导向下优化团队的整体行动。

人们在一个团队中相互合作产出的成果会远远超过个人努力的总和。从这一角度看，良好的人际关系处理能力与团队精神在个人和团队的成功中都发挥着非常关键的作用。可以说团队精神是打造一流团队的关键，只有重视塑造团队精神并选用科学的塑造方法，才能达成团队目标。

那么，团队精神包括哪些内容呢？

第一，员工忠诚于团队。成员对团队归属感强烈，并且把自己当作团队的一部分，不允许有任何伤害团队整体利益的事件出现，表现出极强的团队荣誉意识。

第二，成员之间彼此尊重。成员间的彼此尊重主要涉及两个层面的内容。团队内每一个成员之间可以做到互相尊重、互相理解；团队领袖能够为团队营造彼此尊重的良好环境，使内部成员产生顺利完成团队任务的自信与动力。成员之间只有相互尊重和信赖，各自技术、能力与观点、见解才能得到充分体现，才能在团队的共同努力之下提升整体工作效率。

第三，团队充满活力。可以从以下三方面着手。首先，主动精神。拥有主动精神的团队，往往会积极提出诸多创造性的想法，在研究讨论问题的过程中表现得积极自觉，并且会从不同角度出发考虑解决问题的方案，找到其中存在的机遇与挑战，在自我挑战和自我价值实现中获得进步。其次，热情。具备积极热情的团队，可以在实际工作中鼓舞士气。最后，关系。团队中的每个成员都可以和谐相处，在团队的生活与工作中感受到温暖与趣味。

团队成员应从哪些方面出发增强团队合作力？

第一，把握团队中的积极品质。一个完整的团队是由多个成员构成的，而每个成员又有各自的优点与缺点。在这一过程中，每个人都应积极寻找成员身上表现出来的积极品质，并对成员的优秀特质进行学习借鉴，消除个人缺陷和不当行为举止。

第二，对他人寄予希望。每个人都渴望得到他人的重视和认可，特别是企业中的知识型员工，他们在发挥创造力和主动为企业作贡献的过程中，更加渴望获得肯定与重视。有时哪怕是一句鼓励的话语和赞许的眼神，就能够让他们爆发出强烈的工作热情。

第三，时常检查自己的缺点，聆听他人的意见。团队应该让广大成员积极研究探讨，避免固执自己的见解和看法，要耐心聆听他人的意见和建议，寻求一致的行动方向，这样才能够让团队工作持续推进落实。

第四，拥有谦虚精神。团队眼中的任何一位成员都有可能在某个专业领域拥有很高的建树，堪称该领域的“专家”，所以每个人不能因为自己有某个方面的专长就自高自大，丧失谦虚精神。我们在和他人相处与交流的过程中，应该把更多的着眼点放在他人的优势上，这样才能了解到自己的不足之处，发现缺点，感受到压力，然后在团队中不懈努力，力求取得更大的进步。

团队精神是一种非常独特和重要的风尚。虽然每一个人都肯定团队精神的重要价值，但是大部分人并没有深究团队成员的含义。团队精神并非是发挥个人、个体的作用，真正优秀的团队成员是可以借助多样化的行为与工作方式，提高团队中其他成员的绩效水平。

五、进一步增强企业文化的整合力度

随着经济全球化的展开，湖北省内制造业企业国际化与市场一体化的趋势也在日趋明显，企业与企业之间的接触日益频繁。在现实中，不少湖北跨国制造类企业在推动文化建设进程中固执而又片面地认为，企业的文化发展与管理模式是有效的，特别是那些来自发达国家的跨国公司。因此，湖北子公司进行企业文化建设时通常照搬其母国的模式也就被默认为有效以及有价值的，导致部分跨国企业在建设企业文化时不愿运用或根本忽略了中国化、地域化的策略。跨国企业在中国湖北开展企业文化建设时，要避免单纯套用某公司企业文化建设内容，应该积极学习借鉴中国传统文化与湖北地域文化体系中的精华，持续推出和本土情况相对应的建设内容，否则就会让文化建设失去应有的价值，影响跨国经营活动的开展。中国企业从管理水平层面上和很多跨国企业相比仍然存在很大的差距，不管是软实力还是硬实力，都有很大的发展空间，要想达到知名跨国企业管理水平，还需要人们的不懈努力。

第四章　企业文化的价值观与传播

第一节　企业文化精神

一、企业文化灵魂

企业文化概念在全球的真正普及是从 20 世纪 80 年代开始的。随着时间的推移，人们发现精神文化如同企业这个机体中的神经枢纽，为企业提供着活力以及强大的凝聚力。有专家曾经预言，21 世纪愈演愈烈的企业竞争，归根结底是企业文化的竞争。

笔者的观点是现代企业文化和儒家思想有很深的渊源。从大的方面分析，企业文化涵盖了企业环境中的各种因素，如群体意识、信念、信仰、精神等。从小的方面分析，企业文化可具体到人的穿衣打扮与言谈举止。企业文化是所有成员价值观念、需求以及行为的共同写照，每个人都是企业文化的一部分。企业成员的人生观、职业观与企业观共同组成企业价值观。当然，企业也必须对不同的思想观念进行归纳组合，构建统一的规范与道德思想，从而达到凝聚人心的目的。

企业文化是向上和向善的，它所要建立的是一个积极向上、诚实守信、团队协作、自由开放的团体。企业人不管在什么时间和什么地点，都要做到敬业和忠诚。诚实守信是每个人都必须具备的品质，企业成员更是如此。企业所追求的人的品行修养，实际上是对儒家思想进行延伸拓展和传扬创新的结果。比如，《孟子 · 尽心上》中有语："仰不愧于天，俯不怍于人。"《礼记 · 中庸》中说："诚者，天之道也；诚之者，人之道也。"

虽然企业文化和儒家思想有着很深的渊源，但是不能将两者等同起来，而是要看到它们的区别。企业文化是无形的，比较抽象复杂，拥有多样化的表现，包含了企业的环境、道德、管理、质量、学习、创新等方面的文化。

环境文化是由企业工作环境、人际交流关系、人文思想等要素组成的一个文化综合体。环境文化的重要性不可忽视，主要体现在对企业效率和效益起到决定性作用。工作场所干净整洁、井然有序；福利、待遇优厚；所从事的工作具备很大的弹性空间，也有着很强的挑战性；每个企业成员都具有很强的归属感与成就感。上面所提到的都是人性化工作环境的内容，而这样的环境自然而然会受到人们的喜爱。明基就在环境文化建设方面做出了示范，如把办公室依照每个人的兴趣爱好布置和装饰起来，形成一个彼此共有的小天地；企业主管和员工都有统一和开放的工作空间；企业上下直呼各自的英文名，没有任何等级规范。这种环境处处都体现了人情味，而独特的环境文化，让企业始终保有很强的活力与独特的发展优势。

道德文化是成员道德观念、价值观与世界观的总和。企业如果只谋求利益是无法在社会上立足的，还必须要有良好的道德文化，并依托这样的道德文化获得竞争优势，从而实现自身价值。明基一直以来都特别关注和周围环境的协调互动，在日常的企业建设中关注员工的教育培训，督促他们积极承担社会责任，主动回报社会，此外他们还致力于保护生态环境以及维护生态系统平衡，以期让人们的文化生活更加充实与富足。

管理文化包括企业战略管理、管理组织、管理思想、管理风格。企业能力决定了经营管理的效率。另外，企业的规模以及灵活度也是非常重要的，如同鸟的两只翅膀，缺少任何一个都无法飞上天空。无论企业规模大小，都应始终保持发展的灵活性，在遇到任何问题时都能迅速做出反应，应该是企业永恒不变的思想理念。

质量文化是一种精神和形象。企业应该把质量文化提升到经营和战略发展层面，利用企业的共同愿景以及共有价值观建立质量道德行为原则。只有不懈追求高质量，始终把顾客需求放在首位，才能获得持久发展。

顾客文化是注重顾客满意度，满足顾客期望，充分认识顾客对企业的重要价值。例如，明基始终将顾客满意度放在第一位，让广大顾客在选购与应用新科技产品的过程中收获愉快幸福的体验。

在很多情况下，企业只是把关注点放在外部满意度上，即只在让顾客满意上下功夫，而忽略了内部满意的重要性。这种行为是错误的，也是不可取的。如果员工在工作中感到不满意，那么顾客的满意也就成了无源之水和无本之木。治标更应该治本，固本才能治标。管理人员应该意识到企业的一个重要职责就是提高员工的满意度，并以此为基础，确保让顾客感到满意。

学习文化指的是企业要持续学习，积极建设学习型企业组织，提升灵活应变力。企业需要重视团队学习，倡导终身学习，号召组织中的所有成员持续不断地学习，在学习过程中获得知识、技术，掌握有效的思维方法，同时学习怎样提高应对外部环境变化的能力，只有这样才可以让企业在走向世界的过程中取得事半功倍的效果。

创新文化不仅是技术与产品的创新，更为重要的是机制体制、思路理念、文化结构等的创新。第一届中国竞争力论坛给我们的启发是创新不足导致中国企业走向世界的步伐变慢。只是凭借产品或者是技术创新是无法让企业实现长远发展的，正确的做法是坚持创新，然后将创新融入企业文化，形成创新战略思想。

上面所论及的多种企业文化形式彼此联系，相互影响。助推企业文化发展，应该以道德文化为根，以管理文化为核心，以环境文化为基，以学习文化为保证条件，以创新文化为关键要素，以质量文化为侧重点，以顾客文化为根本导向与行动指南。

从广义上讲，文化是人类社会历史进程中物质财富和精神财富之和。从狭义上讲，文化是社会意识形态对应的组织机构和制度。企业文化是企业在生产运营中建立的被所有员工认可和积极遵守，能够体现出企业特色，反映企业的宗旨、愿景、使命、价值观、经营哲学等文化要素的综合体。

企业文化是企业之魂，也是企业得以长足发展的动力，蕴藏着丰富的内容，其核心为企业的内在精神以及价值观念。

二、企业精神

经过调查，笔者发现不少企业有着综合素质非常高的员工，也生产出了高质量的产品，但是没有先进的思维模式与管理方法，尤其是缺乏创新创造能力，最后无法在市场上站稳脚跟。而对一些成功的企业领导积极探索创造良好理念与态度的方法，员工则在实际工作中积极领悟其中的内涵。这其中行之有效的方法就是尝试建立企业精神。

什么是企业精神呢?

笔者在一次阅读中看到关于企业精神的说明，企业精神就是把组织团结凝聚在愿景与使命周围的价值观。企业精神是所有成员共享的，是把不同观点基于共同目的进行的统一。换句话说，就是企业中的每个人都可提出不同的见解和问题，关键是要把这些不同见解统一在共同的目标和价值观下。

树立企业精神的根本目的是为了增强企业的凝聚力，促进能力整合，实现行为与意志的统一。

企业精神属于整体性概念，在这种信念指引下，企业可实现精神化管理。

把企业引向成功的是企业理念，确切来说是对企业实现精神化管理，从而让广大顾客关注和品牌相关的定性内容与情感价值，并保持极高的忠诚度。

企业精神的内容主要包括三个方面。①员工理解并且认同所在企业的社会地位、特点、风气与形象；②通过对企业优秀传统精神与个性进行融合形成共同作风、实践准则与思想信念；③员工对企业生产经营和未来发展命运怀有希望。因此，企业可基于实际情况提炼可彰显自身特色的精神。

由此可知，企业精神是企业得以发展的根基，也是企业参与市场竞争的前提。

真正高明的企业领导会将企业发展的重点放在企业精神的塑造上，只有拥有企业精神的企业，才能真正生产出有灵魂的产品，才能够确保企业产品在市场上得到肯定，并且显现出应有价值。只有将企业精神放在重要位置，才有可能成为伟大而又成功的企业。

笔者归纳企业经营的相关信息，总结出企业精神的基本特点有如下几个方面。

（一）企业精神是企业现状的客观表现

企业生产力和企业精神的形成与落实密切相关。只有在生产力很高的条件下才会形成能够体现商品经济思想的企业精神。只有能够准确客观体现现实情况的企业精神，才可以真正引导企业向前方展。

企业精神是企业现状、现有生产运营方法与员工工作生活的体现，如果没有了这样的基本特征,企业精神也就失去了生命力,更无法体现应有的价值。

（二）企业精神是所有员工共有与普遍掌握的理念

一种精神只有变成企业的群体意识，才可称为企业精神。企业的业绩，不仅取决于自身独特且富有生命力的企业精神，还取决于这种精神在企业内的普及性和影响力。

（三）企业精神兼具稳定性与动态性

企业精神在建立之后就有了相对稳定的特点，不过这样的稳定性并非一成不变的，而是随着企业的发展而发展。新形势的发展不允许企业把固定标准当成目标，时代发展、竞争激烈、技术日新月异、思想理念创新、企业重组等多个方面都需要企业做出反应，也因此造就了企业精神动态性的特征。企业精神在确保动态性与稳定性相统一的情况下，才能得到完善。

（四）企业精神具备创新性特征

不同的企业拥有不同的特点与不同的创造精神，因此企业的经营管理与日常生产表现出很强的针对性，企业精神在这一过程中居于统帅地位。企业要想持续不断地创造财富，就必须要求员工具有创新精神。当然，企业管理者也必须要有创新意识，重点表现在创新决策与企业战略层面。毋庸置疑，不管是哪个企业，要想获得成功都离不开创新精神。

（五）企业精神强调务实求精精神

建立企业精神的重要目的就是给企业员工指引发展方向和确立发展目标。建立务实精神的出发点是立足实际，把握客观规律，充分考量实际价值，严禁出现凭空猜想与直接照抄照搬的情况。求精精神强调企业要在运营方面提出高标准、高要求，并持续提升产品质量与服务质量。

（六）企业精神有着时代特征

企业精神体现的是时代精神，只有将企业个性和时代精神整合相融，才能够形成企业精神。企业精神需要牢牢把握时代脉搏，感知时代给企业带来的生机与活力。

在当下这个市场经济飞速发展的时代，企业精神必须积极吸收现代企业经营管理思想，秉持顾客第一的理念，坚持灵活运营，重视良性市场竞争。只有这样才能把时代精神注入企业，对企业精神进行充实和拓展。

企业精神在形成群体心理定式之后，不仅能够借助明确的意识对行为起到支配作用，还能够基于潜意识促进行为生成。企业精神信念化成果会增强员工自觉承担责任和调整行为的主动性，进而主动关心、关注企业的前途命运，维护好企业的信誉与形象，并且为企业发展投入自身的所有力量。

三、企业文化与企业精神的结合

企业在发展过程中历经千锤百炼，建立了稳定优势后，通常也会形成极大的文化惯性，这就表明要脱离已成阶段朝着下一阶段过渡十分困难，在这样的情况下必须明确变化的突出价值。

文化和精神交融是企业茁壮成长的根本。一个健康的企业是不能缺少文化的，因为文化可以支撑企业持续发展。对员工而言，每个人都应在实际工作中持续领悟企业的核心价值，将对其的认同感逐步内化成价值观，让自己成长为可以给企业创造极高价值的优秀员工。只有每批员工都能尽早接受并且发扬企业文化，才会助推企业精神文化的形成与发展。

企业精神与文化的结合体现在企业哲学、精神、宗旨、价值观、经营思想、作风、伦理准则等方面。企业精神文化可以体现企业员工的共同追求，可以对员工起到良好的激励作用，从而进一步增强其工作动机。

四、企业文化系统

成功的企业往往都有着非常相似的核心价值观。这些企业中的员工，通常有着与企业有效原则类似的生活有效准则。员工在用不同方式说话、做事时，都会依照以下所列出的要素处理。

要素一：实事求是地面对发展与巩固的关系。

要素二：开诚布公地处理好企业与员工的关系。

要素三：形成尊重个性、集体奋斗的核心价值观。

要素四：正确处理好集权与分权的关系、个人责任感与下放权力的关系。

要素五：以创新与开放的态度对待改革。

要素六：反馈与训导。

要素七：正确处理个人与组织的协作关系。

通常情况下，企业文化是基于员工共性的共同理念，能够让企业的广大员工意识到哪些行为得到允许，哪些行为没有得到允许，进而明确自身在企业中的角色定位和应该承担的责任。员工个性应和企业文化进行统一，而不是追求保有个性，反而排斥企业的共同文化。当然，个性发挥不仅受内部分工协作体系的制约，还受组织职责和管理规范的约束。

很多人常常会将不成功的原因归结为运气太坏，事实上不少人的失败是错误的行为造成的，只不过他们并未意识到自己的错误。

个人发展离不开集体奋斗与团队努力，每个人都应该认清个体和团体之间的关系，避免为了个体而牺牲集体。所以，在建设企业文化时，我们应该针对各项核心价值观确定对应的文化，从而明确该核心价值观所对应的实际行动。

企业文化属于非技术和非经济因素，并非是无足轻重的，正是因为有了企业文化才有了企业的决策、人事任免，其甚至会影响员工的言谈举止、工作与生活习惯等。两个拥有相似发展条件的企业，如果其中一个建立了优秀的企业文化，另外一个在文化建设上非常薄弱，那么这两个企业的发展结果也是完全不同的。

第二节 企业价值观的形成与塑造

在整个企业价值体系中，企业价值观是企业精神和文化的载体。无论是尽可能多地创造经济效益，还是始终坚持正确的政治方向，以社会奉献为主导，在生产优质产品的同时培养社会主义优秀人才，都必须在一种和谐的人际关系和一个良好的文化氛围中才能实现。企业环境价值观作为企业价值观体系的一个基本内涵，正在为企业的生存和发展创造这样的环境和氛围。

企业价值观无论是从纵向考察，还是从横向考察，都是一个具有内在层次性、综合性的价值观念系统，其内在的层次、要素都是相互关联、相互影响、相互依存的。我们只有从整体上把握，才能真正理解企业价值观的内涵，也才能更好地构建科学的企业价值观。

一、企业价值观的地位及形成

（一）企业价值观是企业文化的核心

企业文化是多要素组成的有机统一整体，这些要素既相互独立，又相互影响。企业价值观之所以被定位为企业文化的核心，是因为企业价值观在企业发展建设中发挥着重大作用，同时对企业文化体系中的其他构成要素起到支配作用。

企业价值观关乎企业的前途与命运，是企业文化的核心内容。这个观点已成为文化倡导者的共同认知。美国企业文化倡导者艾伦·肯尼迪和特伦斯·迪尔花费很长时间调查了将近 80 家企业，发现杰出的成功企业都特别重视企业文化，并在建设企业文化中加大投入，用崇高的信念以及价值观指导企业实践活动。他们在研究后得出了以下结论：美国企业中强有力的文化几乎始终是推动企业成功和可持续发展的力量。企业价值观应是组织的基本信念、观念，是企业文化的核心。

托马斯·彼得斯、小罗伯特·沃特曼也是企业文化的倡导者，他们也觉得所有优秀企业都应将制定企业价值观体系放在第一位。《Z 理论》的作者威廉·大内认为，“文化表明的是企业价值观，正是这些价值观构成了企业员工活动、行为规范等”。也就是说，他把对公司员工活动、意见和行为起规范作用的价值观视为企业文化。

由此观之，企业价值观决定企业文化，是企业文化的核心。其原因在于有企业就会有企业文化，也因此就会有企业价值观。失去企业价值观会让企业文化失去灵魂。总而言之，企业价值观和企业有着相同的命运和发展方向，影响着企业的兴衰，在企业文化中居于核心地位。

第一，从文化内容结构角度分析，企业价值观是企业文化的核心内容。

第二，从要素关联性角度分析，企业价值观和其他文化要素关系密切，对其他要素起着决定性作用，所以必然是企业文化的核心。

企业哲学是企业在生产运营中所形成的世界观和方法论的综合体。企业哲学从本质上看体现的是企业基本价值观，如果缺少价值观内容，企业经营哲学也就失去了灵魂。企业宗旨是企业生存发展所追求的目标，把推动企业发展建设作为目标方向，所体现的正是企业价值观，两者在本质上存在一致性。简单来说，企业拥有怎样的价值观也就一定会有怎样的企业宗旨。企业目标指的是企业通过努力奋斗获得的预期发展结果。企业是把提高利润、降低成本、提升产量当成目标，还是将奉献社会、给社会带来更多优质产品、提供更多优质服务当成崇高目标，这和企业经营价值观有着密不可分的关系。换句话说，企业有怎样的价值观就会判定怎样的经营目标。企业通过目标管理环节达成目标的过程，从本质上看是践行企业价值观的过程。所以，企业价值观不单单是企业确定目标的根本指导思想，还是评估企业目标与目标达成水平的重要标准。企业信念指的是企业员工对共同生活与工作的理想、原则、目标的一种信仰与追求。价值观把信念作为根本载体，信念又把价值观作为基本内容。与此同时，企业的道德、风气、精神等体现的正是企业价值观。企业道德是发挥价值观功能所得到的必然结果，企业精神是企业价值观的根本内容，企业风气则是企业价值观的外在表现。总而言之，企业价值观在企业文化体系中居于核心位置，事实也证明了这一点。例如，美国国际商用机器公司（IBM）依据自己的价值准则“IBM 就是服务”提出了公司的三大基本信念。①尊重个人；②顾客至上；③追求卓越。这三大信念实际上就是对其公司价值观——“IBM 就是服务”的确信和遵从，它从三个不同的角度体现了公司的价值观。尊重员工个人是做好服务的前提；顾客至上是服务的核心；追求卓越是服务的目标和标准。另外，他们从这一基本价值观出发，还提出了公司的商业道德规范。①推销人员在任何情况下都不能批评竞争对手的产品；②如对手已接获顾客的订单，切勿游说顾客改变主意；③推销人员绝对不可以为获得订单而对相关人员进行贿赂。这三条道德规范表明，IBM 决心以卓越的服务来赢得竞争，赢得用户，求得发展。这三条规范，每一条都体现了 IBM 以“服务”制胜的价值准则。

（二）企业价值观的形成

企业价值观所反映和凝聚的是群体共同信念和价值取向，不是随企业产生而产生的，是企业在长时间生产经营以及管理基础上，理性加工、提炼实践经验形成的。在这样的复杂过程中，企业价值观经历了从经验到理念、从理念到信念、最后形成共识的一个变化过程。由此观之，企业价值观的形成是价值选择与群体价值认同的过程。

1. 企业价值观的形成以价值观的理念化为前提

价值观理念化指的是把经验层次的价值观升华到理念性价值观。众所周知，人的价值意识活动贯穿企业的生产运营环节，这里的意识有自觉和不自觉的部分，其历经价值判断、评价、选择、追求的过程，没有哪个时刻是停止的。个体价值观是价值评价定式，存在于人的大脑中，表现出很强的经验性、自发性。例如，企业员工对某些事物的价值取向，往往受员工价值经验支配，这样的价值经验通常是简单肤浅的，甚至在很多时候是非常片面的，只有进行价值经验加工，才可以通过一系列的概括提炼得到价值观，并使其具备理念化特征。

企业价值观属于理念化价值观，是升华个体价值经验的结果，也是一种群体价值共识。企业价值观是人认知结构中的深层内容，通常用凝练口号的表现形式呈现，表现出抽象的概括特征。正是由于企业价值观是拥有理性化特征的深层认知，因此企业价值观的形成过程并非一蹴而就，而是企业领导和员工在归纳总结企业长时间生产运营经验的基础上，通过收集资料，并对这些资料进行深层次研究、筛选、提炼、概括，再经过从实践到认识，从认识到实践，从群众中来到群众中去反复多次的一个演变过程，才最终得以形成的。

2. 企业价值观的形成以企业群体的认同、内化为标志

企业价值观所确定的终极目标是提升员工的思想认同感，促使他们在实际行动上彰显企业价值观的指导作用，让员工成为真正意义上的价值观践行者。因此，价值经验升华到价值理念的过程只是形成价值观的第一步，只有让大多数企业员工都接纳、认同这样的价值理念，才能够内化成企业的内在思想，形成企业价值观，之后在具体行动中落实，以及在行动中体现价值观的作用。

企业价值观是企业大多数员工共有的价值观。把企业提倡的价值观变成员工信念这样的转变过程，实际上是价值观内化的过程。内化是观念和观念接受者的真正融合。内化过程也是员工接受并认同企业价值观的过程，企业价值观除了在他们的头脑中深深扎根以外，还在具体行动中生根、发芽、结果。这样的过程主要涉及以下几个阶段。①接触信息。企业价值观与文化网络在广大员

工中扩大影响力，使员工可以借助各种各样的途径了解信息，形成初步认识。②领悟价值观精髓。员工接触到的企业宣传价值观的相关资料，要一个不少地完全掌握是非常困难的。领悟不单单是要对信息进行理解记忆，更为关键的是要掌握内在精髓。员工只有从众多信息中领悟价值观真谛，才有可能形成信念。③增进价值观情感体验。在思想上认识事物价值并不等于产生了情感体验。这里所说的情感体验有喜欢、厌恶、推崇、趋向等。要想从表面认识过渡到践行，就必须要经历情感体验这一重要环节，针对企业价值观形成积极态度，然后给实际行动提供指导。④价值观信念化。信念是融合了认识与情感所形成的产物。员工接纳了企业传达的价值观，并借助一系列的转化变成信念后，就证明员工对价值观在实质上有了全方位和深层次的把握，抓住了价值观的精髓与真谛，并且生成和累积了深刻的情感体验。⑤价值观的实践。当价值观变成员工信念后，员工会坚信价值观内涵与传达的价值，且不管遇到怎样的情况均不会发生动摇，而会唤起积极践行这一价值观的强烈意愿，在实际行动中恪守不渝，从而形成职业习惯，使价值观在行为中得以强化。在这样的条件下，我们才可以说员工接纳了企业价值观，并实现了对价值观的同化与升华。

3. 企业价值观的形成以企业领导人的积极倡导和身体力行为关键

企业价值观形成的必要条件是得到员工的接纳和认同，然后转化为员工信念，并在实际行动中形成稳定的行为习惯。整个过程历时久远且非常复杂。企业领导积极提倡企业价值观，并且以亲身实践的方式加强榜样示范，发挥着非常突出的作用。企业领导需要扮演好价值观灌输以及倡导者的角色，抓住企业经营管理中的所有可利用的机会，成为企业价值观的传教士和布道者，其原因在于要想让企业价值观被员工接纳，就应该让他们真正知道与了解，而这离不开领导的宣传与灌输。

（三）企业价值观的作用

企业价值观和企业文化在作用发挥方式上有着较大的差别。企业文化所体现的是其经营发展模式，价值观是文化的核心，能够在意识形态角度发挥作用，从而影响企业的生存发展。

1. 企业价值观具有决定企业的基本特征和个性、规定企业发展方向的作用

所处的社会条件不同，或者是处在相同社会条件下的不同时间阶段，人们所认为的最重要和根本的价值也是不同的。人们往往会把这个价值当作判断依据，把其他价值折算成这种价值。这里所提到的根本价值就是本位价值。以本位价值为基础的价值观念就是核心价值观。核心价值观不同，在引导行动方面

所获得的结果也不相同。企业是社会的成员，是整个经济体系中不可缺少的一部分，企业成员必须始终把握核心价值观，牢牢把控企业的特色，才能够真正为企业的发展提供活力。核心价值观会决定企业的个性，对企业的发展方向起到正面引导作用。正如《西方企业文化》一书的作者所指出的：“企业价值观会受到企业各方面的影响。将共同价值观作为根本指导的企业，势必能够在正式组织结构设计环节体现出强有力的价值观。”可见，企业价值观对企业的个性和经营方向起着决定性作用，也发挥着明显的导向作用。

2. 企业价值观具有约束和规范企业员工的行为、协调企业各项活动的作用

规范行为是企业价值观最主要的体现。企业用价值观告知员工提倡与反对的行为，为员工提供他们在工作中应当遵循的指导方针和行为准则。当然，企业价值观作为一项准则，又不同于一般的行为准则，它是非强制性的，不通过制度、权力等硬性管理手段实现，而是通过来自员工又深入员工内心的思想观念来约束员工，即通过意识形态的深层诱导来实现，是一种内在的规范和约束力量。当员工违反了企业的价值准则时，内心会感到愧疚，会在心理上自觉进行自我调整,使其行为与组织目标达到一致。因此,我们把这种约束称为一种“软约束”，即一种员工自觉自愿接受和遵循而非强制执行的约束。员工通过这种约束，可达到自我管理的目的。在这其中需要特别关注的一点是，软性规范或者约束仅仅是抽象理念层次的约束规范，并不是说不存在原则性。实际上不少企业是可以容忍员工犯错的，不过这里所说的容忍，并不包括违背企业价值观的人与事,如松下公司在对其员工进行培训时,经常引用松下幸之助的名言:“如果你犯了诚实的错误，公司会宽恕的，把错误当作训练费用，从中学习。但是，如果你违反公司的基本原则，就会受到严重的处罚。”从这一角度分析，软性约束或规范实际上是最为严厉又最有效的规范。

3. 企业价值观具有通过满足员工高层次的精神需要激励员工为企业发展提供精神动力的作用

行为科学理论指出人的需求有不同层次之分。一般情况下基本需求主要是生理需求和安全需求，除此以外还有更高层次的精神需求，如情感需求、自我价值实现需求等。在人的物质需求得到满足后，人们就会在需求层次方面得到提升，渴望自己的精神需要得到满足，以收获更加丰富的精神财富。这里所说的精神需求往往以不同的形式体现，如道德原则、理想信念。在个人价值观和企业价值观交融时，人们会主动为企业发展做出贡献，把实现个体价值和达成企业终极目标统一起来。因为员工个体有自我价值实现的期待，也因此激励着广大员工为个人与组织共同目标的实现不懈奋斗，所以就形成了强大的精神动

力。这样的精神力量如果转化成物质力量的话，就能够变成助推企业发展建设的动力。而那些忽视价值观和理想的精神激励功能，仅仅把财务指标作为至上追求的公司，虽然在“调动本公司最上层的十五个人甚至五十个人的积极性方面做得不错，但这些指标很难调动基层的上万名员工生产产品、推销产品及为顾客提供服务的积极性”。这说明价值追求作为一种潜在的精神推动力，不管是对员工还是对企业生产与运营管理，都有巨大的促进作用。

4. 企业价值观具有能把企业和员工拴在同一目标和信念上的整合作用

众所周知，企业履行职能是企业发挥合力作用的结果，合力越大，所带来的活力也就越大。笔者在对成功企业的发展经历进行归纳总结后发现，拥有强大合力的企业大致有以下几个明显特点。合力的来源是企业内部凝聚力，并非外部的压力；员工间不存在分裂成彼此对立小团体的情况和发展趋势；企业不同部门和班组具备处理内部矛盾的能力，同时可以适应外部变化；企业上下对企业有着很强的认同感，把自己当成企业的一员；决策以及执行层在具体工作中都有良好的支持态度；员工认可企业外在价值，以此助推企业稳定发展。企业价值观就如同理性化的黏合剂，将员工和企业牢牢固定在相同的目标之上，利用细致入微的方法，沟通企业内部人员的思想情感，影响内部人员的心理状态，生成强有力的心理力量，激发广大员工对企业的认同感、归属感、使命感、自豪感，形成强大的企业向心力，将企业内的各种力量凝聚到共同方向上，提升企业的发展能力和生产力，为企业创造出更大的经济以及社会效益。企业价值观正是凭借强大的凝聚作用，提高企业内部环境的稳定性和和谐性，从而为企业的长足发展打好基础。

二、企业价值观的塑造

企业价值观的形成在企业发展中经历了循序渐进的过程，其塑造应该把握正确的原则和方法。

（一）塑造企业价值观的基本原则

1. 真正把人放在企业的中心地位，坚持以人为本的原则，以对人的价值关怀为目标，最大限度地调动人的积极性

以人为本是建立企业价值观的第一准则。首先，该原则要求将人的中心地位确立下来，也就是要确立员工在企业中的核心地位，让员工扮演好主人翁角色，成为企业的主人，主动参与到企业的经营管理活动中，行使作为企业主人翁的权利，同时尽到主人翁的责任与义务，最大限度地增强员工的主体能动

性，发挥其主体创造力。其次，将人作为企业中心，要求重视人的权利，认清人的价值，充分满足人的合理需求，激发人的积极性与能动性。人的积极性，在很大程度上是指人的行为的积极性。而人的行为是由动机引起的，动机又源于需要。因此，最大限度地调动人的积极性，必须从尊重人和满足人的需要入手。人的需要是一个由对物质条件的渴求必然上升为对精神生活的向往的发展过程。因此，企业要满足和维持员工物质层面上的需求，给广大员工的生存和正常工作提供良好的物质条件保障。只有员工的物质需求得到满足，感受到企业的重视，才会以更加真诚的态度分享这样的感觉，并在实际工作中体现出来。最后，必须要积极刺激并且引导员工的需要，也就是发挥激励因素的作用，引导高层次需求，如帮助员工树立正确的价值观，帮助员工塑造崇高的理想追求和精神品质。总而言之，持续激发以及满足人的需求，并运用这样的方式调动人的积极性，能够让企业价值观得以顺利实现。

2. 坚持顾客至上、消费者优先的原则，实现企业与顾客双方利益都得以实现的双赢目标

企业要想在社会中生存与发展，就不能够脱离广大消费者，其原因在于只有消费者购买企业生产的产品与供给的服务，才会让企业获得相应的利润。所以，顾客至上、消费者优先是企业价值观实现的基础准则。要落实顾客至上的原则，就应该加强对顾客的认识。美国本纳公司是最成功的邮购商行之一，该公司对顾客进行了如下解释。顾客是最重要的人；企业的发展要依靠顾客；顾客并非企业的工作障碍，反而是工作目的；不能将服务顾客作为给予顾客恩惠的表现，而是顾客给企业提供服务机会，给予企业恩惠；顾客是带给企业需求的人，只有用心对待每个顾客，才能够让双方都得到好处。

由此观之，顾客或者是消费者和生产者的关系并不是敌对的，是彼此统一的关系。企业只有真正意义上将消费者当成衣食父母，把顾客当成上帝、亲人，用真诚的态度对待每一位消费者，用高质量的产品以及周到的服务赢得消费者的信赖，才可以真正在市场竞争中获得优势，甚至是立于不败之地。

3. 坚持企业利益和履行社会责任相统一，在履行社会责任的前提下，实现利润的最大化

为提升企业价值观的塑造效果，我们需要在实践中秉持企业利益和社会责任相统一的原则。企业借助生产经营实现利润最大化的目标，是企业生存发展的根基，如果企业在生产经营中并未得到利润，也就丧失了其生存发展的保障。不过对利润最大化目标的追求并不是企业发展的最终目的，而是要提高人民的生活水平，带动全社会发展和进步。所以，片面认为只要赚钱就好的企业和欠

缺责任感的企业，都足以危害全社会，当然最后也会害人害己，无法获得较大的发展。这就需要企业不单单要关注自身利益的实现，还需要重视社会利益的获得，积极承担社会责任。

企业的社会责任是在提升利润的同时，承担保护、增加社会福利等方面的责任，也就是对社会长远发展目标的实现承担相应的社会责任，这其中既包含强制性的法律责任，也包含自觉性的道义责任。践行企业的社会责任，很有可能损害企业的短期利益，但是这样的做法有利于企业获得长期利益。因为企业通过承担社会责任，可以帮助企业塑造良好的形象，优化企业生存发展的环境，鼓舞员工士气，而在有了这样的条件之后也就能更好地带动企业成长。

4. 企业应当从为两个文明建设服务的高度，确定自己的价值取向

社会主义生产活动开展的目标并不仅仅是生产，而是满足人民群众不断增长的物质与精神需求。因此，社会主义企业价值观的培育就必然要为两个文明建设服务。事实上，企业的价值观作为企业文化的一部分，即作为一种文化现象，属于精神文明的范畴。反过来说，精神文明的部分内容也包含在企业价值观之内，即精神文明中的“思想、道德方面”也是企业价值观的核心内容。培育社会主义企业价值观是在推动社会主义精神文明建设和为社会主义物质文明建设服务。因此，为两个文明建设服务是培育社会主义的企业价值观的基本原则。

（二）塑造企业价值观需要处理好的几个关系

1. 正确处理继承和发展的关系，坚持在继承的基础上创新

企业价值观塑造的首要步骤是结合基本原则对企业的现有价值观进行有效确认。一般来说，具有一定历史的企业，其价值观往往是客观存在的，不过因为观念形态的内容常常不容易被发现，所以其在企业中的地位与发挥的作用也往往会被忽略。确立企业价值观的含义是在对其进行深入研究的同时，正确把握企业现存价值观的内容，分析、了解其中推动和妨碍企业发展的价值观要素，从而为企业继承优秀价值观和进行价值观重塑奠定坚实基础。

企业价值观继承以及重塑的含义是利用扬弃的观点，继承传统企业价值观，同时促进新观念的创新创造。这正是构建积极向上的企业价值观的关键与根本着力点。对传统观念进行扬弃，应该以继承为主，同时保持谨慎态度，取其精华，去其糟粕。这样的方法是由企业价值观的稳定性与长期性决定的，如果某种企业价值观已然入脑入心，变成员工的行为准则，它就会转化为较为稳定的员工心理素质和人格特质。在这样的背景之下，如果这样的价值观受到挑战，员工往往会产生反抗、失落、沮丧等不良的情绪。否定正确和优秀的企业价值

观会给企业带来巨大的损失，而且这种损失常常是不可估量的。所以，我们对企业原有的优秀价值观不能随意否定，而应该在继承的基础上加以创新与发展。妨碍企业经营发展的腐朽思想才应该被摒弃。

2. 正确处理共性和个性的关系，突出塑造具有个性特点的企业价值观

共性与个性辩证关系的原理是马克思主义哲学的精髓。这一原理所给予我们的方法论的启示，就是要求我们在观察问题、解决问题时，必须从实际出发，实事求是，具体问题具体分析。当我们把这一方法运用于企业价值观的塑造时，要考察企业的特殊性。其特殊性表现在两个大的层面上。第一是企业与社会主义企业关系层。我们所讲的企业不仅具有一般企业的共性，还具有“社会主义”这一具体属性，即我们的企业是社会主义企业，它必须坚持社会主义方向，发展商品生产，创造财富，以满足人民的物质和文化需要。第二是社会主义企业相互关系层。虽然我们的企业都具有“社会主义”这一属性（此时它为共性），但企业之间又各具特殊性，正是这些特殊性使它们相互区别开来。因此，每个企业在塑造本企业的价值观时，不仅要坚持社会主义方向的共性，还要突出本企业的特色，结合企业自身的个性特征，具体问题具体分析，从而培育有效的价值观。只有具备个性化特征的企业价值观，才能够让员工意识到自己所在企业独特的社会责任，认清自己在企业中的独特价值，避免价值观抽象化和空泛化，才能够真正对企业的发展产生积极的作用。所以，避免简单模仿，不对其他企业的成果照抄照搬，追求个性化发展是塑造企业价值观过程中需要高度关注和处理好的问题。

3. 正确处理现实性和理想性的关系，坚持企业价值观的现实性和理想性的辩证统一

企业价值观来源于企业实际，又高于企业实际，它是现实性与理想性的辩证统一。塑造企业价值观，一方面我们必须坚持企业价值观的客观性和现实性的原则，把握企业发展的客观规律，结合企业实际情况确定相应的价值标准，让企业价值观具备实实在在的存在依据以及客观基础，和员工自身的心理承受能力保持一致。但是，另一方面我们又要强调企业价值观的超前性与理想性，有效彰显企业未来建设的方向和目标，充分发挥企业价值观的超前引导作用。所以，企业价值观不仅是对当前企业现状“是什么”的一种事实描述，还是对企业“应当”成为什么样子的一种价值陈述。不管是对企业还是对员工个体来说，企业价值观都是具有挑战性的理想追求，需要人们为此不懈努力奋斗。因此，我们只有坚持企业价值观现实性和理想性的辩证统一，才能使其发挥出巨大的作用。

4. 正确处理理论和实践的关系，把企业价值观转化为可操作的具体规范

根据辩证唯物主义基本原理，意识对物质能动的反作用只有通过指导实践这一途径才能实现。企业价值观作为观念形态，要实现自己的作用，也必须先转化为可操作的具体规范。因此，我们在塑造企业价值观时，还需要确保企业价值观具备极强的可行性与可操作性，也就是将抽象的价值观具体化，让员工在实践中予以落实，为员工的各项行动提供良好指导，如米勒把现代企业经营价值观具体化为八个原则：目标原则、卓越原则、一致同意原则、一体原则、绩效原则、亲密原则、操守原则和实证原则。又如，我国大庆油田把其价值追求、企业精神和企业作风具体化为“三老四严”，即“当老实人，说老实话，办老实事”和“严格的要求，严密的组织，严肃的态度，严明的纪律”。“三老四严”是大庆油田员工高度责任心和严格管理制度的结合体，并代代相传，发挥着巨大的“精神能源”作用。

（三）塑造企业价值观的途径

1. 领导重视

企业价值观的塑造在企业文化建设中居于首要地位。其原因在于企业价值观在企业文化体系中居于核心地位，决定着企业文化的发展目标，也给企业发展建设方向起到引导作用。不仅如此，企业价值观形成的过程实际上也是企业建立个性形象的过程，所以合格的企业领导必然要把关注点放在塑造企业价值观上，并将其置于战略角度展开研究分析。

众所周知，企业价值观并非自发形成的，也不是随着企业的产生而产生的，而是经过人们的自觉努力和长时间的探索总结建立的。在这样漫长的进程中，企业领导是价值观的实践者与倡导者。因为企业领导在企业中所处地位非常特殊，需要立足整体，考虑全局，所以也在塑造企业价值观的过程中发挥着突出的作用。国内以及国外的诸多企业实践经历表明，企业领导对价值观的态度是能否有效塑造企业价值观的决定性前提。例如，北京王府井百货大楼以“一团火”精神为特色的企业价值观，就是与该企业领导的积极倡导分不开的。“一团火”精神原本是由王府井百货大楼一个普通售货员张秉贵在长期的实践中总结创立的，后来百货大楼的领导深刻认识到了“一团火”精神的深刻内涵，即“燃烧自己，照亮别人”的奉献服务精神。他们认为在激烈的市场竞争中，这一精神应该成为本企业全体员工的精神支柱和价值目标，于是采取了一系列措施，举办了一系列活动来弘扬这种精神。

第一，他们总结、概括和丰富了“一团火”精神的内涵，整理了张秉贵生

前活动的录像带和宣传材料，组织员工观看和阅读，其目的是让全体员工认识张秉贵这个人，并进一步了解“一团火”精神。

第二，把“一团火”精神作为新员工培训的第一课，让他们从进入大楼工作的第一天起，就在脑海中深深植入“一团火”精神的种子。

第三，他们根据不同时期的中心任务，开展以“一团火”精神为内容的各种形式的劳动竞赛，评选张秉贵式的售货员，树立张秉贵式的先进模范典型，培养更多的张秉贵精神的传人，将张秉贵精神一代一代地传下去。

正是由于企业领导的积极倡导、宣传和推广，“一团火”精神不仅在王府井百货大楼的员工心里扎下了根，成为他们共同的价值追求，还成为王府井百货大楼发展的强大动力。

可见，在众多关系到企业价值观塑造的要素中，企业领导的关注是一个非常重要的影响因素，所以提高企业领导对价值观的重视程度是非常关键的。企业领导只有在思想上重视并且加大研究力度，才能够实现塑造企业价值观的目标。

2. 建立健全保障机制

为确保实现企业价值观塑造的目标，企业必须在完善保障机制方面下功夫，构建一个健全的管理制度。

制度是企业生产与运营必不可少的条件，在企业文化建设中占据着举足轻重的地位。立足企业文化视角分析企业的规章制度，不仅是企业科学管理的表现，还是企业具体文化的体现，如企业价值观、道德准则、行为规范等。所以，建设以及完善规章制度可以为塑造企业价值观提供良好的保障。

具体来说，企业在保障机制建设过程中，需要特别注意做好以下工作。一是完善企业奖惩制度，针对践行企业价值观过程中的先进群体以及先进个人进行奖励和表彰，对违背企业价值观的人与事给予严厉批评和严肃惩罚，进而对员工践行价值观的行为进行指导。二是完善企业庆典制度、员工联谊制度、劳动竞赛制度、评优评先制度等，运用所有有助于宣传以及推广企业价值观的形式，让员工在践行企业价值观方面有更大的自觉性。三是构建培训制度，尤其是让员工受到良好价值观的熏陶，纠正员工的不良思想与行为，并对他们的实际行动起到良好的引导作用。四是构建企业领导主动深入基层以及发挥榜样表率作用的工作制度，特别是在建立企业价值观之后，各级领导干部更是要做到身体力行，将自身打造成企业价值观的化身，并用自己的实际行动来带动员工，提高员工的自觉性。五是将培育企业价值观和企业员工的职业道德建设进行有效整合，真正把抽象化的企业价值观具体化为实实在在的内容，并在以后的工作岗位以及员工的实际行动中落实。总而言之，只有切实建立良好的保障机制，加强制度建设，才能够为塑造企业价值观提供有力的支持和完善的保障条件。

3. 加强教育和引导

塑造企业价值观必须通过强有力的教育指导与灌输方法来实现。这其中不仅包括外在教育，还包括员工的自我教育。教育的根本目标是提升广大员工的思想道德素质以及文化素养，提升企业践行企业价值观的自觉性以及主动性，引导员工真正将践行价值观的行为当成实现自我价值和自我发展目标的有效形式，塑造理想人格。要真正意义上达成这样的目标，需要把握以下两点。

一是开展有效的智力投资，努力提升广大员工的思想文化素养。员工的认识水平和员工受教育程度存在着紧密而又直接的关联。有效运用不同形式和不同方法，面向员工开展教育培训工作，益于传播知识、训练员工专业能力、强化思想道德教育、提升认知以及改造世界的能力，在企业价值观塑造中发挥着关键作用。

二是借助长时间教育引导工作，帮助广大员工逐层领悟企业价值观内涵，进而提升广大员工的精神层次。企业价值观的建立需要依靠广大员工价值观的建立，也就是内化企业价值观。员工个体是一个个具备独立性以及个性化特征的个体，这也决定了员工会在价值观方面体现出明显的层次性与多元性。现实中，因为每个员工都有着特殊追求，针对实际行动以及事物认识有着独特的评估标准，所以员工个体价值观和企业价值观呈现出了巨大的差别。对企业价值观进行内化，意味着员工需要摒弃不符合企业价值观的价值理念，建立符合企业价值观的价值理念。这样的转化过程并不存在任何捷径，我们只有坚持开展教育和引导工作，提升员工思想认识，强化员工主人翁意识，提升员工的责任感，才能让员工将个人目标纳入企业目标，顺利完成从个体价值观到企业价值观的转化。

第三节　企业文化传播的条件与时机

企业文化的传播需要满足一定的条件，才能保证取得预期的传播效果。在满足一定条件后，企业选取恰当机会传播企业文化，将更加有助于提升文化传播的有效性。

一、企业文化传播的条件

不管哪种事物，其产生以及发展均需要相应条件，所以企业文化传播也是有条件的。企业文化传播的含义是传播者把特定文化有计划地传播给受众，有效达成共享目标，简单来说就是依托传播行为影响企业内部成员，并且和广大成员形成共识，让企业内部成员积极落实企业价值观、伦理观和实践规范；让企业塑造优良形象，合理处理企业和大众之间的关系，得到社会认同，培养忠诚度高的消费者群体，从而在激烈竞争中获得优势，提升企业的核心竞争实力。要顺利完成传播企业文化这一艰巨任务，我们必须要有一定的辅助条件，因为只有满足相应条件才能提升文化传播质量。

（一）企业文化本身应具备的条件

1. 企业文化易于理解

企业文化属于核心思想观念，同时是企业生存和发展的精神动力与财富。不管是哪种类别的精神财富，如果没有得到理解的话，就无法实现分享与有效利用，更无法在该精神理念引导下创造出物质财富，健全企业制度体系，对员工的实际行动起到指导与规范作用。所以，企业文化应具备易理解的特征，不过理解是非常复杂的过程，这个过程会受到信息接收者态度、需求、意愿等多种心理因素的干扰。因此，企业要避免运用生搬硬套的方法吸收成功企业的成功理念，而是应根据自身所处国家或地域的文化背景，结合自身的具体情况以及成员特征，积极运用多样化的方案，让企业文化的内部传播循序渐进、由浅入深地进行，便于得到广大内部成员的理解与认可，获得他们的充分认同，进而给员工的工作与生活提供相应指导。在成员切实理解了企业文化的含义之后，他们就可以将企业文化提倡的价值观内化成行动指南。另外，企业还要确保企业文化在外部传播过程中保持真实性与有效性。

2. 企业文化具有层次性

企业文化传播对象是多元化的，而且不管是内部员工还是外部大众，其在知识水平、受教育程度、个性特征、理解水平等方面均有很大差别。因此，要让全部文化受体都能深入全面了解企业文化是不现实的。所以，企业文化需要具备层次性，这里所说的层次性并不是把企业文化割裂成不同的层次，而是由浅入深、螺旋上升的过程。企业文化可归入理念范围，在不同层面存在不同的表现形式。基于不同层次受体思想情况与理解程度，各企业应该把企业核心精神视为根本引领，精心设计差异化的企业文化内容，让企业文化影响到每个层面的受众，获得他们的理解、接纳和认同。

（二）企业文化传播者应具备的条件

1. 学习能力

企业文化的传播者应愿意学习，且具备极强的学习能力，以便结合当前社会环境的发展变化，研究整理各种新情况和新事物。具体而言，传播者应具有过硬的学习与调查分析能力，以便凭借这样的能力准确评估自身所在社会环境以及企业优势、企业发展现况、员工思想发展水平、利益相关者需求等，并就这些情况和同行业进行对比，同时在这一过程中博采众长，取长补短，促进优秀企业文化的传播与推广。

2. 传播能力

就企业文化传播而言，传播能力往往表现为传播者对信息传播科学的掌握及应用。真正合格的文化传播者必须准确理解并把握企业文化内容与精髓，并在此基础上选取恰当的传播媒介，将信息传递给受众，力求获得最为理想的效果。

3. 组织能力

企业文化传播工作是复杂而又烦琐的系统工程。传播者在内部与外部的多元内容与形式的实践活动中传播企业文化。活动形式有很多，如讲座、教育培训、联谊会等。在这样的传播活动中，传播者除了要为自身所在企业负责之外，还必须照顾到企业利益相关者的权益，并尊重利益相关者的意见、建议与人格。所以，传播者应具备极强的组织能力，既能够恰当组织各种各样的活动，也能够对语言进行有效组织和表达。对于企业文化传播来说，良好的组织能力有助于组织者将信息充分传达给受众，提升文化传播的有效性。

4. 具有主体性

企业文化传播者的主体性主要体现在以下几个方面。主动性，指传播者可以积极主动地开展企业文化传播活动；主导性，指传播者在传播企业文化的过程中一直发挥支配以及主导作用；创造性，指传播者在传播企业文化时积极探究多样化和创新性的方法与路径，努力增强创新精神与能力；前瞻性，指传播者在传播企业文化时不仅要把现实作为根本利益出发点，充分考虑文化受众的实际情况，对企业文化进行分级分层传播，还要着眼未来，鼓励文化受众，将与社会未来建设需求相符的企业文化与价值观内化成行动准则。

特别值得一提的是，文化传播者必须要具备良好的创造能力。在经济全球化与现代科技日新月异的大环境下，企业文化已然逐步成为各企业在激烈市场竞争中获得优势的关键要素，所以越来越多的企业开始想方设法探寻传播企业文化的手段以及路径。在这一过程中，创新思维以及想象力是文化传播活动中至关重要的内容。传播者需要依托创新思维，将企业文化精髓融入各种各样的活动形式中，提升其对受众的吸引力，实现对企业文化的成功传播，并在这一过程中给文化受众带来积极影响。

二、企业文化传播的时机

古语有言："机不可失，时不再来。"这表明时机是至关重要的，不过时机往往是转瞬即逝的，显现出短暂性与突发性特征。在传播企业文化时，如果可以把握住时机，企业将会在极大程度上提高传播效果。

（一）兴奋点

在某事或某活动获得受众高度重视时，人们会在思想层面生成兴奋点，而处在兴奋状态之中的人们，不管是思维能力还是理解能力都会变得非常活跃。兴奋点有可能是小事引发，当然也可能是大事引发的，企业还可基于国内外企业或者是企业自身近期发生的事情制造兴奋点。比如，在出现三聚氰胺事件之后，相关领域企业开展了关于社会责任与诚实守信的讨论。以上所述说明，对兴奋点进行正确把握会大大推动企业文化的传播与推广。

（二）危机事件

企业的生存发展并非一片坦途，在这一过程中遇到困难和面临危机往往是不可避免的。不过危机也有可能变成一种机遇，有效提升人和人的凝聚力以及企业的向心力，使人的思想意识以及实际行动朝着积极方向改变。但这样的转变往往是暂时的，想要将其由暂时变成持久，企业就必须发挥出科学引领作用。如果企业在面对一系列危机事件时从不慌张，努力度过危机，其就可以成功传播企业文化，扩大企业文化的影响力。

（三）典型对比

在传播企业文化的实践活动中，无论是可以体现企业文化精髓的传播者，还是违背企业文化的传播者，均能够成为典型，而就此我们需要开展一定的典型研究和对照活动。换言之，企业文化传播的典型可以是产品、事件、个人、团队、企业生产活动、生活环境等。当然，典型中有好的也有坏的，所以在传播文化时，企业只有把两种不同的典型进行对比，才能让受众清晰深入地理解企业文化，接受企业文化的正面熏陶。

（四）企业变动

企业在成长历程中发生变动往往是不可避免的，而企业变动的出现也常常会造成员工心理的波动，不过这也可以成为企业传播文化的良好时机。在实际中，企业需要把握变动时机，在企业的重大变动如企业改革、谋划上市、产品研发、战略实施等活动中奉行企业文化，使文化传播效果得到提升。

（五）文化网络

文化网络是企业内部的非正式联系方法，同时是企业价值观的有效载体。有效发挥文化网络价值，放大强势群体以及企业思想观念，正是传播者对企业文化进行传播的良好时机。与此同时，针对企业在生产生活中的惯例与常规文化，传播者也可在文化网络中运用多种手段相结合的方式，反复向员工表明对他们的期待，让员工可以透过细节领悟企业文化，塑造礼仪礼节。这是企业传播文化非常重要的机会。

（六）准确运用传媒

企业的文化传播和传媒有着不可分割的关系，依托媒体进行企业文化的传播，可以扩大受众范围，增大影响力。伴随着网络信息科技的飞速发展，传媒类别与形式逐步增多，信息传播也变得更加及时与迅速。这种情况对企业而言是一把双刃剑，有可能使企业美名远扬，也有可能让企业声名狼藉。不过，如果企业可以准确把握与利用不同类别传媒的优势，准确策划传媒工具的应用方法，把传媒当成重要的文化传播工具，那么文化传播也会取得事半功倍的效果。

第四节　企业文化传播的过程

企业文化传播包括内传播、外传播、由内向外传播三种循环过程。

一、企业文化的内传播

在企业文化内部传播过程中，企业领导层、宣传部门、意见领袖扮演了传播者的角色，他们先自己接受本企业的文化，成为本企业价值观的忠实信徒，接着才开始向普通员工灌输企业价值观和企业精神，全方位传播本企业的文化。这些传播者将企业文化的思想体系，也就是企业共有价值观与行为，通过一定传播渠道传递给广大员工。

在这样的文化传播实践中，不和谐的声音时时刻刻存在，往往表现在传播路径单一、主客体个人素质参差不齐等不同层面。企业反馈机制是降低不和谐声音的有效路径，企业内部成员对企业文化的认同以及执行水平往往是不相同的，具体接受或者是不接受会基于其态度、行为等传递出来。企业文化在内部的传播表现出持续闭合状态，形成一个传播循环。这样的过程让企业文化传播在内部循环中持续优化调整，从而提升文化内部传播的有效性。

在沃尔玛企业中，文化内传播最重视的是员工的培养与教育。作为企业文化内传播的受传者，沃尔玛的员工从进入公司的第一天起就要接受定期或不定期的不同形式的培训。除培训这一主要传播途径外，沃尔玛还开辟了多种传播渠道，来加强和丰富企业文化的传播。在这里，员工充满激情地接受企业文化的熏陶，同时使这样的经营哲学和团队协作、追求高销售等成为一个整体。沃尔玛企业特别关注精神激励，在总部和每个商店的橱窗中，都挂有先进员工的照片。每个商店都会安排退休老员工穿着工作服，佩戴专门标志站于门口迎接广大消费者，并且跟好奇心强的消费者合影留念。这样的方法除了有助于其获得良好的安保效果之外，还能够带给老员工精神层面的慰藉。沃尔玛运用仪式以及给予特殊奖励等方法，向员工传播尊重个人、服务顾客、追求卓越的企业文化。

在沃尔玛企业内部，反馈是随处可见的传播形式。不管在何时何地，每个员工均有发言机会，均能够利用口头表达或者是书面表达方法和企业管理者甚至是总裁展开交流，并在交流过程中提出个人意见与建议，说出自己最关注的事情，当然其中也包含了投诉不公平待遇的情况。沃尔玛企业中常常有来自不同地点的底层员工到总部要求见董事长，而董事长对他们不会有任何的推诿，总是耐心接待。如果员工的表达是符合事实的，董事长会认真耐心地解决有关问题，同时要求每个经理人都积极落实企业的这种思想，将员工当成合作伙伴，改变过去只是关注表面文章的情况。

沃尔玛企业积极设置立体传播渠道，如门户开放、热线电话、基层会议、基层调查等。利用这样的方式，企业管理者可清楚获知全球各地员工工作满意度情况，当然也可以了解企业目前最关心与关注的问题。除了上面所列出的传播渠道之外，每隔一段时间各店均会组织员工参加基层会议，并随机选出不同部门的员工来倾听意见与建议，把企业经营管理动向告知员工。在会议结束之后，会有专门工作人员汇总员工提出的意见与建议，然后根据企业的整体部署确定出行动方案和工作计划，并落实到具体的工作人员身上，指出任务完成的具体期限。广开言路、善于倾听、主动了解员工意见与建议这一系列做法，让反馈变得更加顺利，同时在推动企业文化传播方面发挥着积极作用。周六例会是其中最能彰显反馈机制建设与落实的范例。在每周六上午 7：30，沃尔玛企业高管、分店经理与各级同仁大约千人会进行集合，在总裁带头喊口号之后，大家针对企业经营理念与运营管理策略进行充分交流，做到集思广益。

二、企业文化的外传播

在企业文化外部传播活动中，企业员工与宣传部是重要的传播者。宣传部利用企业口号、语录等把企业文化信息传播给消费者这一重要受众。在信息传播过程中，往往存在个人接受方面的偏差，所以消费者在接受企业基于产品与服务传播的文化时，往往会生成不同意识，并通过提意见、不购买等方式把信息反馈给传播者。

企业文化外部传播的效果往往和企业外部形象是否得到了成功塑造有关。良好的文化传播效果是打造优质企业品牌的外在力量。企业文化借助多样化形式的外部传播，能够让用户增强对企业品牌核心价值的了解与信赖。沃尔玛企业就特别关注 POP 广告在塑造企业形象中的积极作用，而其通常会在产品购买场所、零售店四周、入口处等有所体现。商店名称、招牌、橱窗、安排产品陈列等都可以归入 POP 广告范围。沃尔玛除了关注对其商业形象的塑造之外，还特别关注自身社会形象的塑造，并且为后者投入了更多的时间与精力。企业发展目标在于服务消费者，成功企业的目标应是回馈整个社会。沃尔玛在传播企业文化的过程中，除了关注品牌与文化传播之外，还更加关注企业公益形象的呈现。沃尔玛不单单建立了沃尔玛基金会用于教育和捐助，还积极组织全国性事业捐助活动。正是因为有了这些独特的文化传播方法，沃尔玛文化才得以完美传承，并且在世界各处均能给大众传播卓越文化。

沃尔玛宣传部运用平面广告等方法把企业形象呈现出来，得到了消费者的理解，同时基于各种各样的公益活动把社会形象传播给了消费者以及普通大众。除上面所提到的传播方法外，沃尔玛创始人沃尔顿的传奇故事与这个企业尊重员工的事迹，都深刻影响着消费者对企业的评判。沃尔玛特别关注售后服务，而广大消费者在接收到企业传达的文化与提供的服务之后，很容易把意见反馈给企业。消费者反馈信息至外传播者后，企业文化外传播循环顺利闭合。企业文化传播者会在接到信息后对其重新进行整理，优化产品生产以及服务，然后再一次利用多种不同渠道把企业的文化传播给消费者。在这样的循环上升中，消费者的需求可以得到有效满足，同时消费者的满意度能得到大幅度提升。

现今我们已进入网络视觉传播时代，消费者如果想了解某种产品、某种品牌，一般都是直接上网查找。很多企业都拥有自己的官方网站，企业文化可以在官方网站上拥有专门的版块，还可以通过网站平面设计、广告语、服务方式等内隐方式进行传播。沃尔玛门户网站中的“关于我们”栏目图文并茂地介绍了企业的发展历程、企业文化、经营理念等；“新闻中心”栏目有非常珍贵的视频采访信息，而这些资料主要体现了沃尔玛在食品健康、环境保护等方面的思想观念与态度。另外，沃尔玛门户网站允许通过下载 PDF 文件等方式为信息浏览者呈现企业在社会公益领域的一系列行动和做出的贡献。在沃尔玛门户网站中，我们通常可以看到企业与基金为解决本国饥饿贫困问题而赞助的物资统计资料，同时人们可点击地图中任何拥有沃尔玛超市的国家的名称，了解企业给当地提供就业岗位的数量、岗位待遇情况与其在当地社会服务和公益事业中做出的各种贡献。

企业不单单依托先进的互联网在计算机上开展文化传播，如沃尔玛等大型连锁超市目前均采用会员制，而这样的便利条件使企业文化可基于彩信、微信等在广大会员中广泛传播。大卖场中通常都设有 LED 屏、闭路电视等，这些都是非常重要的信息传播媒介，可以为企业文化传播提供强有力的支持。这些新媒介和新技术手段的诞生，要求企业在文化传播过程中既要兼顾传统方式，又要与时代接轨，实现传统和现代的有机整合，进一步扩大企业文化传播范围，增大企业文化影响力。

三、企业文化从内传播到外传播的循环

企业成员既是文化的外传播者，又是企业文化的内传播者。在接纳并且认同企业文化之后，广大成员会把这一文化内化成信念以及行动准则，然后基于提供标准服务或和消费者多渠道沟通等方式，拓宽文化传播路径，把企业文化传递给广大消费者，同时获得来自消费者的反馈。消费者对企业文化传播的反馈形式有很多，可以是直接反馈给企业员工，也可以是反馈给企业对外部门。

沃尔玛高度关注员工文化传播能力的发挥和提升，所以不单单确定员工规范准则，还在顾客服务体系中运用了和职位直接挂钩的自上而下的培训方法。高管主要接受企业文化引导诞生的服务观念培训；中层管理者不仅要接受服务观念培训，还要接受操作培训，以便真正承担起把服务观念传递给下属的责任；基层员工主要接受服务实践技能培训，以明确如何和消费者进行有效交流、在和消费者交流互动过程中运用哪种方式才显得更为合理。沃尔玛向消费者传递其服务观念时，应运用自上而下的方法。

把企业员工当成文化传播者，把企业消费者当成文化授权者的文化传播体系是沃尔玛文化内外传播的连接点。沃尔玛的员工在接受教育培训的过程中接纳企业文化并对其进行内化，形成共同价值观念以及实践准则。另外，员工和消费者接触时会遵循顾客至上等文化准则，运用多种服务方法，把企业的文化

传播给消费者。消费者在员工服务与企业形象两方面均接受文化传播之后，通常会给出一定的反馈。反馈方式既可以是反馈给企业员工，沿企业文化内传播循环运动，也可以是反馈给企业外部部门，沿企业文化外传播循环运动。因此，企业文化内外循环彼此作用，高度统一，最终构建成一个统一整体和规范系统。

第五节　企业文化的传播与沟通

一、传播沟通的含义

传播沟通是指两个人以上进行的信息交流活动。企业文化的传播沟通则是指企业组织和个人利用各种媒介将有关文化的信息有计划、有目的地传递给内外公众的一种活动。所谓沟通是指企业与员工、员工与员工、企业与社会之间交流转移信息的过程。传播与沟通两者并无本质区别，都是在人与人之间架起一座桥梁，实现彼此知识、经验、思想、情感的共享，为企业实现总体目标服务。但是，人们有时会把这两个词分开来用，似乎“传播”与“沟通”并不等同，“沟通”更强调“双向性”和信息反馈，而“传播”趋于“单向”的信息传递，但这种差别不影响我们对其基本含义的理解。

传播沟通的基本要素包括传者（信源）、受者（信宿）、信息、媒介（信息的载体）、信道（信息传播的渠道）、反馈。除此之外，还有一些隐含要素影响传播沟通的效果，如时空环境、文化背景、心理素质、被信任的程度等。实际上，在文化传播沟通的过程中，无论是基本要素还是隐含要素，我们都应该给予足够的重视。

二、传播沟通的模式

（一）线性传播模式

线性传播模式是以传播者为起点，经过媒介转化为信号，以接收者为终点的单向、直线运动。这里有一个先决条件，即传递者和接收者必须有共同的范围，因为只有这样彼此才能沟通和分享信息。这一模式的缺陷主要是忽视了社会环境的制约因素和接收双方的互动因素，缺乏信息反馈。

（二）新型控制论传播模式

新型控制论传播模式呈现双向循环的特点，与线性模式相比，引进了反馈机制，把传播理解为一种互动的、循环往复的过程。反馈有益于传播系统及其过程的自我调节和控制，因此传收双方要想维持传播行为，就必须根据反馈调节自身的思想和行为，从而使整个传播过程处在良性循环的可控状态。

（三）公共关系传播模式

公共关系传播模式对企业文化的借鉴意义更强，它所强调的内容如下。第一，信息的来源是组织；第二，传播内容是为了实现组织目标；第三，传播的渠道是人际传播媒介和大众传播媒介等；第四，传播的对象是组织所面对的公众；第五，根据反馈的信息不断调整修改下一步的传播计划，目的是塑造良好的组织形象。

三、传播的类型

自身传播也叫人的内向交流，即传播的“双方”集于一身，个人自身内部进行交流，是个人内心的思维活动。从传播学的角度看，它是人类传播的基本单位和细胞。

人际传播是指人与人之间的沟通交流，其是最常见、最广泛的一种传播方式。

组织传播指组织和其成员、组织和其所处环境之间的沟通交流。这种传播的特点包括传播的主体是组织，传播的对象十分广泛、复杂，传播具有明确的目的性和可控性。组织传播是创立企业文化时最常见的传播方式。

从媒介的角度看，大众传播有两大类型。一是印刷类的大众传播媒介；二是电子类的大众传播媒介。

除了以上所述，我们还可以从不同的角度对传播进行分类。

按传播信息的流向可分为单向传播和双向传播。在单向传播中，传播者与交流者不发生直接的交流关系，如广播；在双向传播中，传播者与接收者互向对方发出信息，如谈话、问题讨论等。

按传播媒介的特征可分为直接传播和间接传播。直接传播是指人们通过语言或表情面对面地互通信息；间接传播是指发送者利用特殊的传播媒介向接收者间接地输送信息，如人们通过信件、电报、传真、网络等方式进行信息交流。

在企业文化传播中，人们通常根据传播对象和目的划分传播类型。针对企业内部公众，利用企业自办的报纸、闭路电视等媒体传播企业的价值观、经营思想和制度政策等信息，属于组织传播；针对企业外部公众，借助社会上的报纸、电台、电视台等传播企业的经营思想、有关政策和商品信息，属于大众传播；针对员工或某些消费者，开展谈话、座谈等活动，属于人际传播；员工个人的学习思考属于自身传播。

四、企业文化传播媒介

企业文化传播媒介是指企业文化借以沟通传播信息的载体，可分为四大类。

（一）符号媒介

符号媒介是运用最广泛的传播媒介，也是企业文化传播的主要媒介。符号媒介包括口头语言媒介、书面语言媒介和形体语言媒介三种具体类型。

口头语言媒介是指能发出声音的口头语言，如演讲、谈判、谈话、通电话、答记者问等。借助这种媒介进行面对面沟通，可以使信息快速反馈，形式灵活多样，沟通效果明显。

书面语言媒介是指运用文字符号，包括手写文字和印刷文字，来表达思想意图的方式，如新闻稿、各种文件、简报、社交书信、谈判决议、会议纪要等。运用这种媒介沟通信息，便于人们斟酌、保存，准确性较高，沟通效果较好。

形体语言媒介既不同于口头语言媒介，也不同于书面语言媒介，而靠形体的某种变化来表达思想意图和喜怒哀乐。例如，笑声、掌声、语调、手势、头势、目光等都可以表达丰富的思想和意图。特别是在口头语言表达中配以适当的形体语言，会明显增强口头语言的沟通效果。

（二）实物媒介

实物媒介是信息传播的实物载体，包括企业生产的产品和提供的服务，以及企业建筑物、企业标记、企业象征物、礼品等。企业的产品和服务是最具典型意义的实物媒介，具体产品的品牌、商标、包装、内在质量、售后服务、广告设计都从某个角度折射出了企业及其员工的精神境界，反映了企业文化的格调和韵味。

（三）人体媒介

人体媒介是指企业中人的素质、行为、服饰和社会影响这些信息传播载体。员工统一得体的服饰、礼貌大方的言谈举止、规范的操作，都展现了企业精神和企业经营作风，给顾客以信任感，这本身就营造了一种浓烈的文化氛围。

（四）大众传播媒介

大众传播媒介是指职业传播者面对广泛的受众进行信息传播时所采用的现代化传播手段。大众传播媒介中，印刷类传播媒介包括图书、报纸、杂志；电子类传播媒介包括广播、电视、网络。科学技术的日新月异使大众传播媒介的发展突飞猛进。各种大众传播媒介在信息传播沟通上各有优势，都是企业文化传播的重要介质。企业要传播自己的文化，形成良好的舆论环境，必须重视对大众传播媒介的利用。

五、传播沟通对企业文化建设的作用

历史和现实的实践不断证明没有传播就没有文化。

在一个企业里，众多的员工聚集到一起，如何共同干事业？怎样干才能做到齐心协力？这些都要靠企业文化的导向功能、约束功能、凝聚功能、辐射功能来实现。个体目标与群体目标、管理者与被管理者的磨合等都需要靠传播与沟通这根导线串接，进而才能助力企业文化各功能积极作用的发挥。

一个好的企业不仅要为社会提供精良的物质产品，还要向社会展示自己的精神风貌，以自己优良的、独特的企业文化影响社会。这其中更离不开传播沟通的特定作用。

（一）在企业文化生成过程中，传播沟通起着催化、引导的作用

企业文化的生成有两种情况：一种是任其自流，靠自然生成；一种是有计划、有目的地引导其生成。第一种是盲目的，受外界多种因素影响，容易产生消极的东西，不可取。第二种是自觉的、有意识的。一个企业从诞生的那一天起，就应当从物质文化、制度文化和精神文化三个层次上进行规划设计和教育引导，预防消极文化的出现，促使积极向上的企业文化得以生成。

企业物质文化中的建筑环境、机器设备、产品造型、统一设计的标志，标志的标准色彩、符号、商标、包装等，都是依靠视觉效果来促进企业内部和外部各个方面快速直观、风格亮丽鲜明的传播与沟通，且往往能够达到使人过目不忘的效果。这些物质的外在表现向世人展示的是企业的精神风貌。现在，众多企业利用这一沟通渠道，在视觉效果上做好、做足了丰富企业物质文化建设的文章。

企业需要建设一个高效运转的组织结构和一套为全体员工自觉遵守的规章

制度，且使员工自觉遵守组织结构的秩序，自觉遵守规章制度，促进制度文化的生成，切不能忽视规章制定和执行过程中的传播沟通作用。只有通过员工参与、反复宣传讲解、严格执行不搞例外，企业才能形成严肃的制度文化氛围。

区别于物质文化和制度文化，企业精神文化的沟通是以提高人们的认知为切入点，经过寻找共识的过程，最后树立一种信仰。或者说它是一种认知态度，乃至个体心理的转变过程，也是激发人的潜能、提升人的心性、改变人的心智的过程。正如杰克·韦尔奇所说："真实的沟通是一种态度与环境，它是所有过程中最具互动性的，其目的在于创造一致性"。

企业精神文化形成的关键在于人们在传播沟通中提升认知、达成共识、形成信仰、改变态度。

态度是指个人对待某一对象较为稳定的心理倾向。态度对人的思想观念、心理活动以及人的行为有着十分重要的作用。可以说，要想改变一个人的行为，就必须先改变一个人的态度。

（二）在企业文化巩固和发展变革中，传播沟通起着凝聚和革命性转化的作用

离开传播与沟通，积极向上的企业文化不可能形成，而要巩固和发展企业文化，塑造企业优秀文化，更离不开传播与沟通。

有效沟通的价值并非在所有企业中都已得到应有的重视，一些企业内部沟通明显比较困难。由于共鸣、共识域狭窄，沟通产生障碍，企业内部的支持、协作、配合就比较差，企业很多好的举措都因得不到理解、支持而半途而废，同时错误的决策得不到及时纠正，人际冲突不可避免，进而给企业文化建设增加了难度。当市场环境发生变化时，企业的经营战略和方针策略必须做出相应调整，但由于文化传统不容易改变，企业的调整显得异常艰难。这种情况下，企业只有通过信息的传播沟通使人们真正理解为什么必须进行调整，才能实现革命性的转化。

成功的企业离不开成功的沟通，成功的沟通有助于塑造企业的优秀文化。例如，科龙集团的"万龙耕心"把企业文化的种子撒播在每一位员工的心田，让它开花结果。"当科龙人，做最好的"，制定高品位、高标准、高效率的行为规范，真诚回报社会，成为科龙人向社会的郑重承诺。科龙以优秀的文化赢得了社会的好感。

又如，顺美服装有限公司是北京市的一个著名企业，其内部经过两年多的反复讨论、沟通、修订，出台了《顺美员工行为规范》。这一文件教人以经营

之道、办事之道、做人之道、处事之道。既规定了必须做什么，必须怎样去做，又阐述了为什么这样去做，做到了有什么益处，违背了它有什么害处。这些条目既是全体员工必须恪守的行为准则，又可称为“劝世之言”。

许多企业充分运用信息的传播沟通，宣传企业形象，推广知名品牌，成功塑造了优秀的企业文化。

通过传播沟通宣传企业形象，把代表企业形象的知名品牌传播出去、推广开来，这不仅有利于企业发展，还有利于社会进步。国内外许多著名企业的成功经验证明，企业文化的传播是企业扩张发展的精髓。企业文化是品牌铸造的大摇篮，品牌的一半是文化。

和世界许多知名企业一样，中国海尔集团也是用文化铸造品牌、塑造企业形象的。海尔总裁张瑞敏始终认为，企业的成败不仅仅取决于市场占有率等有形的东西，更在于是否有着高度一致的内部价值认同和被公众认可的外部形象。经营既是韬略，也是艺术，更是文化。

第五章 湖北企业社会责任理论深层探究

第一节 何谓企业社会责任

一、企业是否必须承担社会责任

企业社会责任提出的时间是20世纪20—30年代，而提出该概念的是美国著名学者谢尔顿。通过对有关资料进行研究分析可以明确的是，谢尔顿最早进行了企业社会责任的描述语表达，其将企业社会责任和经营管理者满足多样化需求的责任密切关联起来，指出企业社会责任中包含着道德因素。19世纪末20世纪初，西方国家工业化发展速度较快，而工业化进程在推动经济繁荣发展的同时，引发了很多社会问题，如贫富差距增大、劳资冲突等。特别是企业巨型化所带来的一系列社会问题明显增加，引发了民众的强烈不满，增加了社会矛盾和冲突。在这样的背景以及环境下，人们开始深入研究与考量社会和企业之间存在的关系，并正式提出企业社会责任这一重要理论。

企业社会责任理论一经提出就受到了人们的高度重视，当然也引发了一系列争议。对这一理论，既有追随者，又有反对者。其原因主要体现在两个方面。一方面，企业承担社会责任可以帮助企业解决日益增加的社会问题，化解矛盾和冲突；另一方面，这又会动摇资本主义社会所奉行的利润最大化与自由企业制度。所以，针对企业社会责任这一问题，传统理论固守者和修正者、批判者的争论一直没有停止，且争论非常激烈。在这些争论中，最为有名的是20世纪30年代的“贝利—多德”论战。

反对者的观点：企业社会责任理论违背企业本质，也打破了企业传统，其内涵是不可识别的，也因此不能得到认同，不能变成法律层面上具备操作性的概念。米尔顿·弗里德曼是该理论批判者中最具代表性与影响力的，他是诺贝尔经济学奖获得者。他在《资本主义与自由》这部著作中指出：企业以及劳工领导人拥有超过股东与会员利益的社会责任观点得到了大范围普及，但这样的观点表明人们对自由经济性质与特性存在基本误解。在这样的经济中，企业有且只有一种社会责任，即在法律法规许可范围内利用各种资源从事提升企业利润水平的活动。哈耶克也是反对者中的一个代表，在他看来，企业唯一的目标是依照最能获利的方法使用股东赋予的资本资源，对利润最大化目标的任何一种偏离都会给企业生存带来极大的威胁。只要企业把资源投到最有效率的领域，企业就已经担当了社会责任。企业并非慈善家，不能将其资源用在其他社会目的层面。

支持者的观点：企业是社会机体中的一个个细胞，企业在社会中生存与发展，社会是企业利益获取的源泉。社会给企业生存发展提供了多元化的条件支持，企业从社会中获取权利以及相关利益。所以，企业在享受社会赋予的资源条件以及发展机会的过程中应该主动回报社会，积极承担社会责任。产生于20世纪20年代末期的利益相关者理论在很大程度上扫清了企业社会责任理论推广落实的阻碍，成为广大支持者维护理论正当性的理论根据。

美国学者霍瓦德·R.伯文强调，企业不仅要给广大股东赚取利润，还应该为企业利益相关者承担相应社会责任。利润最大化是企业的第二位目标，并非居于首位。美国管理学家卡罗尔也是企业社会责任倡导者，他在研究的过程中给出了对应概念，指出企业社会责任是经济、法律、伦理与慈善责任的总和，同时他提出了企业社会责任金字塔图。此处需要特别提出的一点是，卡罗尔为企业社会责任提出的定义和金字塔图相当于利益相关者模型。在模型中，每类责任对应体现企业中不同利益相关者之间存在的关系。在20世纪的西方学术领域，针对企业社会责任的研究讨论以及争论是非常激烈的，以贝利—多德之争为开端，关于企业社会责任方面的问题变成了数十年来西方国家企业法理探究的主题。争论走向是企业具有社会责任的观点逐步占据主导地位，得到越来越多学者的肯定。提倡以及支持企业承担社会责任的学者逐步增多，哪怕是曾激烈反对企业承担社会责任的弗里德曼最终也公开表示接受企业社会责任观点。他在20世纪80年代末，对以往提出的观点进行修正并指出：只要企业履行社会责任可以为企业带来直接经济利益，或履行责任行为来自股东指示，那么企业获取最大化利润的目标是能够和企业社会责任共存的。到20世纪90年代，西方学者以及企业对企业是否应履行社会责任已基本形成共识，一场企业社会责任运动轰轰烈烈开展。在经济全球化趋势愈演愈烈的背景下，企业社会责任运动开始逐渐从发达国家扩展到广大的发展中国家。

正是在经济全球化背景下，企业社会责任理论在20世纪90年代传入中国，并开始迅速发展。这场运动在中国的推进落实是经济全球化给中国发展带来的直接影响，同时是中国加入世贸组织的直接结果。由此，企业社会责任成为中国学术研究的一部分，并获得了大部分研究者的肯定。

二、企业社会责任的概念厘定

“企业社会责任”这一词语最早是由谢尔顿提出的。自从“企业社会责任”概念提出以来，针对该概念的理论分析就始终没有停止过，而学者更是在研究过程中创作出了很多经典著作。

（一）传统古典纯经济观

传统企业理论提出的观点是企业管理者得到的是股东的委托，所以属于股东权益受托人，因此承担的责任是实现企业利润最大化目标，进而确保股东权益最大化目标的实现。弗里德曼曾经坚决反对企业在追求利润最大化目标实现之外承担社会责任，哈耶克也强调企业履行社会责任违背了自由原则。整体来看，否定企业承担社会责任的观点是基于微观经济学提出的，其认为企业不管是承担哪种社会责任都会导致企业经营成本升高，而这些成本最后也是消费者或者企业股东承受。

（二）关于企业社会责任的多维探讨

企业应该将生产当作第一任务，因为企业是物质财富的创造者，其发展的主要目标在于为社会提供物质以及精神产品。企业是支撑人类社会生存发展的基础经济单位。伴随经济社会的长足发展，企业和社会之间的关系越来越紧密。

1.“贝利—多德”论战

哥伦比亚大学教授贝利在对当时的股权结构变化情况进行研究的过程中指出，企业管理者属于股东受托人，所以管理者应该秉持服务股东的根本准则，始终把股东利益放在首要地位。企业属于营利性组织，所以对利润最大化的追逐正是企业安身立命的根本。

哈佛大学教授多德严肃批评了贝利所提出的观点，然后双方就企业管理者究竟是谁的受托人展开了激烈争辩。双方争论的焦点从本质上看是企业是否应履行社会责任。多德是赞成企业履行社会责任一方的代表，其认为企业财产应用深受公共利益影响，企业管理者权力来自全部利益相关者，除了股东利益之外，不管是法律还是舆论都会在很大程度上促使企业同时承认他人利益，所以企业需要建立正确的社会责任观。

20 世纪 50 年代，贝利从理论反对者彻底变成了理论倡导者，承认企业变革的一系列实践表明多德所持有的观点是正确的。曼恩批评贝利从始至终都没有说清为什么企业管理者是负责在企业利益相关者间分配企业财富的最佳人选。贝利则认为，应该把企业经营者和企业所有利害关系人的受托人与财富分配者区别开来，并非经营者不适合承担这样的职责，而是要避免其变成政治家或者对学校、慈善等机构起决定性影响作用的资金供应者。在这之后，曼恩有条件地接受了企业承担社会责任的观点与理论，而这一争论实际上属于“贝利—多德”之争的延续。

2. 卡罗尔的金字塔模型

对于理论模型层次的企业社会责任来说，备受学术与企业领域青睐的研究成果是卡罗尔的金字塔模型。卡罗尔指出，我们评价企业好坏时不能只关注企业在经济层面是否成功，还必须了解非经济性指标。企业需要以对社会负责的方法开展日常的生产与运营活动。具体而言，卡罗尔把企业社会责任划分成了四个大的类别，分别是经济、法律、伦理和慈善方面的责任。经济责任对企业来说是最重要和最初的责任。企业必须生产销售社会所需产品或者服务，并以公允的价格出售才可以赚取利润，进而有效维持企业的生存与发展。法律责任要求企业严格遵循法律法规要求，在社会行为规范之下开展生产经营活动。伦理责任是除经济和社会责任外，为社会成员期望，但是并没有依托法律形式规范呈现的责任，社会期望企业履行伦理行为规范。慈善责任是企业自愿承担的责任类别，不属于社会期望责任，也不属于法律层面上要求的责任，如慈善捐助责任。在划分企业社会责任的同时，卡罗尔提出了针对企业社会责任的金字塔模型，并把整个金字塔划分成了四个部分，处在底层的是经济责任，强调企业的利润获得与盈利能力提升。法律责任位于上层，指出企业应该遵纪守法，确保生产经营有法可依。社会伦理责任位于塔腰，强调企业应该成为有伦理内涵的企业。慈善责任则位于塔顶，强调企业应该成长为优秀的社会一员。卡罗尔强调，企业在积极践行以上责任时，需要充分结合企业规模、战略、产业特点、经济发展状况与其他因素，这几个部分给企业管理社会责任提供了清晰的框架。

3. 其他各界对企业社会责任的定义

世界银行针对企业社会责任给出的定义如下。企业社会责任是企业和关键的利益相关者关系、价值观、遵纪守法、尊重与保护人权、社区与环境等相关政策与实践的一个集合体。企业社会责任是企业为提升利益相关者生活质量而贡献于可持续发展的承诺。国际商会给出的定义是商业组织在社会生活实践中主动负责扮演好各自角色。最近一段时间，有人把企业社会责任表达为企业在多个行为中的平衡，这里的行为涉及生产、盈利、满足可持续发展目标，以及现在与未来让利益相关者与全社会受益。企业在经营发展过程中需要积极满足或超出社会对商业组织在法律、道德、商业惯例、公众性等方面的期望。

4. 利益相关者理论

"利益相关者"概念率先由斯坦福大学研究小组提出。弗里曼的《战略管理：利益相关者方法》一书中明确提出利益相关者管理理论。该理论的核心内容是企业经营管理人员需要为平衡协调每个利益相关者利益而开展管理实践活动。不同于股东至上的传统思想理论，这个理论指出，企业想要获得发展少不了利益相关者的参与，企业要维护的是全部利益相关者的权益，并非只是为某些主体利益服务。利益相关者涉及企业，而交易伙伴涉及政府、居民、社区、媒体等，甚至涉及企业生产经营活动直接或间接影响到的客体，如生态环境。利益相关者和企业生存发展有着密不可分的关系，他们在企业发展建设中扮演了重要角色，也为企业的长足发展提供了强有力的支持。有的分担企业经营发展风险，有的监督企业运营管理，有的为企业运营管理付出一定代价。所以，企业在确定经营决策的过程中必然要考虑利益相关者的权益，并自觉接受他们的监督和约束。从这一层面分析，企业生存发展依赖企业对利益相关者诉求的回应质量。

利益相关者理论的研究侧重点是企业和利益相关者存在的关系。该理论是企业社会责任基础理论的构成要素，除了在国外备受关注之外，还获得了诸多中国学者的肯定，得以大范围推广应用。企业价值是一个包含了股东、员工、消费者、社会价值的有机动态结合体。该价值体系决定了企业长久盈利以及长远发展的能力。企业履行社会责任实际上就是充分满足不同层次利益相关者的需求与意愿，让他们对企业满意。

（三）社会契约理论

社会契约论源于霍布斯、洛克、卢梭等提出的政治理论。霍布斯认为，契约是权力出让，人们把全部权利让给一个人格，代表这一人格行使相关权利的就是国家元首，其拥有强大权力，同时不属于订立契约一方，不会受契约限制。国家权力是让人敬畏的，所以他提出了君主专制主张。在洛克看来，人们所出让的只是财产纠纷仲裁权，而基本自然权利如自由权、生命权、私有财产权等并未转让，而且理应获得国家层面上的保护。与此同时，他特别强调，执政者同样是签约方，需要忠诚履行契约中的各项规定，维护好人的自然权利，按照大部分人的意志行事。因此，洛克反对君主专治，主张民主自由。为避免君主专制问题的产生，洛克首次提出了国家分权这一重要思想，同时提出应该将国家权力分成三部分，分别是立法权、行政权以及对外权。每个权利属于不同部门，其中立法权属于最高权力，应该由议会掌握，剩余权力则由君主掌握。

卢梭所提出的社会契约论在逻辑依据方面并没有将国家历史起源当作重点考虑内容。在卢梭看来，社会契约来源于人民自由意志，订立社会契约的重要目的是确保订约者自由平等地获得财富。社会契约的核心是每个人将所有权利转让给共同体，而并非某个人或某些人，这样的转让对每个人都相同，人人都没有将自己奉献给任何人，而是从全部订约者处得到了自己转让给他人的同样权利，所以每个订约者在订立契约后仍旧自由平等。社会契约条款神圣不可侵犯，假如统治者破坏条款，实施暴政的话，那么人民就有权用暴力方法推翻暴政。基于社会契约所建立的国家在主权的确定方面强调最高权力归属于所有人民，所以在人民主权国家中人民是有两个身份的，分别是主权参与者和臣民。卢梭不提倡分权，在他看来主权至上且不可分割。主权是行政权的有效依据，行政权是主权的作用以及机制。在卢梭看来，政府并非主权体现者，而是主权受托者。主权者随时可以委托任命或者撤掉官吏，所以主权是不能让渡的，同时主权者应该按照公民意愿维护国家统一性。这种社会政治制度无疑是一种非常理想化的制度，在这样的理想制度中，自然状态与社会状态的优势可以顺利整合，让人性产生神奇变化，促使人类用政治自由与法律平等替代自然、自由与平等，用理性替代本能，但针对权、责、义等的观念又让人只服从于自身欲望，变成自由的主人，进而到达人类精神道德与自由平等最高阶段。这实际上就是卢梭社会政治学说的整体逻辑。

托马斯·唐纳森是第一个引用上述理论来阐释企业社会责任的人。他的观点是企业和社会提出契约，且应对其存在的社会承担责任，而社会也应该对企业经营发展负责。企业社会契约主体是社会以及企业这两个方面所存在的契约关系，其处在持续发展以及变化中。在这之后，托马斯·邓菲提出主张，强调要把人和人的契约关系归入分析框架，同时提出实际社会契约论。唐纳森与邓菲对各自理论进行了有效整合，最终提出综合社会契约论的观点。他们对这一综合观点进行了重新论述：在全球经济交往活动中存在广义社会契约，该契约的存在方式有两种，分别是宏观契约和微观契约。宏观契约所体现的是共同体中全部理性成员间广泛存在的一种假设协议。微观契约体现的是经济共同体中的实际契约，是组织内部或组织之间现实存在的协议。

虽然西方一直以来都秉持契约自由与至高无上的观点，认为社会道德应该服从契约利益，但是中国诸多学者在对企业社会契约理论进行分析研究的过程中更加强调的是企业应该遵守社会道德。中国学者在对该理论进行研究分析的过程中得到了共识，那就是不管在哪个时点上企业与社会间都有着基本约定——社会契约。社会契约主体是拥有不同目标，可能存在矛盾与冲突的一系列利益相关者。企业社会责任契约指的是广大利益相关者基于公正立场所形成的具备一致性的行动协议。企业凭借显性或隐性契约维持着和不同利益群体之间的关系。社会契约理论给企业社会责任的说明和研究建立了一个分析框架，在这一框架中，企业通过和社会建立契约的方式得到合法性，企业社会责任则在一系列契约中得到规定和规范。企业和社会间存在的契约规定企业有遵守社会契约的义务，同时企业采取的各种行动必须与社会期待相符，为社会以及经济发展尽好企业义务。

（四）可持续发展理论

可持续发展理论的产生过程伴随着诸多人类预防以及消除有害影响的工程。工业化发展的初期阶段产生了很多备受关注的社会问题，如人口问题等。这些问题真正得到世人关注是在二战后，皮尔逊和哈珀的著作《世界的饥饿》一经问世，就引发了人类对自己命运和发展的关注。

世界自然保护联盟（IUCN）发表的《世界自然保护战略》率先提出了可持续发展概念，强调人类应运用生物圈管理，让整个生物圈满足当代人的最大利益，同时满足后代人需求。

在这之后，人们又将可持续发展概念引进了企业研究领域，并得到了企业可持续发展问题的一系列研究内容，而这一问题也获得了我国理论研究领域的高度关注。我国著名学者李培林在研究中指出，企业可持续发展是企业在追求实现利润最大化目标的生产经营环节把社会责任当作根本出发点，积极落实经济与伦理协调准则，持续创新、环保与高效应用各种资源创造利润，迎合利益相关者的合理诉求，追求企业长盛不衰，旨在实现企业和社会的永久和谐发展。学者刘利刚则在研究中指出，企业可持续发展指的是企业在追求永续生存以及发展进程中，既关注经营目标达成与市场地位提升，又努力保持领先竞争地位，所以可以在未来扩展与经营过程中持续盈利与提升能力，保障企业在很长一段时间内长久不衰。企业社会责任对企业实现可持续发展目标有着极强的推动以及制约作用，关乎企业生存发展。企业社会责任可以归入第三种力量中，并在很大程度上补充市场调节与政府干预的不足。所以，企业履行社会责任是践行可持续发展战略的要求，可以为企业实现双赢创造良好条件，推动经济和环境的协调发展。

（五）企业社会回应理论

1. 企业社会回应概念的提出

20 世纪 60 年代，不管是政治领域还是经济领域，抑或是整体的社会环境，都存在着明显的动荡不安问题。政府干预、外国企业竞争、消费者运动等使企业发展环境产生了翻天覆地的变化。这样的变化促使越来越多的企业重新考量社会和企业之间存在的关系。与此同时，针对企业社会责任的一系列研究工作应避免只是在概念以及争论层面上停留，将更多的研究关注点放在关系企业生存的实际问题层次。阿克曼和鲍尔是在这一大环境下率先提出企业社会回应这一新概念的，虽然他们并没有给出确切定义，但是通过这样的概念我们已经能够看到、意识到企业社会回应是管理过程，基于这一过程能够把企业社会责任表面语言变成实际行动。广大学者期待利用这样的全新概念替代企业社会责任概念，运用搁置价值观进行探究与讨论，有效去除企业社会责任定义中存在的模糊以及不规范特征，让研究在具体实践方面显现出可操作性。这也证明有关企业社会责任的研究工作逐渐从道德层次转向了管理层次，且追求实践性。企业社会回应所关注的是企业回应社会压力的能力，集中在企业内部管理过程以及外部环境管理技术层面。任何人要区分企业社会责任以及企业社会回应都需要正确把握以下内容：企业社会责任把侧重点放在动机层面，而不是结果层面，指出了企业需要履行的义务。企业社会回应的是做什么的问题，不应该仅考虑该做什么。分析企业社会回应可知，社会回应属于企业战略，其所涉及的是一个管理实践过程，是一个创新性业绩表现衡量评估方法，是有效应对不同阶段公众预期变化的新型技术以及管理技能，是制度化决策手段。企业社会回应这一理论标志着企业社会责任研究工作从概念层次转移到了企业满足社会需求和预期、应对社会压力及进行社会问题管理的层面，体现的是管理维度上对企业社会责任的反思。

明确企业社会回应定义的是弗雷德里克，他认为企业社会回应是“企业回应社会压力的能力”。在他看来，狭义企业社会责任主要回答“为什么、是否、为了谁的利益”等问题，而企业社会回应主要回答“如何、什么方法、产生什么效应、根据什么操作指南”等问题。所以，无论是从论调还是方法上而言，企业社会回应都深具管理品性，它避开了企业社会责任的理念，着重强调企业管理者与社会之间的关系；它从如何促使企业更好地对环境做出社会回应的实践角度来替代与左右企业社会责任的那些抽象难懂的准则。另外，弗雷德里克指出，企业社会回应是企业社会责任的概念性转变，是从理念和伦理概念向行为导向管理概念的转变。这一转变将企业和社会研究提上了一个新的现实平台，也使相关研究更符合企业和职业管理者的实践轨道。

2. 关于企业社会回应与企业社会责任关系的不同观点

（1）第一种观点：企业社会回应是对企业社会责任概念的替代。以弗雷德里克与塞西为代表的一派学者认为，企业社会回应是企业与社会领域研究的“第二阶段”，可以替代充满争议的企业社会责任概念。弗雷德里克对企业社会回应的研究有着重要贡献，他明确将企业社会回应定义为“企业回应社会压力的能力”，这个定义得到了广泛接受。弗雷德里克进一步指出，企业社会回应具有两个相互联系的层面。一个是组织上的微观层面，指的是企业管理公司与各类社会团体间关系的能力；另一个是制度上的宏观层面，指的是每个进行社会回应的企业的制度安排与程序设计。弗雷德里克认为，比起企业社会责任，企业社会回应更为切实可行，不仅为企业与社会关系的研究提供了一个新的现实平台，还更符合企业及其管理者实践的需要，意味着企业社会责任研究从理念与伦理概念转变为行为导向的管理概念，是企业社会责任概念发展的第二阶段。正因如此，弗雷德里克将企业社会责任简称为“CSR1”，企业社会回应则简称为“CSR2”。

塞西则将企业社会行为划分为三个阶段。即企业社会义务阶段、企业社会责任阶段与企业社会回应阶段。企业社会回应是超越企业社会责任的阶段。塞西认为，与企业社会责任相关的公司社会行为本质上是说明性的，而与企业社会回应相关的公司社会行为本质上是预防性的，企业对各类社会问题的回应必须在物质经济与社会政治环境中进行，环境评估在企业社会回应中非常重要。总之，无论是弗雷德里克的“CSR1”与“CSR2”，还是塞西的“三阶段论”，都认为企业社会回应是企业社会责任之后的一个新的阶段性概念。

（2）第二种观点：企业社会回应是对企业社会责任概念的补充。另有一批学者并不认为企业社会回应可以取代企业社会责任，而认为企业社会回应与企业社会责任是对等并列、相互补充的。卡罗尔认为，企业社会回应只是企业在社会领域中管理性反应的一个行动阶段，代表的是企业社会表现中与企业社会责任完全不同的另一个方面，该方面仅与企业对社会反应的管理过程有关，并不能成为企业社会责任的替代概念。沃帝克和科克伦则认为，企业社会回应实际上为企业履行企业社会责任提供了方法，企业社会责任与企业社会回应是同等重要的概念，两者都应成为企业社会参与面的单独方向。在他们看来，用企业社会回应来替代企业社会责任将会弱化对企业伦理的重视；企业社会回应只是短期或中期的决策，企业社会责任则是长期的决策；企业社会责任看重的是终极结果，企业社会回应则注重过程方法，且企业社会回应并不意味着企业履行了企业社会责任。伍德也指出，企业社会回应集中于企业内部的管理过程与企业外部的环境管理技术，提供的是企业行动的方向，是“如何做”的构成部分，应该作为企业社会责任规范性概念的补充而存在。在伍德的界定中，社会问题管理、环境评估与利益相关者管理并行成为企业社会回应的三大支柱。

可以说，一段时期以来，企业社会回应一度成为与企业社会责任并驾齐驱、相互竞争的概念，但由于其重点只是在企业及其管理者反应过程方面，过于强调企业应对环境变化压力的实用性方法，而忽视了企业与社会互动中道德与伦理方面的规范性基础，因而最终未能取代企业社会责任的概念。

（六）企业公民理论

企业社会责任涉及经济学和管理学的核心问题，如企业的本质、企业的目标、资本与道德、市场机制与政府规制等。企业是否要承担社会责任问题一直是理论界和实业界争论的焦点。进入 21 世纪后，企业公民思想融入了企业社会责任这一大范畴。目前，全球大型企业的领导人对企业公民思想极为关注。一些公司正在调整政策以及修订企业公民项目计划；一些公司正在筹划构建企业公民指导委员会，以对公司的环境和社会绩效进行评估并发布公告；一些公司正努力整合各种职能部门并将责任和义务纳入公司的经营活动中来；一些先锋企业正试图为企业公民思想的发展创造一个更加广阔的市场和提供更好的产品与服务，以此盈利并试图创造一个更加美好的世界。

企业公民理论主要从三个不同角度论证企业承担社会责任的必要性。

一是公民身份论。该理论试图通过赋予企业以公民或准公民身份要求企业承担社会责任，其基本逻辑如下。政治学中的公民概念不仅赋予公民基本权利，还要求公民承担义务，那么企业获得公民或类似身份就意味着应该承担超越商业利益的社会责任。洛格斯登和伍德最早借用政治学基本概念论证企业公民身份。其认为，按照帕里针对公民权的政治学分析，基于自由极小主义的公民观不承认企业具备区别于个人公民的组织公民身份，但是基于社会观的公民观将企业看作独立主体，认为企业在拥有权利的同时应该对其行为后果承担责任，因此企业可以获得公民身份。企业公民身份决定企业必须承担社会责任。穆恩等不赞同企业公民身份论，但强调企业能够像公民一样行动。基于斯托克斯的四个民主公民模型，穆恩等认为，尽管根据自由极小主义公民观，企业并不具备个人公民的法律地位，但是按照公民共和主义观、发展民主观以及反思民主观，虽然企业不具备公民的法律地位和身份，但企业能够在不同程度上以不同形式像个体公民一样拥有权利与承担义务，即企业能够像公民一样参与社会事务和社会治理，企业是“隐喻的”公民，即“企业像公民”。显然，穆恩等实质性地拓展了企业社会责任的范围，即企业不仅要承担传统意义上的社会责任，还要积极主动地参与政治，解决社会问题，被进一步赋予了政治功能。

二是政府失灵论。马特恩和克兰认为，特定社会经济条件下的政府职能失灵是导致企业通过介入公民权管理而承担社会责任的关键所在。在借鉴福克斯、马歇尔等学者研究成果的基础上，马特恩和克兰认为传统社会中公民权、社会权、民权、政治权与主权国家政府密不可分，政府是公民权的担保人，即政府保护个人民权、提供社会权所要求的福利保障、行使政治权。然而，在全球化背景下，政府作为公民权担保人的地位面临两个挑战。一方面，主权国家不得不面对越来越多的超国界经济、社会与政治行为；另一方面，经济与社会活动主体也越来越能够轻而易举地突破主权国家的界限。全球化导致主权国家及其政府传统职能局部失灵，政府丧失了公民权唯一担保人资格。马特恩和克兰认为，政府公民权管理局部失灵为拥有日益强大社会经济权势的企业参与公民权管理提供了必要性和可能性。企业在以下三种情况下可替代政府承担公民权管理责任。一是政府放弃或被迫放弃公民权管理时，如转型国家政府失灵时，大公司应该保护公民权；二是政府仍未管理某些基本公民权时，跨国公司应采取行动保障发展中国家雇员的基本权益；三是政府无力管理全球性公民权时，跨国公司应参与或协同解决全球性生态问题。

三是双重公民身份论。谢勒尔等认为，隐含于古典观中的企业与政府职能分工的二分法观点不符合当代社会经济发展实际，尤其在全球化背景下，政府在管控社会经济事务方面越来越力不从心。政府职能失灵为企业介入政治事务留下了空间，而企业因此获得了既是经济活动主体又是政治行动主体的双重公民身份，即企业一方面是以盈利为目的个体公民，另一方面是能够介入社会公共事务的国家和社会公民。谢勒尔等主要借鉴“共和主义商业伦理观”和哈贝马斯的政治哲学观论证企业的双重身份。斯坦曼等构建的共和主义商业伦理观认为，一旦法定规范失效或仍未建立，自治规范将发挥替代性作用。20 世纪 90 年代以来出现的各种企业生产守则和行业规范都是这种替代性规范的典型代表。在哈贝马斯看来，作为社会公民，企业应参与制定政治规则，而这些规则是包括企业在内的众多社会经济主体参与的交往过程的产物。在这一交往过程中，参与者不断调整偏好并逐步达成能够兼顾各方的公共利益的最大化结果。社会规则与制度体系是个体公民、企业、非政府组织等各种社会行为主体共同协商和沟通交流的成果。企业双重公民身份论不仅重塑了企业的社会经济功能，还重新定义了政府的职能，即政府在承担传统政治和经济职能的同时，要为确保公众商谈过程的顺利进行提供基本条件与保证。

（七）层次责任论

企业社会责任的层次理论是对企业社会责任内容的划分，即说明企业应该承担怎样的社会责任。国外的企业社会责任层次观主要体现在美国经济发展委员会（CED）和佐治亚大学教授卡罗尔对企业社会责任内容的定义上。随着我国企业社会责任的发展，国内学者也提出了企业社会责任层次观点，加深了理论界对企业社会责任内容的认识和理解。

1. 国外企业社会责任层次观

美国经济发展委员会提出了一个三层同心圆的社会责任层次观。内层圆是最基本的责任，即有效地执行经济职能；中层圆是顺应社会价值偏好的变化来执行经济职能，如节约资源、保护环境、向顾客提供真实可靠的信息等；外层圆包括企业应承担新出现的和未明确的责任，广泛参与改善社会环境的活动。卡罗尔提出公司社会责任金字塔说(四责任理论)，其从下往上依次为经济责任、法律责任、伦理责任和慈善责任。

2. 国内企业社会责任层次观

陈志昂等提出了企业社会责任三角模型，以帮助管理者评估有关企业社会责任的战略决策。该模型包括三个层次。最下面一层是法规层次，对企业社会责任承担的强制性最强，是企业所必须遵守的法律法规；中间一层是标准层次，即企业应该按照社会标准、行业标准行事，如若不按此行事，则会因得不到社会各界的认同而逐渐被市场淘汰，这一层的强制性有所减弱；最上面一层是战略与道义层次，强制性最弱。战略层次是指企业管理者采取的行动应对企业长久发展以及利润最大化具有战略性意义，道义层次则是管理者从自身的价值观做出的行动。战略和道义没有明确的界限，都是从公司的长久利益出发做出的行动。陈迅等根据社会责任与社会关系的紧密程度把社会责任分为三个层次。一是基本企业社会责任，包括对股东负责和善待员工；二是中级企业社会责任，包括保证产品质量、对消费者负责以及保护环境等；三是高级企业社会责任，包括积极参加慈善活动和公益事业。

（八）企业社会责任需求层次理论

1. 企业社会责任的具体内容

20 世纪 70 年代以来，经济全球化的迅速发展促进了更高层次和更大范围的社会资源优化配置，在带来经济繁荣发展的同时，促成了新的世界贸易规则。在此背景下，人们的价值观念、消费观念随之改变，企业社会责任的内涵和外延也随着国际经济社会的不断发展得到进一步丰富和拓展。总体概括起来，企业社会责任的内容包括以下几个方面。

（1）对国家的责任：遵章守法；自觉纳税，没有逃税漏税和避税行为；创造就业机会，促进经济增长；自觉贯彻国家宏观调控的方针政策。

（2）对人的责任：一是针对股东。主要包括对资金安全负责，保证投资回报（利润和股本增值），提供真实、可靠的经营和投资信息，接受股东监督。

二是针对员工。主要包括保障工资待遇以及福利，创设安全、健康的工作环境，提供平等的就业机会、升迁机会、接受培训教育发展机会，确保民主参与企业管理的渠道，不雇用童工，不压榨劳动力（如无偿加班、克扣工资），失业、裁员以及企业倒闭时对员工进行安置，消除歧视、妇女和少数民族问题，等等。

三是针对业务合伙人与债权人。主要包括按时偿还债务本金、按时支付利息、扩大借款机会、向供应商按时付款（包括预付、应付）、扩大供应规模。

四是针对消费者。主要包括提供安全可靠的产品；确保消费者的知情权和自由选择权；赋予消费者求偿权；进行知识教育以培育顾客群体；引导和纠正消费者的消费观念和行为。

五是针对竞争者。主要包括保证公平竞争、增长速度、自主创新（知识创新、技术创新、产品创新）。

（3）对环境的责任：尊重、爱护自然，合理利用自然资源，保护生态环境，增强环保意识。

（4）对社会的责任：一方面，为社区居民提供就业机会，增加居民收入，通过企业文化对当地居民进行引导，保护社区环境，积极参与社区的慈善、福利等公益事业建设，维护社区安定和发展，解决社会问题。

另一方面，提高日常性公益捐助（如向医院、养老院、残疾人员等进行慈善性捐助、向教育机构提供款项等）或应急性的捐助（如面对自然灾害时伸出援助之手），举办临时性的奉献爱心活动（如援建希望学校、对贫困学子的援助等）。

2. 企业社会责任的需求层次理论

几人经营的小公司是一个企业单位，拥有几千人并对社会产生重大影响的公司也是一个企业单位，拥有以万为单位计数员工的跨国公司更是一个企业单位，但它们所应承担的企业社会责任是不同的。

不同类型的企业所需要承担的企业社会责任的内容层次不尽相同。

（1）生存型企业。生存型企业是指刚成立不久处于创业初始阶段的企业，其首要的目标就是生存，在社会中立得一席之地。处于这一阶段的企业，各项事务都处于起步阶段，而且内部制度尚不完善，资金紧张，所以外部竞争环境激烈，市场空间小，活动范围小。这类企业处于生存期，往往追求利润最大化，因为只有这样才能获得股东的支持。同时，企业还要为占领市场、掠夺客户资源而尽量提供给消费者令其满意的产品和服务，并在遵守国家法律和制度的前提下满足员工基本的工资待遇需求。当然，企业在自身发展的同时，客观上为社区的就业做出了贡献。然而，很多企业尚缺乏有关环境保护以及社会公益事业的意识，即使有意识，也是资金不允许的。所以，其社会责任意识不强是必然的。

（2）成长型企业。处于成长阶段的企业初步有了自己的主导产品，占有了一定的市场份额，产品和服务逐步得到顾客的认同，并且销量开始增加，有所盈利；内部管理日渐规范，外部竞争者不多，相对来讲，在市场上有了立足之地。此时，企业的目标开始转移，即开始想占有更多市场，在巩固市场地位的同时扩张自身规模。因此，在承担生存期企业社会责任的前提下，企业承担的社会责任也开始转移到成长型。企业逐渐意识到要想巩固自己的市场地位，就要加强企业人力资源管理，注意为员工提供平等的就业机会，不雇用童工，不压榨劳动力（如无偿加班、克扣工资等），完善员工福利保障制度，促进企业与员工之间形成和谐关系，为企业进一步发展打下基础。在外部环境方面，企业应尊重、爱护自然，合理利用自然资源，与社会环保意识相融，同时形成公益事业意识，并开始关注社会福利和社会公益事业。

（3）发展型企业。发展型企业的产品和服务性能已经成熟，深得消费者信赖，占有一定规模的市场份额，销量相对稳定，而且盈利丰厚，管理规范，外部竞争者相对较多，具有发展成为一流企业的潜力。发展型企业意识到，在经济全球化的国际大融合潮流中，谁先冲出道德良心与社会责任的阴影和误区，以人为本，善待员工，关心员工，履行社会责任，谁就能抢得先机，赢得主动，从而真正靠产品实力走向世界。这时，企业社会责任也会随之上升到发展期。在内部利益相关者方面，企业为股东提供真实、可靠的经营和投资信息，并且接受股东监督；为员工提供安全、健康的就业环境，进一步完善员工制度（包括失业、裁员以及企业倒闭时对员工的安置等）。在外部利益相关者方面，企业赋予了消费者求偿权，持续向消费者传递正确的产品和服务信息；和竞争者公平竞争，促进新产品开发和技术的进步，为社会的发展做出贡献；注意保护环境，做环保带头人；规模的扩大解决了社会的就业问题，创造了社会财富，同时企业文化引领了社区文化的发展；为保障企业持续发展，拉近与消费者的距离，获得社会荣誉，积极响应社会福利和社会公益事业，救危济困。

（4）成熟型企业。成熟型企业已经形成了自己的特色产品甚至名牌产品，在经历了发展阶段的磨炼后各个方面趋于成熟，状况相对稳定，同时管理模式开始制度化、成熟化，因而对社区乃至社会影响比较大。另外，其目标将由实现股东短期利润最大化开始转向企业长期利润最大化。这一阶段，企业资金实力雄厚，社会影响深远，因此社会目标更加宏大。以维护社会公众利益为己任，把保护和促进社会发展纳入企业战略管理；赋予企业崭新的管理理念，把员工当成必须依靠的、互助互利的合伙伙伴，关心员工的前途和命运，给予其继续教育和升迁的机会；引导和纠正消费者的消费观念；积极响应国家的宏观经济政策；主动倡导环保活动和社会公益事业，虽然短期内不一定会有积极作用，但企业社会责任感不会有所降低。这一阶段，其已经认识到只有企业发展目标和社会发展的总体目标相一致时，自身才会有一个更加繁荣的未来。

第二节　企业社会责任理念、议题和规则

一、CSR 理念

在当今企业发展的趋势中，承担社会责任已成为全球企业生存、发展的必修课。21 世纪，无论是在国际还是在国内，企业社会责任（CSR）理念的发展都日趋深入。从国际上看，CSR 呈现标准化、规范化的发展趋势。

21 世纪，中国企业社会责任运动进入新的历史阶段。随着人们对企业和社会关系的关注，企业利益相关方的社会责任意识纷纷觉醒，CSR 理念盛行于学者、政府和企业之间。近年来，有关 CSR 的研讨会、评选等活动日益增多。

为促进对 CSR 理念的深入理解，下面介绍 CSR 的内涵及 CSR 理念在国内外的演变。

虽然 CSR 在理论和实践两方面都已有很大发展，但认识视角的分歧导致 CSR 至今仍没有一个统一的概念和范围界定。概念界定不明晰不利于企业深化 CSR 理念。因此，为完成本书 CSR 研究的任务，笔者有必要针对 CSR 提出自己的观点。笔者认为，企业社会责任（CSR）是指企业在以良性经营的方式获取利润的过程中承担的对利益相关者的经济、法律、伦理、公益责任。

CSR 中的“企业”具有双重属性，一是物质属性，二是精神属性。从物质属性看，企业既是有独立法人地位的法人实体，又是创造大量财富的经济实体；从精神属性看，企业是由有行为能力、自由意志的人组成的经济共同体，理应承担社会责任。这里的“社会”指的是利益相关者，即自身利益与企业经营状况密切相关的群体，包括股东、员工、消费者、竞争同行、政府和外部因素（如环境）等。这里的“责任”是由经济责任、法律责任、伦理责任和公益责任构成的广义的责任。其中，经济责任是指企业良性经营、保障生产发展需要承担的责任，如股东要求的投资回报、员工要求的稳定收入以及客户要求的公道价格等，它是企业最基本的使命；法律责任要求企业行为必须以法律为准绳，它是CSR的底线；伦理责任强调企业均衡利益相关者利益的行为应是合乎理性的，它是 CSR 的较高层次；公益责任是 CSR 的最高层次，如企业给社区捐赠资源、改善公众生活等。经济责任与法律责任都应该归入外化社会责任范畴，而伦理责任与公益责任应该归入内化社会责任。从经济责任、法律责任到伦理责任、公益责任是层层递进的。

CSR 理念得到越来越多的认可，理论界的学者和实践中的经营者都认同企业应当承担社会责任，因而 CSR 理念的确立有合理性和现实意义。CSR 理念在理论上的合理性促进了其在实践中的推广，企业积极践行 CSR 理念又能进一步证实该理念的理论意义。CSR 理念的合理性和现实意义分别体现在其理论依据和现实依据两个方面。CSR 理念的现实依据主要集中于三个方面。一是维护社会利益相关者集团的利益的必然要求；二是有利于抑制企业社会权势的扩大；三是有利于满足社会公众预期。随着“一带一路”倡议的提出，国内掀起新一轮的国际化浪潮，中国企业在“走出去”的过程中，应用 CSR 模式、传播 CSR 理念是树立良好国际形象、提升品牌声誉的有效方式。

二、CSR 议题

一般情况下，议题是指政府部门、企事业单位或社会组织通过会议讨论决定的事项。议题的使用环境广泛，凡是被议论的主题都可称为议题。CSR“究竟是什么”以及“是否应当被认可”这两大议题在 CSR 理念出现伊始就引起了较大争议，学术界对 CSR 的研究也在争鸣和共识中进行。

（一）学术研究领域的五大核心议题

随着国内外关于 CSR 研究的推进，CSR 核心议题也在不断改变。本书梳理了学术界出现的关于 CSR 的五个议题，分别是企业承担社会责任的必要性、

CSR 的内涵、履行社会责任与企业自身发展的关系、促进企业承担社会责任的驱动力、企业管理层和员工的社会责任观。

1. 企业承担社会责任的必要性

CSR 理念最早出现在欧美，学界对 CSR 的研究缘于西方资本主义工业化、市场化的推进以及企业外部影响的增加。美国学者霍华德 · R. 鲍恩出版了《商人的社会责任》一书，标志着学术界对 CSR 的系统研究正式开始。此后，学术界对 CSR 的关注激增，同时对企业承担社会责任必要性的大规模的论战也随之而来。

总体看，国内外学者对企业承担社会责任的必要性基本达成共识，但是国内目前对 CSR 的认知深度和执行力参差不齐，存在极大的企业差异、行业差异和区域差异，对“企业承担社会责任的必要性”这个曾经被国外学界长期争论的本质问题仍存在较大争议。因此，国内关于这一议题的研究应当更多地结合中国发展特色阐明履行社会责任的巨大价值。

2. CSR 的内涵

不同学派、不同文化背景的研究者会从不同的角度来理解 CSR 的内涵。货币学派代表人物弗里德曼虽反对企业承担社会责任，但也作出了对 CSR 内涵的独特理解。他认为，如果硬要强加给企业某种社会责任，那么企业唯一的社会责任就应当是有效率地使用其资源以实现利润最大化，也就是无欺诈地参与到开放、自由的竞争中。阿奇 · 卡罗尔的“企业社会责任金字塔”模型和约翰 · 埃尔金顿的“三重底线责任说”分别对 CSR 内涵做出了在学界具有深远影响的界定。近年来，一些学者从 CSR 的意义和企业在社会中的共同责任角度对 CSR 内涵做出新的界定。

3. 履行社会责任与企业自身发展的关系

有效承担社会责任会给企业发展带来怎样的影响是一个重要议题，也是目前学者研究的重点。研究这一议题的学者大多使用实证分析方法探讨履行社会责任对企业发展绩效的影响。大多数实证研究都认为履行 CSR 有助于提高企业的经营效益，这种正向促进关系在发达的市场经济和完善的制度环境下更为显著。与此同时，还有一部分学者致力于分析承担社会责任是否会影响企业竞争力和内部员工激励机制等。

4. 促进企业承担社会责任的驱动力

利用什么方法推动企业积极履行社会责任是研究 CSR 时不可回避的议题，因为所有的研究归根结底都要促进企业履行社会责任。不同学科领域的研究有着不同的关注点。从企业管理角度来看，政策法规、组织设计、制度约束和国际化程度等对企业履行社会责任有较大影响；从社会学角度来看，从企业与社会的关系出发，强调通过改变企业法人的利益结构来引导企业将 CSR 理念融入企业日常经营管理。

国内在社会责任方面的研究起步较晚，且与国际上有较大差距。现阶段，国内学术界的相关研究主要集中于 CSR 内部驱动力的研究，但是事实证明，仅靠内部驱动力来推动 CSR 理念的深化是远远不够的，还需要在政策法规、社会意识形态、行业协会和新闻媒体等多方面进行 CSR 驱动力的研究。

5. 企业管理层和员工的社会责任观

企业内部员工和管理层的价值观对企业履行社会责任的行为有着直接影响。随着 CSR 研究的不断深入，研究者开始关注企业内部人员社会责任观对整个企业行为取向的作用。有学者基于阿奇·卡罗尔的“企业社会责任金字塔”模型指出，领导者的精力是有限的，其对经济责任的关注越多，对法律责任、伦理责任和公益责任的关注越少。

（二）CSR 议题的发展

中国社会科学院经济学部社会责任研究中心主办的“中国企业社会责任十大议题展望”研讨会是国内首次大规模公开探讨 CSR 议题的研讨会。调查结果表明，公众对 CSR 热点话题十分关注，公众评选的未来三年中国 CSR 十大议题为水资源危机、污染问题、食品安全问题、土地退化、房价过高、能源危机、农民工权益保障问题、气候变化危机、物种灭绝和生产安全。

当前，中国正处于社会转型时期，在复杂的经济、历史、人文等背景下推进 CSR 实践富有挑战性和创造性，在瞬息万变的市场环境下 CSR 议题内容也在不断变化。CSR 管理的传统议题主要集中在环保、雇佣关系和慈善捐款等方面，但随着企业外界环境的发展变化，CSR 管理涌现出许多新议题，这些议题大多与社会问题联系得很紧密，是整个社会关注的焦点。

老龄化问题已经成为当下中国不得不面对的问题，老龄化时代的人力资源与“银色经济”前景是企业可持续发展的挑战，也是机遇。中国和欧洲跨地域合作，共同发起了“积极老龄化”的倡议，由此老龄化问题也纳入 CSR 议题中，将有效推动中国和欧洲乃至世界经济面对老龄化问题以及更广泛议题的责任行动。

在经济全球化背景下，中国的企业要想发展，就必须和世界接轨，“走出去”的同时更要做好应对各种国际检验、遵守国际标准的准备。

跨国公司为了降低成本，会选择将产品与服务外包，企业与企业之间的联系日益紧密，这些企业的日常管理必然涉及供应链管理。这些企业不但自身践行 CSR 理念，而且有责任敦促其上下游企业承担社会责任，这使供应链 CSR 管理成为该领域的新议题。

除了上述的议题之外，还有许多新兴的社会责任议题，如税收的透明度问题、艾滋病问题等。

CSR 议题不仅是企业完善自身的行为，更是与全社会甚至国家息息相关的一个重要命题，它的内容全面覆盖了经济、社会和环境等因素，并且不断发展与扩充，企业与社会发展过程中出现的新的关注焦点都可能成为新的CSR议题。可以说，CSR 议题是发展、变化着的。CSR 议题的不断更新有利于增强 CSR 研究的实效性，进而推进 CSR 研究理论、内容、方法的创新。

三、CSR 规则

“不以规矩，不能成方圆。”在 CSR 的起步阶段，除了道德规范和实力支撑以外，规则也很重要。若要做好 CSR 管理，就必然要建立 CSR 管理体系。完整的管理体系包括制度安排和组织建设两个方面。建立完善的 CSR 规则体系是做好 CSR 管理的基础。下面分别介绍国际 CSR 规则和国内 CSR 规则。

（一）国际 CSR 规则

全球范围内出现的与规则相关的概念有公约、原则、守则、标准、工具和方法等，它们的不同之处在于制定者的层次不同。目前，国际组织、地区、国家、区域联盟、非政府组织（NGO）、行业协会和跨国公司等不同层次的制定者已经制定了几百个原则、标准等，所涉及的内容涵盖经济、社会和环境等各方面。在社会责任的规则体系中，有的针对某个特定群体，有的适用于全范围；有的关注 CSR 理念的实践过程，有的着眼于经营绩效的管理；有的侧重某一个利益相关者，有的关注利益相关者群体。根据规则的适用层次，可以将国际社会责任规则划分为三个层次，即国际CSR规则、行业CSR规则、一般性CSR规则。

1. 国际 CSR 规则

国际组织制定、倡导的 CSR 规则是有较大影响力的规则体系，其中最著名的几个为联合国的“全球契约”、国际劳工组织的《关于多国企业和社会政策的三方原则宣言》和国际劳工公约、国际标准化组织（ISO）的《社会责任指南》。

ISO《社会责任指南》即 ISO 26000，是在 ISO 9000 和 ISO 14000 之后制定的最新标准，开拓了 ISO 的新领域。不同于《关于多国企业和社会政策的三方原则宣言》，ISO 26000适用性强，既适用于发达国家，也适用于发展中国家。该标准不用于第三方认证，不是管理体系，只是指导性文件，且不具有强制性。

2. 行业CSR规则

行业协会和跨国公司主导着行业的生产守则和标准，行业CSR规则涵盖了CSR各个议题。最开始制定CSR标准的行业主要是传统行业中对环境影响较大的行业，如服装鞋帽业、煤炭开采业、石油与天然气开采与加工业和玩具制造业等。随着CSR理念的传播，更多的行业开始参与制定社会责任规则。

3. 一般性CSR规则

随着全社会对CSR理念关注程度的提高，越来越多的企业、工会、非政府组织、消费者等参与制定社会责任标准，如美国民间组织SAI联合其他国际组织制定了社会责任标准SA8000，英国ETI联盟制定了劳务守则，即ETI守则。相较行业CSR规则，这些一般性规则适用范围更广，适用于世界各地、任何行业、不同规模的公司。

（二）国内CSR规则

1. 行业和企业制定的社会责任规则

影响国内CSR的发展最主要的力量就是行业协会和企业组织，其积极开展CSR的有关标准、管理体系等的研究、制定和推广工作。

中国社会科学院经济学部企业社会责任研究中心与中国企业联合会、中国石油和化学工业联合会、中国轻工业联合会、中德贸易可持续发展与企业行为规范项目、WTO经济导刊合作发布了《中国企业社会责任报告编写指南》（CASS-CSR 2.0、中国企业公民委员会），该指南是国内第一本涵盖了46个行业的指标体系和具体的CSR指南。

中国工业经济联合会与中国钢铁、机械、石化、煤炭等11家工业行业协会联合发布了《中国工业企业及工业协会社会责任指南》，倡导工业行业完善社会责任体系，协调企业各部门履行社会责任。它由导言、社会责任体系、企业社会责任和社会责任报告、工业协会社会责任和社会责任报告、定义与术语以及参考的法律、法规六个部分组成。

2. 机构发布实施的社会责任指引

机构发布实施的社会责任指引和导则中较为著名的是金融业机构发布的两大指引，即《中国银行业金融机构企业社会责任指引》和《深圳证券交易所上市公司社会责任指引》。

银行是中国金融系统的核心，银行业的发展状况关乎金融市场乃至整个国家经济的发展状况，因此倡导银行业金融机构承担社会责任尤为重要。中国银行业协会基于《中华人民共和国公司法》《中华人民共和国商业银行法》等相关法律、法规制定并发布了《中国银行业金融机构企业社会责任指引》，要求银行业金融机构至少承担经济责任、社会责任和环境责任。

3. 地方政府发布的 CSR 导则

社会主义市场经济的特殊性、国际社会的高度复杂性以及信息不对称性使中国政府直接的行政管制必不可少。长三角地区的地方政府率先发布了本地政府制定的社会责任导则。

综上所述，CSR 应当纳入企业战略。将 CSR 融入企业战略的过程必然影响到组织机构的建设以及企业治理结构、治理体系等治理制度（机制）的设计。

第三节　企业社会责任与股东

一、企业社会责任与股东的关系

企业社会责任是指企业在实现营利目标的前提下，为满足社会对企业的期待和自身的内在要求而承担维护利益相关者权益及公共利益的法律义务与道德义务。由于道德义务的不确定性、道德标准的模糊性以及道德责任的不可操作性，本书将企业社会责任作为法律概念来研究。

责任这个词语包括两种内涵。一是主体基于和他方主体的关系应担负的责任，也就是我们所说的义务；二是负责任主体不履行有关责任要承担的后果。

企业社会责任之所以相对虚化，不是因为责任相对人不确定，而是因为企业欠缺履行社会责任的完善法律机制。因此，应该从法律角度出发，确定企业社会责任概念以及原则，确认公众权利，明确企业履行社会责任的具体程序以及违反责任制后的群众救济方法。企业社会责任内容涉及许多方面，既有对企业利益相关者的责任，又有对环境的责任，这些责任要求都应该在法律层面上作出确切规定。企业社会责任语境下的法律责任是指法律法规明文规定企业应当承担的社会责任，如果违反这些法定责任，就要承担相应的法律后果。

企业社会责任如果只是法律责任，就不存在该不该承担的问题，法律具有强制性，那么它就是一种宣示性的义务，遵守法律是企业履行社会责任的最低要求。

（一）股东的权利和责任

1. 股东的权利

（1）企业资产的所有权。任何形式的企业都是所有者出资建立的，所有者拥有企业的全部资产。对非公有制企业来说，所有者拥有的是对企业资产的经营权、配置权以及处分权。对公司制企业来说，所有者虽然不能用个人身份对投入企业的资本进行直接支配，但能够转让股票并借助一定组织程序参与企业控制，从而在一定程度上保证其拥有该项权利。企业必须尊重每一位所有者的该项权利，对所有者承担资产保值的责任，有防止其不合理流失及保证其不受不法侵害的义务。

（2）对企业的控制权。控制权主要体现为企业所有者确定使命、明确企业经营发展目标、落实经营战略、经营企业、监管管理者等。一般投资者同样可以借助投票的方式促进控制权的落实。

（3）享有剩余所有权。享有剩余所有权是得到从与其所承担风险对应的企业效益中扣除支付主要要素报酬与投入品价格之后的余额的权利。所有者创办或投资企业的重要动机在于谋取利益，所以有权监督投入主体的每种投入贡献，进而防范投入主体偷懒等问题。与此同时，为有效防范所有者规避责任的不良行为，必须让所有者对监督行为以及结果负责。所有者享有剩余所有权，对于企业而言，就是有使企业资产增值的责任，保证所有者能够持续地得到与其所担风险相应的可靠回报，并建立适当的机制，防止其他利益群体损害所有者的该项权利。在公司制企业中，股东按其股权比重获得股利并在股票升值中获得好处，故企业还有义务根据股东的偏好情况决定相应的股利政策，如低收入者和收入动机型机构投资者一般偏好现金收入，企业应保障现金股利的发放，高收入者和成长型机构投资者更偏好资本利益，故应侧重从长远考虑将股利再投资，赢得更大的股票价值。

（4）其他权利。对于公司制的所有者而言，股东还有获得公司经营情况方面的信息的权利和新股摊认权。其中，新股摊认权是指公司为筹集资本发行股票时，在获得了董事会许可之后，赋予企业股东的分摊新股的权利，防范股权分散的问题，维护好广大股东的切身利益。股东还享有公司章程或者其他有关法规、规则规定的其他权利。

2. 股东的责任

（1）提供财务资源。企业归所有者所有的根本原因是所有者是资金所有者，也是企业各项财务资源的提供者。这正是所有者最基本和首要的责任，也是所有者能否享受到所有者权利的基础与前提条件。

（2）对企业经营的最终结果负责。企业所有者享有剩余控制权，决定了其必然对企业行为的最终结果负责。非公司制非法人企业所有者对企业债务负无限责任（有限合伙人除外），公司制所有者以其认缴的股本对企业债务负有限责任，并有选择管理者的责任。

（3）所有者必须促进企业与有关的各利益主体保持协调关系，对个人、企业、社会这几个方面的利益进行有效统一，让每个利益相关者在企业生存和发展中持续获得收益，进而共同推进企业发展与社会进步。

（4）所有者还应有较强的社会责任心，不浪费社会公共资源，不危害社会公共利益，尊重国家法律法规和政策措施，依法纳税，推进民族工业发展，壮大经济实力，等等。

（5）法律、法规、公司章程规定的或企业其他利益相关者期望企业所有者承担的其他责任。股东是企业控制者，股东的权利以及义务所表示的是企业股东有能力并且必须是社会责任的承担主体。

（二）股东和企业社会责任

企业存在于社会中，是社会的一个组成部分，其任何行为都不是个体行为，而是社会行为，都可能会对社会产生影响。企业存在于大的社会环境中，在社会中生存、发展，并且从社会中获取利益，也必然要肩负起相应的社会责任。企业社会责任究竟是谁的责任？不同的学者在研究过程中提出了不同的观点，比如，企业应承担责任，企业股东应该承担责任，董事应该承担企业社会责任。本书认为，企业社会责任的责任主体应该是企业所有者，主要有以下三个原因。

第一，社会责任的承担不应受企业类型的限制。《中华人民共和国公司法》《中华人民共和国合伙企业法》等法律法规中都明确规定了社会责任制度这一内容。不过在对这部分内容进行细致剖析后，发现其并没有明确企业应该怎样承担好相应的社会责任。大众的普遍观点是，只有规模大、实力强、对社会有极大影响力的企业，才需要承担社会责任。但是在现实生活中，小规模企业更有履行社会责任的必要性，如经济落后地区的小煤窑、煤矿企业等。社会责任的承担不应受到企业类型或者企业规模的限制，我们也不应该把企业规模和企业类别当作确定企业是不是应该履行社会责任的依据。不管是何种企业，都应该积极履行社会责任。

第二，从经济学视角看，企业社会责任出现的根源是企业行为有负外部性；从法学视角看，由于企业也可以成为违反社会义务的行为主体，所以企业必须成为社会责任承担主体。企业是法律层面上得到肯定的、具备独立性的法律主体，享有法律层面上的权利，能够以自身名义独立承担法律责任。企业拥有独立的人格，利益相关者的行为都是在企业名义下开展的，因此企业有资格成为社会责任主体。

第三，企业不是自然人，虽然企业应该履行社会责任，但是履行责任这样的行为应该由所有者完成。企业不履行社会责任，从本质上看是所有者没有做到尽职尽责。所有者是企业的大脑，应该履行相应义务，企业对社会的义务应转化为所有者对社会的义务。企业违反社会义务，应先由企业承担责任，企业的所有者也须承担个人责任。

综上所述，本书认为企业社会责任的责任主体应当是企业所有者，公司董事、控股股东需要基于法律的规定成为社会责任承担主体。企业承担社会责任，并不会受到企业规模以及类别的影响，所有企业都应该承担社会责任。

二、履行企业社会责任的成本和经济效益

（一）履行企业社会责任的成本

企业社会责任成本指的是企业在履行社会责任方面所付出的经济上的代价，这个含义是基于企业社会责任的内涵提出的。不过因为社会责任的内涵是非常宽泛的，所以要统计社会责任成本是非常有难度的。本书把企业社会责任履行的成本划分成两类。一是包括在企业生产和市场交易中的成本，涵盖企业对员工、消费者、债权人的责任成本，如员工福利、员工教育培训、员工保险成本等，以及消费者所购产品或者服务的成本；二是独立在生产和市场交易外的成本，如慈善捐赠、环境治理等支出。

（二）履行企业社会责任的经济效益

企业通过落实社会责任可以给企业创造更大的经济效益，具体可以将经济效益分成两部分。

1. 直接利益

（1）减少管制和降低谈判成本。有效履行社会责任对企业来说是能够减少甚至完全避免群众批评的有效手段。企业通过主动自觉履行相应的社会责任，可以降低由谈判带来的一系列成本。企业在具体的经营发展过程中，常常会和社会中的其他集团产生一定的矛盾与冲突，也会由此带来相对高昂的冲突成本，特别是在面对激进型的非政府组织时，要消耗的冲突成本往往是非常惊人的。这

种冲突的存在会导致股票价格降低以及企业的盈余减少，同时其他的竞争者会抢占相应的市场份额。企业通过主动自觉履行社会责任，能够轻松得到政府与社会公益团体的认可，这给企业带来无形收益，且助推企业的长远发展。

（2）节省交易费用，提高生产效率。企业和各种利益相关者存在着各种各样的交易活动，这些交易活动会受到显性或隐性契约约束，使企业和利益相关者间的交易产生各种费用。企业通过积极承担社会责任，可以节省这部分交易费用。比如，企业积极履行对员工的社会责任，主动为员工打造和谐舒适的工作环境，能够明显减少员工流动带来的成本，吸引更多优秀员工为企业效力；企业的投资者可以基于企业承担社会责任的具体情况来判断企业的发展情况，有效避免信息不对称带来的实际问题，减少投资风险。由此，企业可以吸引更多投资者。

（3）提高员工生产效率。根据马斯洛需求理论的研究成果，人的需求主要可以划分成两个大的层次，分别是生理与精神层次。这两个层次的需求刺激了人的动机，同时对人的行为起到支配作用。在人的生理需求得到满足时，生理满意度给人带来的激励作用会明显减弱，精神层次的需求给人带来的激励作用明显增强。良好的声誉以及负责任的形象会给员工带来潜在和正面的心理暗示，发挥出强大的激励作用，充分满足员工高层次的精神追求。也就是说，优秀企业中的员工也是优秀的，员工也会有意识地调整自身的思想和行为，不断提高个人素质，处处彰显优秀员工应有的行为表现，而员工提升整体素质，能够给企业的生产活动带来极大的帮助。

（4）扩大市场，吸引消费。消费者不仅重视产品价格以及质量，还重视产品背后企业的形象与背景。可以说，企业形象和品牌在消费者制定购买决策时发挥着关键作用。企业通过自觉承担社会责任，牺牲一时利益，优化企业所处的社会环境，在社会中树立良好的企业形象，提升企业在市场中的知名度以及品牌影响力，得到更多消费者的青睐，从而顺利占有更大的市场份额，提升竞争实力，增加企业利润与股东所得。

2. 间接利益

（1）树立良好的企业形象，获得竞争优势。企业自觉履行社会责任，能够提升企业信誉度，树立良好的企业形象，获得消费者信赖，增强客户黏性。将商业与社会责任进行有效整合的企业也会把社会责任融入产品设计、生产工序、质量检查、售后服务等环节，因此消费者会更加信赖企业产出的产品以及提供的服务，企业也可以因此获得政府与社区的支持和认可。

（2）推动企业可持续发展。企业主动承担社会责任不仅可以顺应经济全球化潮流，也可以提升企业可持续发展的能力以及动力，让企业拥有更加持久的发展后劲。所以，企业不能只追求最大化利益，还必须努力创造优质的社会环境，努力保障好利益相关者的权益，落实以人为本的思想，恰当协调企业和社会发展的关系，让企业在可持续发展道路上走得更远。

（3）构建良好的市场环境。在当代社会背景下，企业并非单纯的契约结合体，还必须积极承担社会责任，强化责任意识。企业是社会的构成要素，是其中不可缺少的一部分，不管是经济实力还是资源占有率，都明显大于自然人。所以，企业和普通民众相比，更应该履行助推国家经济建设、扩大就业、提升社会稳定发展水平等方面的责任。企业履行社会责任，有利于实现可持续发展目标，推动和谐社会建设，社会的和谐发展也会给企业创造一个健康稳定的市场环境。

总而言之，企业主动履行社会责任，能够塑造健康积极的企业形象，打造优秀的企业品牌，提升品牌效益，增强对优秀人才的吸引力，获得消费者青睐与全社会的尊重和认可，进而在同类企业中脱颖而出，获得一定的竞争优势，壮大企业实力，有助于企业与国际接轨，获得国际订单。企业在帮助社会解决问题和承担相应责任的过程中，也能够在良好的社会环境中收获诸多益处，获得更稳固的发展根基、更广泛的社会认同，可以发现投资机会，拓展自身的发展空间，获得持续发展的动力，让企业的广大股东获得更加持久的利润。所以，企业需要履行社会责任，纠正短视的不良行为，不再只关注短期利益获得，而是要立足长久效益和可持续发展动力的获得，优化企业所在的环境与氛围，寻求企业的持续发展和综合效益。

企业追求利益，是为了最大限度地获取利润，社会责任的承担不仅是建设和谐社会、提升社会经济发展水平的必然选择，还是提升企业效益的重要方法。股东是企业实际控制主体，企业主动承担社会责任带来的一系列经济效益正是企业股东利益最大化的体现，承担社会责任既是企业股东的责任所在，也是其利益所在。

（三）企业社会责任与利益最大化

企业是营利性组织，这样的组织性质决定了企业把实现利益最大化作为根本目标。与此同时，企业也有社会组织的经营管理行为，必须和社会利益保持高度一致。确保利润最大化目标的实现体现的是企业对广大股东的义务，而履行社会责任体现的是企业需要承担维护股东以外的利益相关者权益的义务。通常情况下，企业在履行社会责任的过程中，需要付出一定的社会责任成本，在经济层面上可能会有损失，也会因此出现利润目标和责任目标冲突的情况，影响企业利润最大化目标的实现。

第一，企业履行社会责任并非否定企业的盈利目标，而是对企业盈利目标的一种补充与校正。企业社会责任是在承认企业盈利目标的前提下，要求企业把社会利益也作为一个目标，并尽可能多地顾及社会利益。企业利润获得目标和维护社会利益目标中，不管是哪个目标要达到最大化，都会受到另外目标的影响。两者正是在彼此制约中才能顺利实现。两者制约、平衡既实现了企业的自身利益，不至于损害企业投资人的积极性，又照顾到了社会利益。

第二，企业履行社会责任有助于企业盈利的增长。企业利益并不必然与社会利益发生矛盾，很多时候两者是可以相互促进的，即使是在企业社会责任目标与企业盈利目标存在矛盾和冲突的情况下。这样的矛盾是能够调和的，因为企业利益与社会利益也可在相同平台上实现统一，这也是不少大型企业关注社会责任履行的原因。企业履行社会责任并不会给企业获取长远利益带来影响，虽然这个过程会产生相应成本，但是承担社会责任的过程也会带来多方面社会利益，这些社会利益也会给企业带来诸多收益，帮助企业收获更多社会资本，以达成长期利润获得的目标。

第三，此处提及的利益最大化不能简单理解成利润或者绩效最大化，并非能用财务数字的方式进行表达，其指的是企业创造利润的过程中基于对社会责任的履行得到的品牌价值提高、企业信誉度提升、企业形象认可度提高等价值的最大化。因此，企业需要肩负起相应社会责任，并将其作为重要战略，以得到政府部门的支持，获得消费者的信赖，得到更多优质合作伙伴，吸引高素质人才，从而给企业发展注入活力与生机，强化企业的创新能力以及竞争实力。假如企业在发展中只重视利润的获得，没有考虑到企业行为是否合乎道德标准以及法律法规，不重视对公益以及慈善事业的参与，那么企业在群众中的形象会大打折扣，也无法得到消费者的肯定，自然也不能获得强大的竞争实力，企业的利益必然会受到极大的损失。

履行社会责任对企业来说，虽然会在一定程度上提高生产性支出，也就是增加成本，导致短期利益受损，但是能够给企业带来长远收益，在履行社会责任的过程中付出的合理成本往往能够带来更加丰厚的收益，从而弥补生产性支出方面的损失。处在健康发展状态下的企业的社会责任和经济效益处在同步增长状态，而且两者相辅相成。承担社会责任和企业追求利益最大化之间并无矛盾。需要注意的是，尽管企业履行社会责任能够促进企业长远效益的增加，但也不能陷入另外一个极端，并非履行的社会责任越多就越有利，只有使其保持在合理的范围内，才能实现企业利益与社会利益的共赢。

企业追求实现利润最大化目标实际上就是承担企业的原始责任。这虽不属于企业需要肩负起来的必要社会责任，但是是企业需要履行的基本社会责任。基本社会责任是企业社会角色的基础内容。假如企业不把实现利润最大化作为重要目标，那么社会上的各种资源也就无法实现优化配置。从这一角度分析，利润最大化目标是把资源进行优化配置的基础与前提。所以，如果企业不把利润最大化确定为企业的追求目标，企业履行的所有社会责任也就无法持续。总而言之，企业的利益最大化和社会责任履行有着相辅相成的关系。

三、股东利益视角下企业履行社会责任的路径

（一）股东利益视角下企业履行社会责任的法律路径

对企业社会责任进行深入分析的逻辑立足点是社会责任法律机制的建设。通过对世界各国企业社会责任实现机制的建设以及落实情况进行客观分析后发现，法律是履行企业社会责任的根本保障。因此，中国在对企业社会责任进行研究与分析的过程中，特别注意从法律层面上进行考虑，这也推动了相关法律法规的完善。不过在分析了中国企业社会责任履行的现实情况之后发现，中国企业社会责任相关法律法规，还存在很多需要优化补充的内容。

1. 完善企业社会责任相关法律法规

法律法规给企业履行社会责任带来的作用主要体现在外部约束方面。要健全当前的法律法规体系，就必须立足我国企业社会责任的履行现状和如今法律法规的现实情况，确定企业对利益相关者应该承担的具体责任内容，保证法律法规的针对性以及完整性。目前，国家现有的相关法律法规，如《中华人民共和国劳动法》《中华人民共和国消费者权益保护法》《中华人民共和国反不正当竞争法》《中华人民共和国环境保护法》等，虽然在具体的法律条款中针对企业社会责任作出了规定，但是不管是描述还是表达都非常笼统，并没有确定量化标准，也不具备较强的针对性。现有法律法规中存在的漏洞与空白点需要在之后的法律法规建设中进行完善，制定出企业社会责任量化标准，同时明确不履行企业社会责任应该受到的惩罚。在对法律法规体系进行综合建设的基础上，应该强化执法，将法律法规制定和落实统一起来，严格执法。

2. 建立社会责任指标体系

建立社会责任指标体系是企业积极承担社会责任的基础。只有确保指标明确和科学合理，才能让企业在履行社会责任的过程中拥有确切目标，利益相关

者才能有效监管与评价企业责任履行的具体情况，这样就能够降低外部监督的成本。

目前，国际上对企业社会责任标准的研究非常重视，各种企业社会责任标准逐步在诸多国家推广，其中极具代表性和拥有广泛应用范围的是SA8000标准。该标准的宗旨是维护广大劳工基本权益不受侵害，其目标是借助拥有道德约束的采购实践活动来优化全球工人工作条件，保证供应商的产品符合社会责任标准，达到社会公平。虽然当前中国官方并没有承认这个标准，但是有不少机构或团体可在归纳世界各国有关经验与综合社会意见的情况下，确定企业社会责任指标体系。其中涉及的内容众多，如环境责任指标、员工福利指标、群众形象指标等。以综合指标为排名依据，排名靠前的企业受到表扬和有关奖励，而没有及格的企业接受通报批评与谴责，立足舆论，引导并监管企业履行社会责任。

3. 建立社会责任报告制度

在企业社会责任理念广泛传播与推广，并逐步获得人们接纳的背景下，全社会对社会责任报告的质量提出了更高要求，需要该报告具备更高的可信度，可以真实反映企业履行社会责任的相关情况。对此，政府部门应该立足企业实际情况，制定可行性强的社会责任报告审计标准，目的是对企业履行社会责任的相关情况展开必要的约束与监管，确保企业监管的及时性和有效性。在标准的建立过程中，需要明确指出报告审计工作的主体、对象、范围等相关内容，也要优化审计方法以及审计程序，防范审计工作出现疏漏和不足，同时废除过于烦琐复杂的操作，基于和内容相适应原则持续对标准进行修正与优化。利用这样的方法，能够让社会责任报告审计工作有据可依，同时增强报告公信力，得到更加客观、准确的结果，体现出报告的综合效用。

4. 建立社会责任标准认证机构

第一，制定产品认证认可标准，确保标准的统一性以及规范性是建设企业社会责任评价体系的关键，可以为社会责任评估工作的开展提供参考。它不仅可以彰显认证机构的公正性和权威性，还可以使企业在履行社会责任时有章可循。第二，针对国内的认证机构，应该运用规范、扩展、重组等方法进行机构建设与综合优化，重视和国外有名认证机构的交流及合作，从而实现优势互补以及强强联合，提高知名度，获得良好的品牌效应。同时，对不合格认证机构要迅速予以取缔，以维护认证机构队伍的纯洁性和美誉度。第三，构建和国际权威认证机构彼此认可的机制，冲破国际技术壁垒。例如，欧盟规定，只要通过政府和认证机构间相互承认合格评定的协议，获取欧盟授予的“被指定机构”

资格，其产品就可以在获得认证后直接进入欧盟市场。第四，随着产品认证机构日益完善与成熟，需要进一步提升认证机构权威性，扩大认证范围，提高整体认证能力，从而实现证书通用。

5. 建立社会责任信息披露制度

建立社会责任信息披露制度是督促广大企业积极履行社会责任的有效方法。企业可以利用报告责任履行情况的方式，面向利益相关者传递企业的有关信息，消除过去信息不对称带来的问题和隐患，使利益相关者能够对企业履行社会责任的各方面情况开展监督与点评，对企业起到良好的督促作用。建立社会责任信息披露制度，不仅要调动企业能动性和自觉性，还应该发挥政府的强制规范作用，把强制性信息披露和自愿性信息披露整合起来。与此同时，必须确保信息披露制度科学有效，能够保证所披露的各项信息是准确可靠与真实可查的。所以，企业必须把控好所披露信息的质量。还要针对信息报告给出具体的期限规定，同时由专业机构负责监督报告的考察与核算，公开审核结果。审计企业社会责任报告，应杜绝只披露有利于企业的信息的情况，更要防止虚假信息披露。

（二）股东利益视角下企业履行社会责任的道德路径

法律虽然是主要的社会行为规范调整工具，但不是唯一的，更不是万能的，总有法律之手触及不到的地方。法律是最低限度的道德，道德也是对企业行为约束的手段。

1. 加强社会文化建设

社会文化建设对国家与地区经济发展有着很强的促进作用。对中国传统文化进行分析可以发现，人本精神是其中最为明显的特色。儒家文化倡导仁政，同时追求和谐以及诚信等，这样的思想和如今企业社会责任承担要求有本质上的一致性。所以，在选取助推企业履行社会责任路径与方法的过程中，需要积极吸收传统文化的精髓，积极打造有助于企业主动履行责任的社会文化环境，充分发挥文化环境在推动企业积极履行社会责任方面的作用。

2. 加强行业自律和行业监督

相关资料表明，我国的行业协会并没有真正充分发挥作用，在作用发挥方面存在着很大的潜力。假如可以对行业协会进行充分利用，用其监督以及制约企业的行为，将会减轻国家机关的工作压力与负担。企业往往非常重视行业协会给予的意见和建议，其原因在于行业协会的决定通常是同行业企业利益的共同指向，假如企业没有达到行业协会标准和相关要求，很有可能受到同行业排济甚至退出行业的巨大风险。因此，在政府积极指导行业协会规范、有序发展的前提下，运用行业协会开展监督工作，可以给企业行为带来良好的影响。

第一，制定行业标准。在对国外企业履行社会责任的一系列实践活动进行总结分析后发现，行业与企业用制定自律性社会责任行为标准的方式，对本行业以及企业内部的行为进行恰当指导和约束，这是一种行之有效的方法。中国行业组织需要从行业实际出发，对国外的相关经验进行归纳总结，学习其成功的做法，积极制定针对本行业的自律行为准则以及评价体系，尤其是要把企业履行社会责任作为重点，督促行业中的每个企业自觉履行社会责任。

第二，监督企业经营行为并结合企业行动制定差异化处罚方案。以行业自律标准以及评价体系作为基础构建针对企业信用情况的档案，制定行业协会章程。假如协会成员存在不道德经营的情况，也就是说成员违反了有关规定，就采取相应的警告、处分、开除等措施，并且把成员的不当行为公之于众。消费者会意识到，行业协会会员拥有更好的信誉。为了得到广大消费者的信任，确保自身利益，非会员也会主动要求进入协会，自觉停止不恰当的经营行为。所以，发挥行业协会监督作用，有助于企业履行社会责任，提高行业自律性。

3. 社会监督

完善企业社会责任监督机制是推动企业履行社会责任的保障。社会责任监督机制主要包括两个方面的内容，即政府监督与社会监督。政府是公共利益代表，政府的服务职能决定了政府监督企业社会责任履行情况是一种硬性约束。社会监督是对政府监督的一种补充，属于软约束。如今，需要发挥政府监督与社会监督的作用，借助外部约束力量，对企业履行社会责任的行为进行有效约束。

社会公众的认同和支持能够给企业带来强有力的外部压力及发展动力，促使企业越来越关注社会责任履行，并且把承担社会责任和企业的长足发展、获取经济利益进行有效整合，实现外部动力与内在动力的衔接，让企业在主动履行社会责任的过程中实现更大的发展。公众意识驱动会给企业履行社会责任带来很大的影响，同时公众对产品的偏好会给企业效益带来直接影响，所以公众增强社会责任意识，树立绿色消费理念，有助于纠正企业的不良经营行为，起到良好的纠偏作用。消费者能够给企业带来较大的外部压力，促使企业在承担社会责任方面形成良性机制。

4. 加强网络媒体的社会舆论约束

要促使企业履行社会责任，需要充分发挥网络媒体的监督作用。网络媒体就企业履行社会责任的具体情况展开宣传以及报道，可以解决信息不对称问题，减少利益相关者监管企业经营行为的成本。对不能积极承担社会责任的企业，网络媒体应对其不当行为进行曝光，给逃避责任的企业带来较大的外部舆论压力，促使其调整经营管理行为，履行社会责任；对自觉承担社会责任的企业，网络媒体应该采用正向报道的方法，提升这类企业的形象以及信誉水平，使其能够在未来的经营发展过程中更加自觉地承担社会责任。对媒体报道的社会责任履行状况良好的企业，可以给予政策上的优惠，或者设置相应的激励机制，鼓励职工等利益相关者对企业承担社会责任的情况进行监督。充分发挥网络媒体的舆论监督作用，倡导正确的价值观，对公众以及企业进行正确引导，客观点评企业履行社会责任的情况，使全社会都能够参与到社会责任履行行动中，构建良好的社会环境，对企业的社会责任履行行为施加积极影响。

（三）股东利益视角下企业履行社会责任的公司治理路径

企业治理结构对企业的经营发展模式起着决定性作用。如果一个企业对承担社会责任持有漠不关心的态度，其根源在于没有良好的企业治理结构，企业以及管理层仅关注短期经济利益的获得，并不关心企业的长远发展，也不愿意为企业的长足发展付出相应的成本。所以，对企业治理结构进行优化，是促进企业顺利履行社会责任、得到长远发展的有效手段。

1. 培育优秀的企业社会责任文化

企业文化在企业的生存与发展过程中扮演着重要角色，是企业得以长足发展的精神支柱，也集中体现了企业核心价值观，是企业的灵魂。企业文化会给企业行动带来极大的影响。打造优秀企业文化可以壮大企业软实力，也能够对员工产生强大的吸引力，提高员工对企业的认可度，强化企业的凝聚力以及向心力，也可以得到供应商与消费者的欢迎，获得来自政府的支持与鼓励。培育优秀企业文化的核心在于培育渗透了社会责任观的企业文化，利用企业文化促使企业积极承担社会责任。企业文化是否完善在很大程度上取决于企业文化中是否有核心价值观。企业核心价值观要体现出企业家在企业中的积极作用，企业家的人格在企业文化体系建设中扮演着核心角色。诸多实践研究证明，企业家人格是关乎企业成长与发展的决定性要素，也是影响企业履行社会责任的因素。所以，企业文化建设的关键在于企业领导人的以身作则和榜样示范。

2. 提倡多元利益主体参与企业社会责任履行

多元利益主体参与企业社会责任履行可对《上市公司治理准则》中建立独立董事制度来保障中小股东合法权益不受损害的相关做法进行学习与借鉴，在企业的董事会中建立专门的社会责任独立董事制度，保证企业董事会在制定决策的过程中可以顾及利益相关者的权益。针对企业应该承担的社会责任，独立董事可以结合企业规模和社会影响度给出强制性规定与要求。为提升独立董事的独立性，在建立企业社会责任独立董事制度的过程中，不能利用企业股东会直接聘请任命的方式，应该在政府牵头的基础上，构建社会责任独立董事协会或者相关的组织机构，协会中的成员涉及律师、会计师或其他专业人员。达到一定规模要求的企业可以由行业协会指派独立董事。独立董事代表的是利益相关者，可以不对企业的股东会负责，但要对协会以及社会负责。独立董事通常情况下包括环保董事、社区董事、消费者董事等。

第四节　企业为何要承担社会责任

一、本体论的理由

伦理学视域的企业社会责任的核心问题是“企业为什么要承担社会责任”这一命题。该命题至少可以具体转化为几个相关的伦理学问题：企业为什么要有社会责任的存在？不承担社会责任的企业是否可能存在？承担社会责任能否成为企业存在的方式？这些问题关乎企业的生存及其存在方式，关乎企业存在于组织社会的终极意义。企业为什么要承担社会责任的问题还可以具体转换为企业是否可以无责任地进行社会行动，如果答案是肯定的，那么为什么不承担责任的企业在组织社会中难以持久？这是否意味着企业应该有一个不可或缺的伦理维度？

要回答这些问题，我们就要从本体论角度进行一定的探讨活动。

（一）本体论的一般诉求

所谓社会本体论，是关于社会存在之根据的学说，它要说明社会何以能够存在，换句话说就是人类何以要组成社会。

我们认为，人类之所以要组成社会并进行交往，实际目的也许多种多样，但是其中的最终目的应该是人类自身的生存与发展。马克思曾经准确地表达过相关的思想，他说：“人就是人的世界，就是国家、社会。”“生存”指的是人类的整体存活，它是一个底线概念，也是人类社会得以存在的基础；“发展”指的是更好地整体存活，它是生存基础上基于特定历史发展水平的提高。我们用“人类美好生活”来指称人类自身的生存与发展，指称人类之所以要组成社会并进行交往的最终目的。

人类的美好生活作为人类组成社会并进行交往的最终目的，决定了社会系统最终的应有功能就是促进人类的美好生活。社会系统最终的应有功能可以通过两个层次表现出来。一个是社会整体系统层次，我们称这一层次的社会系统应有功能为“社会整体系统的应有功能”（以下简称“整体功能”）；另一个是诸如政治、经济、军事、伦理、法律、艺术等社会各分支系统层次，我们称这一层次的社会系统应有功能为“社会分支系统的应有功能”（以下简称“分支功能”）。整体功能促进人类美好生活的方式有两方面。一方面，社会依赖其各分支系统有效地履行分支功能，从而为实现整体功能提供基本条件；另一方面，采用鼓励、限制、平衡等各种手段对社会各分支系统所实现的分支功能进行协调，以确保发展的整体性、自由性、全面性与和谐性。分支功能促进人类美好生活的方式为社会各分支系统通过各自的理论、政策和行为履行属于自己系统的侧面的应有功能，从侧面帮助实现整体功能，促进人类美好生活。

一般来说，整体功能与分支功能之间的关系属于目的与手段的关系。因此，整体功能与分支功能之间有着逻辑上的一致性，因为其目的都是促进人类的美好生活。然而，整体功能与分支功能逻辑上的一致性并非总能实现，它们之间常常存在着既统一又矛盾的状况。就整体功能与分支功能之间的关系也属于目的与手段之间的关系而言，它们之间确实有着本质上的一致性。但是，分支功能仅从一个侧面促进人类的美好生活，一般难以顾及其他侧面（其他分支功能）的要求，甚至可能会与其他侧面（其他分支功能）相矛盾，因而分支功能的实现在（从一个侧面）促进人类美好生活的同时，常常伴随妨碍人类整体拥有美好生活的副作用。换句话说，当分支功能始终把自己看成促进人类美好生活的手段时，其便与整体功能保持一致而不矛盾；当分支功能或多或少忽略了自己是服务于整体功能的手段时，其与整体功能之间便会产生矛盾。

（二）企业社会责任的本体论诉求

1. 企业双重性质：企业社会责任的本体论基础

根据社会本体论思想可知，社会经济领域属于社会的一个分支系统，其分支功能就是发展经济、创造社会财富，尤其是创造社会的物质财富。而且，在当代社会中，社会经济领域创造社会财富的任务主要是由企业来承担的。因此，从社会本体论的角度出发，或者说从社会之所以需要企业思考的角度出发，企业的基本使命就是发展经济，通过不断提高经济效率来创造社会财富。换句话说，对于人类组成社会的目的来说，企业之所以存在的基本理由就是它能发展经济、创造社会财富。由此，我们认为，从社会本体论出发，企业的社会责任之一（甚至是最基本的责任）便是发展经济、提高效率、创造社会财富，也就是说，企业承担经济责任有着自己的本体理由。

由于工业革命的影响以及企业本身的经济功能，其在满足人们的物质生活需求、提高人们的物质生活质量方面占据了重要的地位，从而推动了企业组织的迅猛发展，益于企业组织有效地实现自己的分支功能。毫无疑问，企业组织的迅猛发展具有重大的积极作用与价值。从直接结果看，企业组织的迅猛发展使人类更多地获取了物质财富，更好地享受了物质生活；从间接结果看，经过迅猛发展，企业在社会中地位日益显赫，既使人类更为客观地改造了世界，又使社会因理性化（程序化、标准化）的企业组织变得更为高效。

同样，根据社会本体论思想，社会的整体功能与分支功能可能存在矛盾。具体来说，企业作为社会经济领域的主要组织，在履行自己的经济责任的同时有可能妨碍其他分支领域发挥其社会功能，尤其是妨碍伦理领域发挥其社会功能。例如，企业的唯利是图、商业欺诈、破坏环境等都会对其伦理道德功能的发挥产生不利的影响，而这又在一定程度上影响了社会整体功能的有效实现。既然如此，企业就不能为了履行自己的经济责任而妨碍社会整体功能，妨碍其他领域尤其是伦理领域的社会功能，且在履行其经济责任的同时必须履行伦理责任。正如以工业管理教化和甘特图发明而举世闻名的亨利·甘特所言："商业系统必须接受它的社会责任，首先，它应该致力服务社会，否则社会最终会将它推翻，按自己的方式运转。"同时，"为了继续从经济活动中获得利润，企业家必须考虑为社会提供相应数量的服务"。假如企业发展经济、创造财富是通过履行社会的某一分支功能体现了企业之所以存在的本体理由，那么企业履行伦理责任则是在确保企业履行经济责任亦即履行社会某一分支功能的同时不得妨碍社会整体功能的履行。因此，它是确保人类美好生活的必要条件，也是企业之所以存在的基本理由。据此，企业履行伦理责任同样具有自己的本体理由。这一点主要可以从企业的性质及其在社会中的地位方面得到明确的说明。

在《经济伦理学大辞典》中，企业被界定为"一种经济单位，它立足于经济性和财政平衡，以提供和利用产品及服务来满足外部的需求"。企业的这一界定包含以下内涵。一是企业存在于任何经济制度之下，因为任何经济制度都需要产品和服务的提供及利用，而生产要素的组合均应遵循经济性原则。二是揭示了企业的整体性质，即企业是一个技术的、社会的、有组织的和经济的单位。产品和服务的提供及利用是在投入技术的基础上进行的，所以企业必须配备生产和信息技术。然而，技术仅是一种生产要素，还需要与人配合，双方共同构成一种符合人的需要的、有目的的行为。但要确保这种持续的、有目的的行为取得成效，企业必须对人的产出关系进行组织，使其有助于实现长远使命。在这里，企业需要保证经济性高于一切，即力求以现有的投入来实现尽可能大的目标。企业的这一性质表明：产品和服务提供及利用的技术组织过程是同社会和经济方面要求联系在一起的，它们既可以是互补的，又可能是相互冲突的，因而企业作为利益多元的团体必须对此进行平衡。三是企业是一种由有意参与企业经营过程的利益集团所组成的联盟。企业经营活动过程的基础通常是提供和利用产品或服务来满足外部的需求，这种需求与经济制度的具体构成并无关系。因此，企业经营活动过程是一种与制度无关的实际存在，其发生同社会制度、经济制度和所有制没有关联。从伦理学的角度看，企业目标的确定是企业经营过程的主要出发点。在选择以什么方式来实现企业目标方面，伦理学评价也是十分有意义的。例如，有的企业会出于经济上的考虑而提供非人道的劳动条件。因此，在方式的选择上，企业职工代表机构表达了一种基本立场，即如何引导相互冲突的利益集团的要求。在理想的情况下，它可以依靠对管理的一致认识来加以实现，否则至少必须形成一种根植于相互理解之上的企业文化。从上述定义出发可以发现，企业的主要功能是进行商品生产和经营，为社会提供所需要的某种产品或服务。企业如果不能提供社会所需要的产品或服务，就失去了存在的根据。企业是社会关系网络中的一个节点。一方面，它需要别人提供的生产原料、动力和材料；另一方面，它所生产的产品、服务要适合他人的需要。因此，企业不能离开整个社会关系网络而生存。

从上述对企业的界定中我们得出企业概念的以下共性：企业是一种包括投资人及利益相关者的契约关系和协作组织。它通过市场机制得以运行，它存在的目的是追求一种比个体劳动更大、更稳定的收益。

基于企业概念的共性，我们可以对企业的性质作出以下推断。一方面，企业具有自然属性，即企业要合理配置生产要素和资源，以适应社会化大生产及市场机制；另一方面，企业具有社会属性，即企业同其利益相关者密切联系，体现社会生产关系，实现其存在目的。企业的自然属性决定了企业只有有效地利用人力、物力、财力等各种生产要素和资源，努力提高企业的经济效益和利润，才能在市场经济中生存立足，这就是企业的“经济人”性质。企业的社会属性则决定了企业的生存和发展离不开社会提供的各类资源。企业在生产经营活动中必须处理好与各类利益相关者的关系，包括企业与员工、企业与消费者、企业与社区、企业与环境之间的关系等。要处理好这些关系必然涉及一定的法律意义与伦理意义上的权责关系，这体现出了企业的“社会人”性质。换句话说，由于企业的“社会人”性质，企业在谋求利益的同时必须兼顾其应当履行的社会责任，特别是伦理责任。

此外，透过企业社会责任概念自20世纪初诞生以来的发展历程，通过基于不同学科背景的学者对企业社会责任的不同表述，以及对其内涵及外延界定纷争的分析，我们可以做出判断：所有这些研究成果的共通之处在于其都基于企业社会人属性立场，主张企业在追求利益的同时必须为其行为所产生的社会影响负责。除对企业股东负责之外，还必须对其利益相关者负责，即企业在履行经济功能的同时应担负起社会伦理责任。

2. 人类的美好生活：企业社会责任的旨归

如前所述，企业社会责任主要包括经济责任和伦理责任。企业履行经济责任的目的是促进经济的发展，而经济发展的终极目的是促进人类的美好生活。在人类的美好生活与经济和企业组织之间，我们不可能设想人类的美好生活可以离开经济的发展和企业的贡献，更不能设想经济和企业可以无视人类美好生活的价值意义。

企业通常承担经济责任与伦理责任，而就责任的内容看，其旨在追求人类的美好生活。企业是经济制度的产物，是实现社会整体功能之经济功能过程中的产物，也是市场经济的主体，是维护市场经济健康、正常运转的重要元素。从市场经济体制的正常运行看，承担社会责任是企业作为企业而存在的内在诉求。亚当·斯密早就指出，任何市场经济只有在共享的道德观基础上才能正常运行。弗里德曼也承认并指出，市场经济对利润的追逐只有在遵循一定道德价值的情况下才能达到所希望的效率。商业活动的责任在于必须增加其利润，而且此管理活动的职责在于在追求利润最大化的同时，遵守表现为法规和伦理习俗的社会基本准则。此处的“伦理习俗”既表现为基于伦理的某种社会责任，又表明市场经济主体从事经济活动离不开一定的伦理责任基础。市场经济的规则——伦理规范是社会经济运转所必需的内容。布坎南指出，伦理学有助于解决“大的困难”。可以说，没有道德指导与调控的经济是不存在的，即使存在也不可能健康有序地发展。企业作为社会经济组织的重要组成部分，必须遵守市场伦理游戏规则。企业承担社会责任就是主动遵守市场伦理道德规则的一种体现。

无论就企业组织迅猛发展的直接结果看还是就其间接结果看，企业组织都从某一个方面有效地实现了其分支功能，即有效地履行了其经济责任，从一个非常重要的方面促进了人类的美好生活。但是，企业组织的迅猛发展在产生积极作用的同时，衍生出了重大的副作用。从企业组织迅猛发展的直接结果看，其对自然认识能力的空前强大导致其对自然的无情拷问，使自然资源被残酷掠夺，生态环境被严重破坏；从企业组织迅猛发展的间接结果看，原本春花秋月、鸟语花香的客观世界成了冷冰冰的公式化、概念化的世界，原本热情洋溢、丰富多彩的人类社会成了失去情感的程序化、标准化的社会，甚至真实的人也成为仅精于计算的理性人（或经济人）。

近代社会以来，企业组织迅猛发展的原因是多方面的，具体除了诸如“资本的逻辑”的推动、自然科学和技术的运用之外，资本主义社会的经济理论和政策也在其中起着至关重要的作用。从亚当·斯密“看不见的手”的自由放任经济理论到西方经济学的各种实证理论，逐渐为人们提供了一个“理想的、逻辑一致的客观经济模型”。从理想性看，实证经济学在假设人的自利动机时排除了实际存在的其他一切动机（特别是伦理动机），在假设完全的市场竞争时排除了实际存在的垄断或半垄断状态，在假设完全信息时排除了实际存在的信息不透明和不对称状况，在假设充分就业时排除了实际存在的经常性的就业不足问题，因而其实质是一种理想的经济模型。从逻辑一致性看，在实证经济学理论中，导致财富增长的局部或一般均衡依赖“看不见的手”的调节作用，而“看不见的手”的调节作用依赖自由的市场竞争，自由的市场竞争又依赖经济人的假设，这几种依赖关系在逻辑上高度一致。从客观性看，亚当·斯密及后来的实证经济学以“看不见的手”为理论核心，而这只“看不见的手”并非主观臆想，其实质是一种“客观的”市场价格调节机制。这一经济模型排除了经济活动中一系列非利益的动机。正如阿马蒂亚·森在评论实证经济学家时所说：“也许，作为个人，经济学家会表现出得体的友善，但在经济学模型中，他们假设人类的行为动机是单纯的、简单的和固执的，以保证其模型不会被友善或道德情操等因素所干扰。”但正因如此，它才更深刻、更纯粹地反映了市场经济条件下经济运行的本质，因而有效地推动了资源的配置，提高了经济效率，促进了经济增长，创造了更多的社会财富。一句话，其从一个侧面促进了人类的美好生活。同时，也正因为它排除了经济活动中一系列的非利益动机，特别是排除了经济行为人的伦理动机，因而其在促进经济增长、创造更多社会财富的同时，导致了道德贫困，妨碍了伦理系统分支功能的实现，主要表现在人与自然关系方面的资源滥用和环境破坏，以及人与人之间的平等失衡（财富分配的平等失衡）。总之，其在促进人类美好生活的同时妨碍了人类的美好生活。

19 世纪中叶，英国哲学家大卫·休谟有一个关于人类的著名论断：一切人类努力的伟大目标在于获得幸福。然而，随着工业文明和资本诱惑渐渐遮蔽人类的心灵，我们不禁为人类未来的福祉深深忧虑——人类如何在现代工业文明的框架下追求可持续发展的幸福？事实上，企业社会责任的提出和践履正体现了人类对未来幸福的理性思考和现实追求。企业是人类社会的一员，是生态环境系统中的一环，更是工业文明中举足轻重且无可替代的一分子。作为一种极具伦理意蕴的理念和行为，企业社会责任彰显及承载的是人类对未来美好生活的愿景。人类生活的意义在于创造性地生活，并且创造美好的生活。正是由于有越来越多的企业接受、奉行和践履自身的社会责任，我们未来的生活才有可能变得幸福和美好，人类共同的福祉才有可能实现。更进一步讲，企业承担社会责任的目的指向唯有锁定人类的共同福祉以及未来的美好生活，方能凸显其真正的价值意义。

由上述分析可以看出，企业的经济责任与伦理责任都属于企业社会责任的广义伦理责任范畴。企业承担其社会责任，充分履行并发挥其功能的关键是保持两者的协调与平衡。企业承担社会责任的本体论即社会本体论理由，其实也就是企业承担社会责任的广义的伦理理由。

二、功利论的理由

（一）功利论的一般诉求

近代道德哲学理论可以分为目的论和道义论两个基本派别。道德目的论也称“后果论”，主张一个道德行为评价标准最终可以归结为道德之外的某个目的，即对这一行为的某种后果的追求。道德的根本意义在于对人的行为的道德价值评价，而行为善恶、好坏的性质与程度最终取决于该行为所产生的实际效果，该行为的结果必须是实质性的，而且先相对于行为主体自身而言，再相对于相关群体或个体而言。简而言之，道德目的论对道德价值的评价以行为是否实现了主体的某种目的为标准。道德目的论有很强的经验主义与实在论的色彩，如果仅从行为的结果出发则推不出责任，这一点韦伯的论述已经表达得很清楚。信奉某种至善的道德目标，并对此目标自我承担，为实现此目标不断努力，这也构成了主体对自我的一种责任。

功利论也称功利主义或价值论，是道德目的论中最具影响力的理论派别之一，是指以功利、效用作为行为依据，同时作为道德评价标准的伦理学理论。功利论主张从人类行为所产生的功用和效果去探寻道德标准，认为行为的善恶与否在于该行为所带来幸福总量的多少、所产生快乐总量与痛苦总量绝对差额的大小。功利主义关注人们行为所产生的实际功用和效益，偏重对利益得失的算计与权衡，偏重对效益与效率的诉求。在功利论看来，行为前的利弊权衡、得失计算是必要的，行为的效果远比行为的动机要重要得多，他人或社会福利由个人福利推演而来，为使个人幸福、完满就必须尽可能地保障最大多数人的最大幸福。

就其思想渊源看，功利论思想可追溯到古希腊时代。近代的主要代表人物是英国哲学家边沁和密尔，功利主义也因其推崇而盛极一时。到20世纪中叶，经受住了元伦理学的冲击后，现代功利主义开始出现，主要分为行为功利主义和准则功利主义两大类。澳大利亚哲学家斯马特是行为功利主义的代表人物，美国哲学家布兰特是准则功利主义的代表人物，他们在继续坚持近代功利主义基本原则的同时，在一定程度上吸收了道义论的观点，对近代功利主义那些极端的功利思想进行了修正。

功利主义的基本原则是“增进最大多数人的最大幸福”，密尔在边沁的基础上对这个原则加以改进，称之为“最大幸福原则”。该原则是评价一切行为的道德价值的最终尺度，是一切道德行为的最终动机。正如当代美国道德哲学家弗兰克纳所说：“功利原则十分严格地指出，我们做一件事情所寻求的，总体来说,就是善(或利)超过恶(或害)的最大余额(或者恶超过善的最小差额)。”

在功利论的视野中，道德准则本身具有一定的工具价值。这些道德准则直接规范人们的具体行为,从而使基本道德原则间接地起到规范人们行为的作用。例如，功利主义的基本原则“最大幸福原则”在特定的情境下可以推出许多道德准则，其中包括诚实守信、互爱互助、孝顺长辈和爱护幼儿、爱国爱人民、尊重他人、努力学习和勤奋工作、爱护公物、保护环境等，而遵守这些道德准则，有利于功利主义“最大幸福原则”的实现。此外，人们的行为所产生的后果也可直接与基本道德原则发生关联，从而使行为本身具有直接的功利价值。例如，企业开展捐赠教育及希望工程项目，资助建设希望小学，等等。在直接意义上，企业的这一行为可以为国家减少文盲，甚至培养出高素质人才，是直接符合功利主义原则的，体现了企业行为的功利价值；在间接意义上，企业的这类行为符合爱护儿童、关心他人和互相帮助等道德准则，能促进社会良好风气的形成，而社会良好风气的形成又有利于功利主义“最大幸福原则”的实现。因此，企业的这类行为具有准则功利价值。

功利主义将幸福或快乐的总量作为衡量一切行为道德与否的标准，但是幸福和快乐极具主观意味，为了使这种主观体悟转化为某种可计算权衡的客观指标，在现实生活中，功利主义往往把对幸福和快乐的诉求演绎成对财富的增长、效益（率）的提高及经济的发展等利益的追逐，并将包括道德在内的其他一切事务都视为为其服务的工具。

（二）企业社会责任的功利论诉求

从功利论的原则出发，企业承担社会责任的标准应该是“功利”标准。也就是说，我们应该以企业的决策和行为能否为企业自身及其利益相关者带来“功利”为评价标准，尤其应该将这些决策和行为能否为企业带来“效率”作为评价标准。由此出发，即使企业采用某种道义行为，其行为动机依然是这种道义行为能为企业自身或其利益相关者带来利益。因此，从功利论出发，无论是企业自身还是社会对企业的期望，都更倾向把企业的经济责任看成企业的社会责任。从本体论出发，我们曾经也得出结论，认为企业应该承担经济责任，而现在从功利论出发得出了同样的结论。尽管得出了相同的结论，但是本体论的理由是企业的存在理由（它可以上溯到社会之所以存在的理由），它的背景是整体的人类美好生活。因此，它更加具有形而上的特征。功利论的理由是社会生活中企业自身和社会对企业决策及行为的一般期望，其背景是企业操作层面决策和行为的“应该”，相比之下，它因具有某种操作层面而具有形而下的特征。

功利论把责任当作一种价值和实现企业目的的手段，认为企业如果很好地践行其社会责任，可以为自身创造巨大的价值；如果企业不能很好地履行自己的各种责任就无法实现自身的发展和完善，也很难取得真正长久的效益。也就是说，在功利论视野中，企业承担社会责任往往被看作企业获得长远收益及可持续发展的最佳手段和工具。在功利主义看来，企业承担相应的社会责任需要花费相当大的经济成本。从表面上看，企业承担社会责任、遵守伦理规范可能带来成本，有悖于企业追求经济效益的基本目标。但是，企业承担社会责任同样可以给企业带来诸如改善形象、美化声誉、提高品牌号召力等众多无形的社会资本，这些社会资本对企业的可持续发展具有不容忽视的重要作用。

就实际而言，企业积极履行社会责任、有效遵循有关的伦理规范和企业追求正当效益是不冲突的。事实上，从功利论视角进行分析，企业履行社会责任的目的就是有效追求正当经济利益。从本质上看，自觉履行社会责任的企业应该尽可能开展具备极高道德价值，同时能够为企业带来高经济效益的行动，这样的做法既可以促使自身履行社会责任，又能够使自身的利益得到充分满足。从现实以及经济视角分析，履行社会责任可以让企业的经济价值得到提升，帮助企业创造更大的效益。

具体而言，企业承担社会责任或投入社会活动中可以给企业经营带来影响，这里所说的影响既有消极部分又有积极部分。但从获取长久利益方面分析可知，积极影响远大于消极影响。企业履行社会责任会不可避免地给企业带来成本，但站在财务视角分析，这样的成本通常提取于企业上年度利润流程，不会给企业本年业绩带来影响。假如有影响，那么这个影响也是作用于企业下一年或者未来一段时间内的规模扩展以及投资增加。在现代金融体系不断完善以及日益发达的背景下，货币和资本市场将会给企业融资带来更大的保障和良好的支持，能够有效弥补企业在投资方面的各种缺陷和约束。

就企业的实际发展而言，企业主动履行社会责任，能够为其带来非常显著的广告效应，提升企业宣传效果。企业高度重视公益事业的开展，并在这一过程中自觉承担相关社会责任，可以在很大程度上满足公众对企业的期待，帮助企业塑造负责任的形象，获得良好的品牌效应，得到更多消费者的青睐。另外，在这一环节，企业能够打造优良的发展环境与氛围，让自身在发展过程中拥有可持续力量，实现获得长期利润的目标。

国外不少学者开展了很多的实证分析工作，通过对实证研究得到的资料进行客观分析后发现，并不存在充足证据证明企业主动履行社会责任会显著减少企业的经济效益。企业经济效益和企业投入社会活动存在显著的正相关关系。社会参与能够让企业的利益获得效果得到综合提升，具体体现在可以降低企业运营发展所需要的成本，提升企业在社会中的声望，扩大品牌影响力，提升客户黏性，增加销售额，提升企业生产力水平，减少常规性错误的发生概率，提升企业的盈利效果。

企业社会责任运动的代表人是大卫·施沃伦，他在有关研究过程中提出积极承担社会责任会给企业盈利带来积极的影响。除此以外，还有不少上市企业财务资料也证明了这样的结论，即企业参与社会活动并没有导致企业市值降低。

1. 有助于企业实现自身价值

企业是社会生产的基本单位，企业的存在本身就是价值。企业给社会大众生产并且提供各种各样的产品和相关服务，并在这一过程中得到利润，从而实现自我价值。企业积极履行社会责任，加强经济事业建设，积极优化和投入社会公益事业，重视文化、福利、慈善等事业发展，才能够体现出自身所承担的社会价值。换句话说，企业只有拥有面向社会提供服务、充分满足社会需求的能力时，才可能拥有社会价值，并为社会发展做出贡献。企业提高社会价值可以塑造良好形象，提升知名度和品牌影响力，打造更加适合自身生存发展的场景，给整体建设带来更多无形资产，这正是企业自我价值的内容。企业自我价值的提升可以带动企业生产产品以及服务社会能力的提高，进而给企业创造更大的社会价值带来更多可能。在论述企业社会价值以及自我价值存在的内在关联的过程中，我们需要认识到企业自我价值的实现是基础和前提条件，社会价值则是根本目的和最终归宿。企业是社会细胞与社会生产的基础单位，主动履行社会责任，把企业的社会价值和自我价值统一起来，能够确保企业综合价值的提高和两种价值的共同实现。

2. 有利于获得内部利益相关者的贡献与信赖

企业主动履行社会责任能够提升企业内部的凝聚力和向心力，吸引更多高价值人力资源投入企业建设。对于企业的发展和进步来说，人力资源是第一资源，是最为宝贵的企业财富。企业想要真正意义上吸引并留住人才，确保人才创造力以及积极性的发挥，除了要提升福利待遇水平之外，还应该塑造良好的企业形象，提升企业信誉度，以此为基础让企业对优秀人力资源更具吸引力。在对诸多互动问卷调查结果进行研究总结后发现，在获知所在企业在履行社会责任过程中存在不当行为时，约有八成的员工会选择拒绝继续为其所在企业效力；如果员工发现自身价值观和所在企业存在矛盾和冲突时，超过五成的员工会另谋高就；有高于五成的调查者表示在找工作时会考虑企业的信誉形象。通过积极履行企业的社会责任，企业可以获得更高的声望，提升美誉度，增加品牌效应，所以企业在积极推动人才战略的过程中应该把自觉承担社会责任作为重要举措。除此以外，企业履行社会责任会给企业人力资源带来极大的激励力量，这样的激励力量主要来自以下三个方面。一是来自超越个人利益的企业使命。人类的追求愿景超过个人利益时就会生成强大力量，它远远比追求狭隘目标更加重要，组织目标也是如此。二是来自企业管理者高超才能与高尚品德。拥有良好人格魅力的管理者可以在员工群体中建立威望，进而有效吸引员工的信赖和追随，提高员工对企业的认同感，调动员工的工作积极性。三是来自良好的企业环境。在一个富有信任、责任以及远大理想抱负的环境与氛围中，员工往往可以得到最具创造性的成果，这样的环境只有在信赖、真诚、公平等价值观基础上才可以建立。

企业履行社会责任，拥有良好的责任担当意识，更有助于得到广大投资者的青睐。企业履行社会责任的行为可以给大众展示自身经济实力。大量实践研究证明，只有具备了强大经济实力的企业，才可以有效履行社会责任，参与社会实践活动。所以，企业在履行社会责任的过程，实际上也是展示企业经济实力的过程。在公众了解了企业实力并认同企业未来发展前景之后，企业就很有可能在之后的融资、引进优秀人才等方面显现出极大优势，而广大投资者也会更乐意将资金投给有责任感的企业。大量研究和实践证明，富有社会责任感的企业，拥有更为理想的经营业绩，也可以得到更理想的投资回报。投资者对这类企业的重视和青睐，又能够推动企业整体实力的壮大，加快企业的成长。

3. 有助于赢得外部利益相关者的认同与支持

企业经营活动过程是一个企业与其环境发生交换的过程。它从外部的市场获取生产所需要的投入要素，并将其产品或服务推向外部市场；从货币和资本市场获取财政资金，并使资金以工资、薪金及税收和利息的方式流出企业。由此，企业便与环境结成了一个关系网，它使企业很难同其环境截然分开。另外，企业选址显而易见会受到关系网制约，也就是投资者、消费者、国家机关、供应商等构成的复杂关系网。这样的关系网表明，企业利益相关者会给企业提出一定的要求，也就是企业在经营发展过程中必须要形成确保各方满意的利益均衡的关系网。企业履行社会责任能够帮助企业得到更多消费者的认可与青睐。良好的企业信誉以及负责任的形象是企业在市场竞争中获胜的法宝，也能够帮助企业吸引消费者，提升客户忠诚度以及客户黏性，增加销量，提升效益。大量的实践调查结果证明，顾客选取产品与服务的倾向往往和企业自身的品牌效应、形象、信誉等有不可分割的关系。从这一角度分析，只有真正负责任的企业，才有可能变成得到人们尊重的企业，才有可能受到市场欢迎，从而提高市场占有率。企业越注重社会责任，越能提高信誉度，产品与服务越有可能得到消费者的青睐，越能扩大市场占有率。这样的事实已然得到诸多自觉履行社会责任的企业的反复证明。企业承担社会责任有很多的表现，最为突出的表现是为消费者着想，从消费者角度进行产品研究与设计，坚持以消费者为中心的生产观念，主动了解消费者的实际需求，引导并且重视消费者的实际需要，有效满足消费者的合理需求。真正为消费者着想，就不会将提升产品与服务质量当作提升企业利润的手段，而是将其当作对消费者应该尽到的义务。只有这样，才可以抵制利益诱惑，避免出现偷工减料、以次充好等不良问题。真正为消费者着想，企业就不会在制定产品与服务价格的过程中过于随意，更不会漫天叫价，而是积极运用各种各样的方法，最大限度地降低成本，既让消费者享受到实惠，又让企业的利润最大化。假如企业可以做到上述几点，消费者的权益也就有了良好的保障。国外的很多研究实践也证明，在产品的质量、提供的服务以及价格制定相同的情况下，大部分消费者会购买积极承担社会责任企业所生产出来的产品与提供的服务。

第一，企业履行社会责任有助于得到供应者信赖。为企业供给原料、零部件、资金等的供应商更愿意和信誉度高的企业合作，其原因在于和这类企业合作交易可以提升交易活动的效率，也能够大幅度降低交易活动的风险。作为回报，供应商更愿意用较低的价格供应质量可靠的货源，并按时按量送达。银行等金融机构通常会适当放宽对信誉良好企业的贷款条件，适当降低贷款利率，使企业在融资方面更加便利。

第二，企业承担社会责任有利于获得公众支持。企业在参与社会实践活动，积极履行社会责任的过程中，虽会付出一定的成本，但是这样的做法可以向社会展示企业自身的责任感，可以在经营发展过程中将公众利益放在突出位置，如诚实守信、关注环境保护、关心尊重员工等，而这些可以很大程度上提高群众对企业的认同感，让企业获得更大的社会支持以提升企业的盈利水平，给企业的长足建设奠定基础。

第三，企业履行社会责任有助于得到政府相关部门的支持和鼓励。在现实社会，对政府履行社会责任中的角色期待有些时候会让政府陷入角色冲突，而企业承担社会责任可以帮助企业摆脱这样的困境，减轻政府的压力和负担，如降低失业率、改善通货膨胀、治理环境污染、发展公益事业等。企业因为有效承担了有助于政府落实宏观政策的社会责任，也会相应得到政府对这一行为的认同和认可，在制定以及落实政策方面向企业方面倾斜，给企业发展建设提供强有力的支持，给企业制定经济发展决策提供更大空间。

三、道义论的理由

（一）道义论的一般诉求

道义论也称义务论，主张一个道德行为的评价标准是在道德之内，而不是在道德之外。也就是说，它要无条件地遵循道德规范。伦理道义论基本道德原则是超越人的任何其他目的的，因而是绝对的和无条件的。所以，伦理道义论关注的是行为正当性。行为是否存在道德价值在于这个行为是否和某道德规范一致，也就是用公共道德准则对行为的伦理性进行论证，而不是用道德信条来评价。从伦理角度分析，责任是对普遍伦理规范或者道德规律的一种尊重和践行。从思想渊源角度进行分析，道义论来自基督教伦理，到了近代，由于康德对其进行发展而扩大了推广应用范围，到了现代又因为正义论而重新焕发光彩。道义论是以道义、责任、义务为行动根据，将行为应当性以及正当性当作道德评估标准的一种伦理学理论。

从道义论角度进行分析，道德法则具备神圣性、独立性，不管是基于哪种原因都不能牺牲道德。崇尚道德内在价值、保持道德动机纯洁、保持道德法规绝对性、确保道德价值崇高性、坚持义务与责任优先是道义论的鲜明特征。道义论是一种理想、绝对且无条件的伦理精神。道义论把关注点放在构建普遍道德理性、实现正义和重视责任承担及义务履行方面，所以通常诉诸一定的行为规范。

（二）企业社会责任的道义论诉求

基于道义论，企业履行社会责任的标准应该是“道义”标准。也就是说，应该以企业的决策和行为是否合乎“道义”为评价标准，尤其是应该将这些决策和行为的动机是否合乎“道义”作为评价标准。因此，企业的经营决策和行为必须无条件地遵守道德规范，无论这样做能否为企业带来利益。从道义论出发，无论是企业自身还是社会对企业的期望，都更倾向把企业的经济责任看成企业的伦理责任。道义论将责任当作应尽的义务，指出企业践行社会责任是企业全面发展和提高素质的内在需要，践行社会责任，哪怕不能带来收益，但仍旧是有很高价值的。就企业而言，责任心一直都应该放在首位。从本体论出发，我们曾经也得出结论认为企业应该承担伦理责任，现在从道义论出发也得出了同样的结论。

1. 体现并维护了社会公正原则

道义论强调基于权利和义务的一致性，企业生存发展本质上是享受社会所带来的各类资源以及社会赋予的各种权利。为了有效回报社会，企业也应该积极践行社会责任，维护社会公正准则。

对于彰显社会公正准则来说，企业享有社会赋予的权利决定企业应该自觉肩负起对应的社会责任，这正是责任铁律。

企业究竟享受着哪些社会赋予的权利？一是社会生存权。企业是社会的一部分，是构成社会机体的一个细胞。社会赋予企业生存权利，同时企业是社会资源的受托管理者，享有社会所委托的运用社会资源的权利。所以，企业不应只关注利润最大化目标的实现，还要为创造美好社会而不懈努力，提高自身对资源的优化配置和合理利用水平，在推动社会经济繁荣发展的同时，从精神层次提升社会的和谐发展水平。企业在谋求自身发展的同时应该积极运用有效手段服务社会。另外，基于道义论，企业是一定社会环境中，多主体利益的交会点。企业生存发展除了和股东有关之外，还和其他的利益相关者有着不可分割的关系，如员工、消费者、政府等都在企业中投入了一定的投资成本。有的是在企业的经营发展过程中给予了支持，有的是给企业分担了一定的经营风险。所以，企业在享受权利的同时，必然要履行相应义务。二是社会影响力。整个企业、行业企业群、企业成员等从不同角度影响着人和社会。这样的影响不仅体现在经济层面，还体现在文化、政治、环境、科技等方面。企业对人类生活质量有着极大的影响，具体如下。企业在将科技转变为物质文明的过程中扮演着重要角色；企业给人们提供工作场所，影响着人们的生活水平，也关系国家的稳定和社会的安宁团结。除此以外，企业也是社会环境质量的决定性因素，企业的价格、用工、工资、产品和服务等均会给国家各个方面的发展带来非常深刻的影响。不少国际大企业在国家经济以及社会生活中所扮演的角色和承担的任务，及其对整个国家各个层面的积极影响都佐证了这样的强大社会影响力。企业拥有这样的影响力以及生存权，必然要为社会负责，为创造美好和谐的社会贡献力量。

2. 彰显了企业的社会性与人类追求美好生活的一致性

道义论的企业社会责任是由企业的社会性所决定的，而且是由企业的社会性与企业应追求建立人类美好幸福生活目标的一致性决定的。

企业兼具经济与社会属性，其经济属性体现在追求利润最大化，社会属性则主要体现在企业要服务大众和社会。企业是一个集利他性、牟利性和服务性为一体的矛盾统一体。企业的经济属性决定企业经营管理的目的是满足自身需要以及利益获取的需求，表现出牟利性和利已性，也因此实现了企业的自我价值。企业的社会属性表明企业经营发展的目的是满足社会以及他人需求，表现出服务性和利他性，也因此体现出企业的社会价值。因此，企业本质上是社会和经济价值的综合体。企业属性的双重性和企业价值的双重性表明企业社会公民的身份从企业诞生时就处在了一个错综复杂的社会关系网中，并在各种关系中扮演主体角色。企业应该妥善处理好企业利益以及社会利益的关系，积极探寻科学有效的方法，促进企业和社会的完美统一，确保社会责任的承担和企业价值实现的统一。

企业的社会性决定了企业要肩负起社会责任。在企业建立之后，就不再单纯为所有者拥有，而是具备了社会属性，成为社会的一分子。企业所有者和企业之间的关系就像父母和子女之间的关系，父母赋予子女生命并将其养大，但在子女出生之后就不再是父母的私有财产，而是社会的组成部分，父母无权随心所欲处置子女。子女长大成人之后，虽然应该承担赡养父母的责任，但是这个责任并非唯一的。作为社会的一部分，他们应该对国家以及社会做出积极贡献，同时需要对单位、朋友、同事、下一代等承担相应责任。同理可知，所有者创办企业，企业在建立之初就已经不再是所有者私有财产，而是社会细胞和社会生产的基本单位。企业需要积极创造利益，回报所有者，还应该考虑利益相关者的利益，并为社会发展做出积极贡献。

一般企业有责任参与到社会问题的解决中。简单来说，假如企业具备解决某社会问题的专长，那么哪怕企业和这个社会问题并没有直接关联，也有责任帮助解决。

立足企业社会角色角度进行分析，履行社会责任是企业应尽的义务，也是企业发展建设的必然要求和企业成长进步的必要机制。其原因在于，在整个社会分工体系中，企业的主要任务就是生产产品以及提供服务，借此满足社会需要，生产出能够满足人们日常生活需求的产品以及提供良好的精神服务，进而获得社会肯定。从这一角度分析，企业属于社会公有物，企业的工作性质以及工作内容都表现出社会属性，可以归入公共范畴。总体来看，企业应该和社会维持共荣共存的关系，否则就不能推动企业的长效发展。企业追求经济利益的目的是让广大人民群众拥有更加富足的生活，造福全社会，所以企业承担社会责任也应该成为企业全部活动的核心。

由上可知，道义论的企业社会责任以其严格的评价标准、深刻的价值旨趣以及高远的价值理想成就了企业社会责任的普世意义。社会责任作为企业的一种责任意识和社会自觉性，是任何高超的技术设备和任何深奥的知识都无法替代的，其保障并超越了功利论企业社会责任的底线伦理，构成了企业社会责任的高尚和卓越伦理。

四、三大伦理境界中的企业社会责任

本体论、功利论和道义论所构筑的三大伦理境界为企业社会责任的伦理学诠释提供了丰富的理论依据。

本体论是一种广义的道义论，它在本体的意义上说明企业存在的理由就是承担经济责任和伦理责任，其旨归在于谋求人类美好生活。

功利论给企业社会责任提供了合理依据，把企业履行社会责任所产生的价值诉求归结到企业长远利益获得或者是实现可持续发展层面，这为企业积极履行社会责任带来了动力。原因是市场经济的本质特点就是功利性，重视利润，提升经济效益是市场主体在激烈的市场竞争环境中得以生存的根本法则。在当今社会，功利仍是人们不可回避的价值考量，功利论的企业社会责任必将因其与企业经济属性的契合及可操作优势，对企业社会责任落实做出贡献。功利论企业社会责任的实然效果是特别值得认可的，从本质上分析，其已把践行社会责任确定为企业收获长远利益的手段以及工具。换言之，将道德作为服务利益的一种工具，其理论旨趣始终无法解释企业在社会中的真正价值。诚如比利时鲁汶大学伦理学教授卢克·博凯特所言："基于自身利益来鼓吹信任、责任或民主的道德概念或制度功利条件，这并没有什么不对，却是暧昧不清的。它为猜疑和不信任打开了方便之门，因为计算和制度条件很容易受人操纵。"也就是说，功利论视野下的企业社会责任很可能只能成就企业的表面文章，进而沦为企业更隐蔽、更世故的机会主义的工具，甚至导致新的不负责的后果。因为利益与效用等经济功能的指标只是也只能是人类生活共同体的价值体系中的基础和浅层的目标，如果片面将此扩大并上升为人类全部的价值欲求，必然有失偏颇。正如社会学大师爱弥尔·涂尔干所言："经济功能本身不是目的，而只是实现目的的手段，它们只是社会生活的一个器官，而社会生活首先是各项事业和谐一致的共同体，特别是当心灵与意愿结合起来，为共同的目标努力的时候。"由此可见，功利论的企业社会责任将道德本身作为服务其他行为的工具和理性思维模式，在收获实效的同时，并未使道德达到应有的境界与地位。因此，功利论的企业社会责任所构筑的伦理境界提供企业承担社会责任虽然最为普遍，但只能是最外在、最基础、最底线的合理性依据。

道义论旨在追求"为道德而道德"的理想境界，它将企业社会责任价值观建立在社会公正等普遍追求对企业意志的命令上。在道义论看来，企业社会责任之所以有道德价值，关键在于它是出于而不仅是合乎维护社会公正这一道德责任的绝对命令，它们坚持"责任就是由于尊重规律而产生的必要性行为""只有出于责任的行为才有道德价值"。这种将企业社会责任的合理性诉诸规范、道德责任本身必然性的理论旨趣，相较将道德作为利益工具的功利论的企业社会责任，所提供的伦理境界自然要高出一筹。

在这三大伦理境界中，计算功利的底线处于底层地位，追求道德规范的高尚道义居于较高的地位，立足生活、崇尚幸福的本体则兼具底线与高尚之优势，处于最高地位。功利论和道义论分别为企业社会责任提供了"底线""高尚""卓越"的伦理境界。然而，在这两种境界中，企业社会责任都在全方位地关注人类的美好生活。功利论和道义论始终不能摆脱一种形式化的、碎片化的思维模式。在这种思维模式下，人类生活被分离成了许多联系松散的目标和功能，人们只看到企业承担社会责任有助于实现利益或规范方面的目标和功能，而对涵盖了利益和规范的整体人类生活缺乏深入的关照和重视。事实上，利益和规范不能代替生活本身，它们都只是人类整体生活的一个手段或要素。所以，我们反对纯道义论或义务论的责任观，也不赞同纯价值论或功利论的责任观，而是主张将两者结合起来，在责任观上实现道义和功利之间的辩证统一，既把企业社会责任的履行看成一种谋利和促进企业发展的手段，又把企业社会责任的履行视为一种神圣的使命和内在的义务，使企业责任的履行既崇高又实用，既伟大又平凡，体现出中国文化所倡导的"极高明而道中庸"的价值特质。相对于道德而言，功利仅有工具价值；相对于人本身而言，道德也只是一种工具。也就是说，唯有人的幸福才有真正的终极目的的价值。就其发生发展的过程来讲，以功利为基础的底线伦理虽然只居基础地位，但有一种逻辑优先性，对利益的追逐符合企业的本性，因长远利益而承担社会责任往往更能为企业所接受，因而企业社会责任的道德境界必然是先从底线功利开始生成。然而，对道德、价值的向往也是人之为人的特性。一旦人们意识到锁定利益的底线功利的浅薄和片面之后，势必走向对更为纯粹的、普遍的、真正的道德规范的追求。但是，道德境界尽管神圣却缺乏可持续发展的可靠精神支撑，因而在功利论和道义论所单独提供的道德境界无法全然支撑企业社会责任的合理性的大厦的时候，人们就会将目光投向以本体论为基础的企业社会责任，希望借助企业本性的形成，从整体角度和更深远处寻找企业社会责任固有的、内在的、终极的精神动力。企业承担社会责任的自觉性利益性，但又不能止于此。诚如德鲁克所言："在我们这个由各种组织机构组成的、具有各种功能的社会中，企业必须逐渐地将自己的基本注意力放在人类生活的量和质上。"企业的根本使命不在于以追求利润为最终目的，而在于为人们共同的美好生活做出贡献。

所以，从总体来看，本体论是基础又是根本，从广义的伦理学角度论证了企业承担经济责任与伦理责任的本体论理由；功利论和道义论从狭义的伦理学角度论证了企业承担经济责任和伦理责任的理由。并且，沿着经济责任和伦理责任可以推演出企业的底线的法律责任和理想的道德责任。它们相辅相成，组成一个整体，共同通过企业的社会责任指向人类的美好生活。

第五节　湖北企业社会责任与道德 / 伦理智慧

道德主体承担道德责任还需要特定的能力条件，相应的道德能力是主体道德责任实现的重要保障。在日常生活中，一些人有道德认知和意志自由并不代表他们会主动承担道德责任。这是因为道德认知和意志自由只是主体承担道德责任的必要条件，但不是充分条件。湖北企业道德责任的实现不仅需要主体具有道德认识、情感和意志，还需要主体有履行道德责任的实践能力，即实践理性能力。正是这种理性能力促使道德责任从抽象的主体意识活动转变为客观性行为实践。

一、道德能力与责任

正如新黑格尔主义代表人物布拉德雷所指出的，行为者必须具备必要的道德能力。也就是说，一个人能够充分意识并判断道德行为的性质，才能谈得上对自己的行为负责。因为“责任意味着有一种道德动因，任何不知道其行为的道德性质的人……就无法说明行为的道德性质”。在实践中，湖北不同个体承担道德责任的能力存在巨大的差异。一般而言，道德责任的实践能力直接关系人们承担道德责任的深度和广度。比如，婴幼儿由于缺乏道德责任的实践能力而难以承担相应的道德责任。在实践中，道德责任能力弱的人履行道德责任的效果要低于道德责任能力强的人。

约翰·罗尔斯在《正义论》中论述道德主体的特征时使用了道德能力这一术语，指出绝大多数人都有这种能力，而要描述道德能力的特征是复杂且困难的。他所说的道德能力主要是指获得正义感的能力。

《中国伦理学百科全书》中认为道德能力是“完成道德活动的主观条件”，它是由道德认知能力、道德判断能力、道德行为能力、道德意志能力等几个部分组成的。从人的本质的角度界定，道德能力是“人们特有的一种超乎自身功利而履行人所确认的道德原则或规范的能力”。从道德何以产生的视角来概括人类整体的道德能力，道德能力就是人正确地认识自己和社会的道德需要，并依据客观条件建立和遵守道德的能力。

道德能力是人认识各种道德现象，在面临道德问题时能够鉴别是非善恶，做出正确道德评判和道德选择并付诸行动的能力。道德能力是一种道德思维与道德实践、道德认知与道德行为相统一的特殊能力。

道德能力实际上也是一种伦理智慧，它是行为主体在明了善恶价值的基础上体验到的自身的道德需要。湖北企业正确理解、认识和把握利益关系，有助于提升其道德价值实现的能力。它也是一种“善于善”的能力，“‘善于善’的后一个‘善’属于道德范畴、伦理范畴，前一个‘善’属于智力范畴、智慧范畴。作为一个整体，这就是伦理智慧”。道德能力是行为主体的道德意识的内在活动，但必须在道德实践中得到体现，既受外部道德规范的制约，又受行为主体个性特征的影响。

道德能力是在客观与主观、外在与内在、他者与自我的共同作用下产生的。一个行为主体从存在之初就处于各种客观的伦理关系之中，还受到既有的道德规范体系的制约。行为主体的道德能力来自对外在的伦理关系和社会已确认的道德规范体系的认识和理解，通过对这些伦理关系和社会道德规范体系的学习与认同将其转化为湖北企业自身的道德准则和道德观念，由此形成湖北企业对道德能力的认识。

道德能力实际上就是“实践理性”或“道德理性”，它在西方近代哲学中是一个十分重要的核心概念。高扬理性的旗帜是整个西方近代哲学的基本特征，但是康德一反常规，把对理性的批判作为自己的哲学目标，甚至作为自己最为重要的著作《纯粹理性批判》的书名。其实，康德的“纯粹理性批判”只是为了通过限制理论理性，更为彻底地宣扬实践理性即道德理性。具体来说，他把理论理性限制在经验世界这一传统上并不看重的范围，然后把传统哲学最为看重的超验世界即本体世界的位置“腾给”实践理性。所以，他坚持认为实践理性高于理论理性（思辨理性）。“当纯粹思辨理性和纯粹实践理性结合在一个认识中时，如果这种结合并不是偶然的、任意的，而是先天地建立在理性自身上的，并且是必然的，那么后者就占了优先地位。”康德为什么要限制理论理性，高扬实践理性呢？他这样回答：“前一个纷繁世界（现象世界——引者）的景象好像消灭了作为一个动物的我的重要性，这个动物在短期不知怎样被赋予了生命力之后，又不得不把它自己造成的那些物质还回它所居的那个行星……在另一个方面，第二个景象（本体世界——引者）却借我的人格，把一个作为灵物的我的价值无限提高了，在这个人格中，道德法则就给我呈现出一个独立于动物性，甚至独立于全部感性世界以外的一种生命来。”也就是说，实践理性提供了道德法则（道德律），正是道德法则才使人能够独立于人的动物性甚至全部感性世界，使人最终成其为人。

康德实践理性及其道德法则最终使人成其为人的思想内在包含着这样的暗示，即人的责任（道德责任）最终使人成其为人。我们知道，实践理性（以下简称为“理性”）就是自由或自律，其意志自身就是先天颁定道德法则的意志。不仅如此，一旦理性作为自由或自律制定了道德法则，作为有理性者（真正意义上的人）就应该将道德法则作为绝对命令加以执行，即作为有理性者应当承担自己作为人的道德责任。这样一来，康德就把“理性”“道德法则”“绝对命令”串联起来，把责任视为人最终成其为人的必要条件。正是通过把“理性”“道德法则”“绝对命令”串联起来，康德最终发现了“理性”与“责任”之间的内在联系。在他看来，人有理性与感性两个方面，人只有作为理性的人，才能是先天具备道德律并且遵循道德律的人，才能成为由于把道德律作为绝对命令加以执行而摆脱了人之感性欲望和经验世界的必然规律约束的人。因此，只有理性的人，或者说只有坚持人之理性方面的人，才会把责任承担起来。

实践理性能力与责任之间确实存在着内在联系。

一方面，实践理性能力能够使人意识到自己的责任。其实，除了康德提出的论证途径（从人之为人这一最高的人之本体意义来论证理性对责任的自我意识）之外，我们还可以通过其他途径来论证理性对责任的自我意识。例如，可以从社会生活中权利与责任的相互关系进行论证，也可以从自由选择和承担后果的相互关系进行论证。

另一方面，实践理性能力使人能够辨别善恶，从而进行正确的道德选择。康德关于理性与责任之间内在联系的思想其实已经包含了这一观点，根据他的论证，有理性者的意志自身生成的道德法则正是我们判断善恶的依据。即使我们不同意康德关于有理性者的意志能够先天地提供判断善恶依据的论证，我们也必须承认，只有依据实践理性，才能知道何谓善恶。

二、伦理智慧与湖北企业社会责任

对于湖北企业而言，伦理智慧表现为湖北企业经过接受各种宣传、环境影响、规范约束等达到对社会现实的伦理关系和道德规范体系等各种信息的分析、选择、接受、加工和转换，从而形成的伦理认知、伦理判断、伦理选择等能力，也表现为对已形成的伦理观念、伦理选择投射到企业实践中的能力。

如果条件允许，能够做到“两全其美”“有百利而无一害”的选择是最理想的。但是，没有任何差别和比较的行动不是严格意义上的“选择”。选择总是在一定自由的条件下，由企业决定要这个，或者要那个，或者两个都要，或者两个都不要。也许有的企业做出不选择的决定，但这不是不选择，而是选择了“不选择”，即接受或维持既存现状。

对于湖北企业而言，选择既是绝对的——永远会有选择的必要，任何时候都不能逃避，只能面对，又是相对的——任何选择都是在多种可能的比较中加以取舍，只不过有的正确，有的错误，有的自由度高些，有的自由度低些。在进行道德选择时，我们要注意这种选择的绝对性和相对性的统一。选择的绝对性意味着绝不可能逃避道德选择，湖北企业的行为如果不是在道德上主动地趋向于善良和美好的方面，就可能被动地受外界因素的摆布，不能掌握企业的命运，甚至可能盲目地滑向丑恶；选择的相对性意味着寻找和创造正确、善良、美好的结果，是企业自己的责任，企业要尽力把握方向和分寸，使选择符合湖北企业的愿景，以实现湖北企业的战略目标。

选择是在相对自由条件下的限制性行为。伦理选择是一种高级的、复杂的选择，伦理选择体现了企业的精神和企业意识活动，是一种自主的选择，被迫的或强制的不自主式的选择是没有道德可言的。

伦理选择必须具备两个先决条件，即客观环境提供的选择可能性和行为主体的意志自由。前者又称客观自由或行动自由，即自由的现实范围和深度。行动自由和意志自由常常是相关的，较多行动自由会有较强的意志自由，而较少的行动自由会限制意志自由发挥。然而，行动自由并非必然决定意志自由，意志自由可以在一定程度上超越行动自由的狭隘天地，在精神世界里遨游升华。

意志自由不是主观任性或我行我素，它建立在对客观环境的正确认识和对自身能力的恰当评价的基础之上，包含深刻的必然性。恩格斯曾说："对一定问题的判断越是自由，这个判断的内容所具有的必然性就越大，而犹豫不决是以不知为基础的。"明代思想家王阳明认为"知者行之始，行者知之成"，强调"知行合一"，将认知、行动与意志统一了起来。

从湖北企业的运作过程看，企业的实物生产过程是从具体的行为开始的，它要求明确时间、空间和人员，以解决湖北企业具体生产过程中的何人、何时、何地、做何事，以及如何做的问题。这些有意识的选择手段和目的行为都是有目的地设定的——它们是在承担湖北企业战略规划、贯彻和监督职能的管理过程中总结出来的。它体现出高度选择性，即在一定的自由范围内，从一定情况下可支配的多种行为可能性中选定某些战略性和操作性的目标，希望借此使湖北企业在激烈的竞争中长期生存下去。而湖北企业战略的制定完全是自由的或可选择的。

企业的实践理性能力即企业的伦理智慧，也就是湖北企业伦理选择能力，具体表现为企业伦理决策的能力，对企业承担社会责任是非常重要的。从企业经营过程看，企业运行需要决策，要求企业具有伦理决策的能力；从外界的评价看，要求企业承担决策后果，亦表明其有伦理决策的能力；从企业发展看，企业的发展是许多连续伦理决策的结果。如果不具备这些伦理能力，湖北企业就无从承担社会责任。

道德理性认识是一种引导行为主体做出道德判断和指导行为主体的道德行为的思维，能使行为主体决定是否应行动和应做什么。只有行为主体能够充分意识并判断道德行为的性质，才能谈得上对其行为负责。因为责任意味着有一种道德动因，任何不知道其行为的道德性质的人，都无法说明行为的道德性质，也无法承担行为的伦理责任。让一个行为主体为一个行为承担伦理责任就要求行为主体知道应该怎样看待这个行为的道德性质，它可能产生的道德价值是什么，但并不要求行为主体对所有的知识或行为的所有方面都有所了解。也就是说，湖北企业承担社会责任，要求湖北企业知道自己的行为是好还是坏，但是不要求企业知道行为的所有经验事实或全部道德知识。

比如，一个企业的产品出了质量问题，可能有三种不同的情况。第一种情况是企业一贯重视产品质量，企业建立了完整的质量管理体系，但有人故意破坏，导致事故发生；第二种情况是企业本身对质量是重视的，但没有在企业内建立相应健全的质量管理体系，员工的质量意识也不够高，导致事故发生；第三种情况是企业明知产品设计存在隐患，但为了尽快占领市场份额，不修改设计就把产品推向市场，导致事故发生。这三种情况下，企业应该承担的责任是不同的。只有在第一种情况下，企业是可以免责的。

所以，我们认为伦理责任既与主观错误（包括主观的认知过失、行为过失或疏忽）相连，又与客观错误相关。虽然主体与外在的客观要求相符合，但是这种外在规范本身就是错误或恶的，所以行为主体也应当承担一定的伦理责任，只不过责任可能要轻些，但不能推卸责任。作为行为主体是有能动性的，可以在一定程度上改变现状。因此，我们在判定企业是否承担社会责任时，一定要从两个方面入手。一是要注意行为的外在客观性、规范性是否有不妥或错误，防止对企业行为的过度指责；二是不能忽视行为的主体性、能动性，以防企业将责任推卸给社会或制度规范。这是我们在评判企业承担社会责任时应有的正确态度。

第六节　湖北特色的企业社会责任与企业价值融入

一、劳动关系

湖北企业不仅有经济责任，还有社会责任。劳动关系是经济责任、社会责任的综合体。和谐稳定的劳动关系是构建社会主义和谐社会的重要内容。

近年来，随着生活水平的逐步提高，公众更加关注社会保障问题。在这种趋势的推动下，一批重要的社会保险法律、行政法规、部门规章和政策性文件纷纷出台，由此推动了湖北企业建设和谐的劳保体系的进程。

二、消费者

提供优质的产品和服务是企业存在的依据和核心功能，也是企业履行对消费者责任的体现。在国务院国资委发布的《中央企业“十二五”和谐发展战略实施纲要》中就提出了企业履行对消费者社会责任的要求。大致内容如下：要维护消费者权益，模范遵守《中华人民共和国产品质量法》等法律法规要求，建立完善的质量管理体系，加强质量管理，为消费者提供优质产品和服务；加强上下游供应链质量管理，有效防范产业链质量风险，确保产品质量；建立和完善客户满意度测评、客户投诉等制度，不断改进产品质量，提高服务水平；

探索建立产品召回制度，及时主动召回有缺陷的产品。

三、慈善公益

慈善不仅是中华民族的传统美德，以慈善为核心理念的慈善事业还是社会保障体系和中国特色社会主义事业的重要内容。发展慈善事业对促进社会公平、缓解社会矛盾、增进社会和谐、促进社会主义精神文明建设有重要作用。

四、纳税贡献

在全国企业纳税所得、税源规模和税额比重方面，湖北企业都占相当重要的位置。纳税贡献体现了湖北企业在全国企业中有举足轻重的地位，这种主导性经济地位也决定了湖北企业在社会责任实践方面的示范和表率作用。

五、环保节能

保护环境、节能减排是人与自然和谐相处的关键，也是各地实施可持续发展战略的主要途径。湖北企业节能减排工作的好坏直接影响到全国节能减排工作的实施效率。

六、就业贡献与安全生产

就业状况关系国家的稳定，促进社会和谐稳定、保障和改善民生都离不开对就业的促进。

中国现阶段劳动力市场“就业难”，总体就业情况不容乐观，摩擦失业和结构性失业并存。湖北企业肩负提高劳动力素质、改善就业结构、增加工作岗位、传播就业信息、拓宽就业渠道的社会责任。

安全生产、保障员工人身安全是企业对员工负责的体现，湖北企业更应当做到这一点。安全生产与劳动保护是国家保障劳动者安全和健康采取的措施，是推动国民经济和社会可持续发展的重要保障。安全生产主要涉及工业、企业社会责任领域。

七、湖北企业社会责任

企业文化的建设除了经济问题，还涉及社会引导、社会支持、社会评价和社会激励等社会因素。在目前阶段，企业虽然已经认识到企业履行社会责任的重要性，但认知缺乏深度。《WTO 经济导刊》与湖北省商务厅世界贸易组织协调办公室开展的“湖北省企业社会责任调查问卷”显示，95% 的企业听说过企业社会责任等相关概念，77% 的企业认为企业社会责任对企业形象树立非常重要，但问到企业社会责任的具体内容时，仅有 12% 的企业对企业社会责任的内容有完整的认识。湖北大学展开的社会责任调查问卷结果也显示，33.3% 的企业持有的观点是欠缺企业的践行社会责任理论以及对实践方法的掌握是影响企业践行社会责任最为主要的障碍。对于企业来说，企业承担社会责任的意义是什么？不少企业意识到承担社会责任的突出价值，也意识到通过承担责任能够塑造优良的企业形象，促进企业获得更丰厚的经济收益。但究竟什么是企业社会责任？怎样做才算承担了企业的社会责任？不少湖北制造类企业片面认为助推社会建设，并在社会发展过程中做出积极贡献，面向弱势群体提供帮助和支持，就是承担社会责任。实际上，这仅是企业承担社会责任的一部分，而且是一小部分。站在利益相关者视角进行研究，企业所承担的社会责任涉及多个方面，如政府、企业股东、消费者、企业员工、社区、环境等。对于政府，企业应该自觉遵守政府颁布的各项法律法规，坚持合法经营，依法纳税，主动担当政府所规定的相关义务与责任，同时在经营管理过程中接受政府监管；对于股东，企业需要对股东资金的安全以及收益负责，力求给股东带来更加丰厚的回报，还应该为股东提供有关企业经营与投资方面的真实资料，辅助股东了解企业经营发展的情况，而且不能隐瞒事实真相，或者欺骗投资者；对于消费者，企业有责任对产品与服务质量负责，履行质量与安全方面的承诺，不能欺诈消费者，更不能侵害消费者利益；对于企业产品与服务的质量，企业应该接受群众以及政府的监督管理；对于企业员工，企业需要充分考虑员工的福利待遇以及在企业中的满足感，给员工提供优质的工作环境，提升其地位和待遇水平，使他们能够在这一过程中实现个人价值；对于社区，企业需要承担为社区创造就业机会的责任，关注社区公益事业的开展，提供必要的捐助，还应该面向社区公布企业经营管理的有关资料；对于环境，企业在注意发展经济的过程中保护环境，推动经济事业的可持续发展。

八、将社会责任融入企业价值体系

每个企业都有自身的特色，因此企业在建设自身的企业文化价值体系时都会突出自身的企业特色，从而形成自身独特的企业价值观。而企业价值观的好坏对企业的发展有很大影响，将履行社会责任这一思想融入企业价值体系中，对企业树立正确的价值观有积极作用。为了达到企业更好地履行社会责任的目标，必须从以下几方面着手。

首先，积极建设基于企业文化的社会责任体系。如今，越来越多的企业认识到承担社会责任的重要意义，这一思想观念也开始在企业中全面升温，再加上国际相关生产准则的提出，形成了对企业履行社会责任情况的有效监管，但这里提出的要求通常是道义方面的要求，并没有上升到法律层次，更多情况下是企业凭借舆论、消费者和企业道德自觉进行有效的自我约束。在发展中国家，这种规则约束是非常脆弱的，并且作为“生产守则”发起者的跨国公司频发劳工纠纷问题。因此，构建适合我国国情和企业实际的社会责任体系显得非常重要。第一，认清企业文化建设在社会责任履行中的积极作用。企业社会责任明确了企业文化导向价值。文化导向价值的含义是将利益相关者个体目标引导到企业集体目标层次。企业文化反映出来的是利益相关者的共同利益和价值观，能让所有利益相关者在良好的文化氛围中自觉接纳共同价值观，使他们自觉践行共同价值观，调整思想和行为，并与企业文化要求的高度一致，进而为企业发展建设提供强大合力。企业管理者必须认清企业文化建设在推动社会责任践行方面的重要价值，以企业文化建设为抓手，提高员工对企业履行社会责任的意识，在各项工作中不能只是关注经济效益，还必须重视企业行为所产生的外部效应。第二，组建专业化的企业社会责任管理部门。为了有效突出对企业承担社会责任的关注度，推动责任管理机制的有效落实，必须建立健全企业社会责任管理结构，在总经理这一最高决策机制中设置社会责任管理委员会等管理机构，并对社会责任管理实务负责。只有有了专门的社会责任管理机构，才能系统、规范、有计划、有条理地提升社会责任管理的实效性。第三，有效推动闭环管理的落实，运用动态优化方法，不断改善企业社会责任的践行情况。构建企业社会责任管理体系不可能一蹴而就，这需要长时间的修改和改进。借鉴PDCA循环管理模式，企业应该在做好社会责任履行工作的过程中开展必要的内部审核以及综合评价工作，探寻企业社会责任实践的更好方式和方法。

其次，加快员工对企业文化从认知到行为的转化。企业文化是员工共享的信念和期望模式，但企业文化的目的不是停留于意识层面，更重要的是让企业中的全部员工自觉投入企业文化建设，并对共同文化进行传播和落实。为了实现企业社会责任的履行，不仅需要提升员工对企业文化的认知，还需要员工将企业文化理念外化为行为。第一，将企业社会责任的精神融入企业形象设计中。企业文化的理念大多抽象，通过企业形象的系统设计可将企业文化中的信息在社会环境中转换为有效的标识。通过企业形象这一严密而完整的符号系统，借助清楚直观的视觉力结构，精准传递独具特色的企业形象，实现对差异化企业发展面貌的表现，进而让人们借此识别企业。企业形象设计包括企业名称、企业标志、标准字、标准色、企业造型、产品造型、办公用品、服装、招牌、交通工具等基本要素。将企业社会责任的精神如社区参与、慈善活动、环境保护等通过口号标语的形式张贴在走廊、办公室等醒目位置，可以将文化建设语言化，在潜移默化中强化员工对企业社会责任精神的理解和内化。第二，通过沟通与学习，强化员工对企业文化的理解和认同。认同是基于员工在情感层面和整个群体或者他人的紧密关联，进而积极接纳某观点或者做出某反应。有了良好的认同，企业员工会自觉、自愿地接纳企业文化，而不是受到外部压力影响被动接纳。企业员工所采取的和企业文化高度一致的行为并非权宜之计，而是来自内心的一种认同和真心实意的改变。从认知发展到认同需要有良好的物质载体，这个载体就是上级和下级之间平等和谐与融洽沟通的环境。企业文化通常是由企业领导者身体力行逐步建立的，所以企业领导的性格、思想、价值观、行动等会在企业文化建设与发展过程中留下深刻痕迹。简单来说，企业文化是领导者个人意识的选择与行为的塑造，怎样将其顺利传达给员工，让他们充分理解内在含义是必须要关注的内容。假如沟通互动效果不理想，不能在思想认识方面得到提升，也不能够正确理解上级意图，行动就无法精准落实，不仅会降低企业盈利能力，也会影响到企业的团结，降低企业凝聚力和向心力，无法增强员工的团队协作观念。有效的沟通交流能够在企业中打造和谐融洽的工作氛围，提高企业整体的凝聚力，在共同价值观念的指导下，让广大员工在思想以及实际行动方面和企业价值观保持高度一致。第三，运用建立典范和树立榜样的方式激励员工对企业文化进行宣传。真正优秀的企业文化会内化成员工的个人信念，对他们的思想和行动带来良好的约束与指导作用，促使员工在实际工作中保持良好的状态，建立主人翁意识，将企业目标作为个人工作的目标，保持对企业的忠诚以及归属感，始终秉持严谨认真的态度。在助推企业文化建设的进程中，应该对先进典型进行有效挖掘与建立，并对典型进行大力培育和鼓励，以便催生出更多的先进集体与个人。同时，充分发挥典型的示范引领优势，积极开展先进典型的内外部宣传工作，以先进典型鼓舞人、塑造人、发展人，推进企业文化建设。

最后，借助开展企业责任实践活动进行企业文化的凝练与综合建设。企业文化的发展与建设，不仅能够督促企业积极承担社会责任，还能够在对应的责任履行实践中升华和彰显企业文化。两者之间相互影响、相互作用。因此，企业可利用企业承担社会责任的经验进一步凝练企业文化。一方面，让更多的员工参与企业责任活动。这种方式能够大大助推企业文化的繁荣发展。企业员工建立了对企业价值观的认同感，并且认识到自己在企业建设中的主人翁地位，主动、自觉投入到相关活动中，能够在企业内建立和谐共生以及乐观积极的发展氛围，给企业文化的繁荣发展带来促进作用，促使越来越多的企业员工主动投入企业履行社会责任的活动中。另一方面，优化企业社会责任宣传。第一，企业要确定宣传工作要达到的目的，选择科学有效的宣传形式和方法，科学策划宣传内容，把控好实际工作的节奏，同时在预算方面进行控制，确保资金资源的利用率，减少不必要的成本支出。第二，企业不仅要对外宣传企业品牌，建立企业形象，还要对内部员工展开宣传，将企业社会责任活动中员工良好的精神面貌、积极参与的行动、团结协作的团队等情况以新闻报道、图片影像的形式记录下来，宣传其中所具体体现的企业文化，并以此为窗口鼓励更多的员工参与其中。

第七节　湖北企业社会责任的应对模式及其与企业战略管理的结合

一、基于战略思考的企业社会责任应对模式

Ian Wilson 根据现实中不同企业对待社会责任态度的差异，提出了四种不同的企业社会责任战略，即消极反应战略、最低限度地遵守规章制度和法定义务等强制性要求的防卫战略、企业自觉地按照利益相关者的期望采取行动的适应战略以及积极响应预期的利益相关者要求的预反应战略。我国学者杨继瑞等将企业社会责任战略分为消极反应战略、抵御战略、适应战略和提前采取行动战略。根据这种观点，要提高湖北企业履行社会责任的水平，就要在企业的社会责任态度上下功夫。

L. S. Paine 从伦理角度提出了合法服从战略和整合战略，分析了企业采取不同战略的原因及其战略行为。他认为，如果经理人不能认识到他们在规范组织伦理和加强商业关系与声誉等方面的责任，在不可宽恕的成熟商业环境下，企业经理人就必须承担个人和企业责任的风险。Paine 的企业社会责任战略分类实际上只对法律责任进行了探讨，没有对其他责任进行分析。

Hummels 和 Karssing 针对企业社会责任区分了三种不同的战略，即合法服从战略、整合战略和对话战略。前两种战略与 Paine 的战略分类一致。对话战略更关注企业利益相关者的期望，注重对利益相关者的观念、利益和价值的响应。企业努力在变化的环境以及与外部机构的沟通交流中不断学习。这一研究克服了 Paine 研究中用法律责任替代企业社会责任的缺陷，还从利益相关者

角度进行了分析，大大拓展了企业社会责任管理的内容。

依据是否进行了战略思考，Michael E.Porter 将社会责任分为反应型社会责任和战略型社会责任。反应型企业社会责任包括两方面的内容。一是企业顺应利益相关者不断变化的社会关注；二是减轻企业行为中已有的或者即将发生的负面影响。而湖北战略型企业社会责任不仅指能利用企业能力改善重要竞争背景的战略性慈善活动，还指能产生社会利益并同时强化湖北企业战略的价值链转型活动。

Porter 还指出，虽然履行反应型社会责任能给企业带来竞争优势，但这种优势通常很难持久。而履行战略型社会责任能为企业和社会创造共享价值的机会，包括价值链上的创新、针对竞争环境的投资，在企业的核心价值主张中考虑社会利益。Porter 的观点考虑了企业主观能动性的发挥，并且他认为履行企业社会责任是能够给企业带来商业收益的投资行为，是企业社会责任管理理念的重大飞跃。

W. E. Halal 通过对企业进行分类探讨了企业基于战略视角的社会责任实践应对模式。他把企业战略管理者分为是以道德和社会责任为准则还是以经济价值和竞争优势为准则对待利益相关者，从战略角度把企业分为利益中心型和社会责任型。前者把利益相关者的利益仅看作股东追求利益最大化的手段。这一研究来源于人们对企业社会责任究竟是目的还是手段的争论，但这种分类对企业管理目的的考虑过于简单了，现实中恐怕很难有哪一个企业是单纯利益中心型或者社会责任型的。

美国学者 R. Edward Freeman 从利益相关者角度提出了五种战略，即特定利益相关者战略、股东战略、功利主义战略、罗尔斯战略和社会协调战略。他认为，每种战略都代表了一个公司对其面临的环境所做出的一系列特定的反应和举动，可以被视为达到了利益相关者和社会责任之间的协调。这种从利益相关者角度出发的企业社会责任管理战略与企业经营管理有很多结合点，便于企业管理人员实现企业社会责任与企业经营管理的战略融合。

我国学者姜启军和顾庆良提出，企业可以从两个维度来考察企业社会责任战略的不同类型。第一个维度是企业对社会责任的态度，这可以分为不服从、被动服从和主动适应三种不同的态度。第二个维度是企业社会责任和企业经济绩效之间存在张力还是合力。如果湖北企业社会责任和企业的经济绩效之间存在合力，则理性的企业应该采取双赢战略。如果从经济学角度对湖北企业社会责任战略选择进行定量分析，其整合的观点会为湖北企业社会责任的战略管理带来巨大贡献。

我国还有众多学者对基于战略思考的企业社会责任应对模式进行了探索，但大多数是以上述研究结论为基础展开的修改、完善。基于战略思考的湖北企业社会责任实践应对模式的研究强调了企业社会责任研究的内部视角，将人们的视线从企业外部转移到企业内部，逐渐开始关注湖北企业社会责任与经营管理活动的结合。

二、湖北企业社会责任与企业战略管理的结合

早期的湖北企业社会责任研究和实践并没有站在战略高度考虑问题，这使湖北企业社会责任管理无论是理论研究还是实践都遇到了难以突破的瓶颈。战略性企业社会责任的提出和基于战略思考的企业社会责任应对模式的相关研究使湖北企业社会责任与企业经营管理走得越来越近，在众多学者和企业的不断摸索和实践中，在湖北企业战略管理中融入企业社会责任的理念逐渐形成。

《哈佛商业评论》中的《企业慈善事业的竞争优势》一文提出了“新的企业慈善行为”，认为企业履行社会责任应对特定的社会公益事业和活动做出长期的承诺，也应该专注于企业竞争力的增强，有配套的整体规划和经营战略。该研究通过企业社会责任管理中非常重要的企业慈善活动的管理点明了企业在履责过程中要考虑这对企业经营管理的影响，企业社会责任与其他组织的社会责任的差异逐渐被发现。

Michael E. Porter 借助企业管理理论指出了企业社会责任行为效率低下的原因。一是企业把企业与社会对立起来看待，而这两者事实上是相互依存的；二是企业只对公益慈善泛泛而谈，从未将其与企业自身的战略需求相结合。湖北企业只有找到与社会共同发展的契合点，才能踏上可持续发展的道路。

Porter 还提出了承担企业社会责任的价值链模型和钻石模型。价值链模型用于企业自检，即通过详细检查价值活动，发现与企业社会责任正面或负面相关的问题。钻石模型用于企业挖掘企业社会责任竞争优势，即从外部环境寻找问题，并在解决问题的过程中提升企业竞争力。这为众多尝试着将湖北企业社会责任融入企业战略管理却始终不得其道的企业提供了现实的技术指导。

当前社会责任实践的主要问题反映出企业社会责任实践相关的理论研究的偏颇之处，即在如何提升企业履行社会责任的水平方面没有对如何真正激发企业的主观能动性做深入研究。Porter 用犀利的战略思维重新诠释了企业社会责任，使其与企业竞争优势紧紧地捆绑在一起，从而彻底打破了社会责任与股东利益之间的藩篱，使企业社会责任从管理思想的边缘走向主流。

国外也有学者以企业社会责任对企业经营管理的支持性为主题进行了研

究。Preece、Fleisher 以及 Toccacelli 利用价值链原理在对企业有支持作用的条件下分析企业社会责任。Litz 利用资源基础模型分析社会责任问题。Owen 和 Scherer 研究认为，经理人相信企业社会责任行为有助于扩大市场份额。国内外众多学者认为，企业社会责任会给企业带来商业收益。这些研究都为企业将社会责任管理与经营管理进行融合提供了有力支撑。

对社会责任如何成为主要的管理职责的研究很少，但 Polonsky 对环境营销战略的设计以及 Murray 和 Montanari 的整合管理和营销理论为我们提供了理论参考。Burke 和 Logsdon 认为，双赢战略是可行的，可将企业社会责任看作长期投资决策。

我国学者张贤惠认为，企业应实施社会责任战略管理，积极应对经营活动在经济、社会、环境和人权方面造成的影响，使其为企业的社会声誉、业务运作和竞争优势创造有利条件，也为社会与环境的和谐发展做出贡献。在企业社会责任战略管理中，湖北企业应明确提出企业社会责任愿景，在企业内部设立社会责任管理的专门机构，建立能对湖北企业社会责任进行有效评价的机制，以积极引导企业及其员工的行为。战略高度的湖北企业社会责任管理需要企业内部管理的协调配合，湖北企业社会责任管理水平的提升离不开与企业经营管理的深度融合。

Jeremy Galbreath 从战略层面探讨了如何将企业社会责任融入企业战略管理。

卫敏娟认为，应该将企业社会责任纳入企业战略管理过程中，明确对哪些利益相关者负责，明确选择进入的企业社会责任的领域，明确在企业不同发展阶段如何规划企业社会责任，积极宣传企业履行社会责任行为，从而实现履行企业社会责任与利润增长的均衡。卫敏娟的观点明确了企业社会责任管理与企业战略管理的关系，也提供了将企业社会责任融入企业战略管理的指导。

此外，姜启军、刘德胜、聂禄玲、郑晓霞、沈弋、刘思华、南文化等学者也对企业社会责任承担与企业战略实施之间的关系从不同角度进行了研究，一致认为企业应当把社会责任纳入企业战略管理中。在众多学者的不断研究中，湖北企业战略管理中企业社会责任的理念逐渐清晰，其必要性和可行性也已被证明，但仍缺乏具体的执行措施，缺乏能指导湖北企业实践的系统研究。本书正是基于这一研究缺陷和现实需求而展开研究的。

第六章　企业社会责任的社会效应

第一节　企业社会责任与公共利益

一、公共利益的界定

（一）公共利益的定义

公共利益一词由公共和利益两个词构成。公共是相对于个别而言的，根据《辞源》的解释，公共，谓公众共同也，是一个相对的概念，而非静态的。从哲学的角度来看，利益表现为某个特定的客体对主体具有意义，并且被主体自己或者其他评价者直接认为合理地假定或者承认对有关主体有价值，简言之就是好处。因此，我们可以把公共利益解释为公共的利益或公共的好处。当然，这样解释并没有说清公共利益概念的含义。因公共利益概念抽象的属性和复杂多变的内容，为其下一个恒定不变的定义非常困难。

我们可以通过比较公共利益概念和相关概念厘清公共利益概念的含义。

公共利益和公众利益、共同利益的区分。公众利益是指一定范围内大多数普通群众的利益，其侧重点在于数量上的多数；共同利益是指两个或两个以上的主体共同享有的利益，其侧重点在于共同享有，是相对于单个主体独享而言的；公共利益即公益，指的是非私有性质的利益，其侧重点在于公共性或开放性。公共利益必须具有开放性，而不是局限于某个封闭的圈子内。公共利益必须是人人都有机会享受到的。例如，修建公路后享有公路带来的便利，任何人的享有都不会排斥其他人也有机会享有。

（二）公共利益的内容

公共利益不仅包括物质性的公共利益，还包括精神性的公共利益。物质性的公共利益可以理解为以公共产品为主的各种各样的社会福利，包括公共安全、公共设施、公共环境、公共教育、社会保障等。精神性的公共利益包括共同体共同认可、追求的价值、观念和原则。

1. 公共产品

公共产品是指能被绝大多数人共同消费或享用的产品，具有消费或使用上的非竞争性和受益上的非排他性。萨缪尔森认为："每个人对这种产品的消费都不会导致其他人对该产品消费的减少。"虽然一些学者对这种界定提出了质疑和批评，但其目前依然是一个最为经典的表述。从消费或享用主体上来看，"绝大多数人"与受益的非排他性特征完全符合公共利益受益主体的特征；从产品内容上来看，无论是纯公共产品还是准公共产品都是公共需要的体现，都最终以公共利益为依归。具体而言，公共产品主要包括公共工程设施类，如公共水利设施、公共交通设施、公共卫生设施、公共能源设施、公共安全设施、公共文体休闲设施以及其他公共服务设施等；公共消费类，如水、电、气、暖等产品。

2. 公共服务

所谓公共服务是指使用公共权力和公共资源向公民提供的各项服务。公共服务可以根据其内容和形式分为基础公共服务、经济公共服务、公共安全服务和社会公共服务。基础公共服务是指那些通过国家权力介入或公共资源投入，为公民及其组织提供从事生产、生活、发展和娱乐等活动都需要的基础性服务，如供水、供电、供气、邮电与气象服务等。经济公共服务是指通过国家权力介入或公共资源投入为公民及其组织（企业）从事经济发展活动提供的各种服务，如科技推广、咨询服务以及政策性信贷等。公共安全服务是指通过国家权力介入或公共资源投入为公民提供的安全服务，如军队、警察和消防等方面的服务。社会公共服务是指通过国家权力介入或公共资源投入为满足公民社会发展活动直接需要提供的服务，如公共教育、公共医疗、公共社会福利等。

3. 公共权利

个体享有的基本权利具有相似性的特点，这就为个人权利转化为公共权利奠定了基础。公共权利来源于个人权利，在国家形成的过程中公共权利的主要部分转变为国家公权力。公共权利并非全部转变为公权力，一部分公共权利是属于社会的，公民、社会组织与国家一样享有公共权利。公共权利是为了维护公共利益，实现了公共权利也就是实现了公共利益，因此公共权利是公共利益的内容。

（三）公共利益的特征

公共利益的特征颇多，从不同角度可以有不同的概括。在此，我们仅对其总体特征进行概括。

1. 公共利益具有非排他性

世界银行对公共物品如此解释：“公共物品是指非竞争性和非排他性的货物。非竞争性是指一个使用者对该物品的消费并不减少对其他使用者的供应。非排他性是使用者不能被排斥在对该物品的消费之外。”公共利益一定要有非排他性或开放性。公共利益一定不能排除任何个人的享有机会，不能封闭于某个特定的圈子。

2. 公共利益是主客观的统一

利益是主体对客体的享有，或者说是客体对主体的有用性。“利益”一词反映了主体、客体的关系，在这一关系中，不可避免地会存在主体对客体的价值判断。边沁认为：“公共利益不是什么独立于个人利益的特殊利益，共同体是个虚构体，由那些被认为可以构成其成员的个人组成。那么，共同体的利益是什么呢？共同体利益是组成共同体的若干成员的利益的总和，不理解什么是个人利益，谈共同体的利益便毫无意义。”哈耶克认为：“自由社会的共同福利或公共利益的概念，绝不可定义为所要达至的已知的特定结果的总和，而只能定义为一种抽象的秩序。作为一个整体，它不指向任何特定的具体目标，而是仅仅提供一个最佳渠道，使无论哪个成员都可以将自己的知识用于自己的目的。”利益具有明显的不确定性。同一个客体，对不同的主体而言，其利益价值是不一样的。随着社会的发展，人们对利益的追求也处于不断变化发展中。早期人们更注重的是物质利益，到后来已不限于物质利益，也包括精神的、文化的利益。尽管利益具有不确定性，但在利益问题上有客观规律可循。从根本上说，利益的形成和利益价值的认定是由当时的客观物质条件和社会实践决定的。不同主体对利益会有不同的取舍，是因为受客观因素的影响。生活在同一个社会的人们总是不可避免地会认同一些共同的利益。

3. 公共利益具有非营利性

公共利益的非营利性是指公共利益的提供者不能从中赚取利益，并不意味着公共利益排除了经营性行为，我国现阶段应严格坚持公共利益的非营利性。

4. 公共利益不应以剥夺个人利益为前提

孟德斯鸠认为：“公共利益绝不是用政治性的法律或法规去剥夺个人的财

产，或者是削减哪怕是它最小的一部分。”社会是个人的总和，个人利益是整体性利益的源泉和基础，公共利益源于个人利益，以个人利益为依据。作为整体性利益，公共利益为每个社会成员所享有。最大限度地保障公民的基本权利是实现公共利益的目标所在。对公民基本权利的保护以及促进公民基本权利的实现能促进公共利益的实现，而且这是公共利益的重要内容。

二、企业社会责任中公共利益的相关法律原则与义务

（一）企业履行社会责任不得侵犯公共利益的原则

《中华人民共和国著作权法》第四条规定，著作权人和与著作有关的权利人行使权利，不得违反宪法和法律，不得损害公共利益。《中华人民共和国合同法》第七条规定，当事人订立、履行合同，应当遵守法律、行政法规，尊重社会公德，不得扰乱社会经济秩序，损害社会公共利益。《中华人民共和国专利法》第五条规定，对违反法律、社会公德或者妨害公共利益的发明创造，不授予专利权；第十四条规定，国有企业事业单位的发明专利，对国家利益或者公共利益具有重大意义的，国务院有关主管部门和省、自治区、直辖市人民政府报经国务院批准，可以决定在批准的范围内推广应用，允许指定的单位实施，由实施单位按照国家规定向专利权人支付使用费。《中华人民共和国保险法》第四条规定，从事保险活动必须遵守法律、行政法规，尊重社会公德，不得损害社会公共利益。《中华人民共和国食品安全法》第四条规定，食品生产经营者对其生产经营食品的安全负责。食品生产经营者应当依照法律、法规和食品安全标准从事生产经营活动，保证食品安全，诚信自律，对社会和公众负责，接受社会监督，承担社会责任。《中华人民共和国广告法》第五十四条规定，消费者协会和其他消费者组织对违反本法规定，发布虚假广告侵害消费者合法权益，以及其他损害社会公共利益的行为，依法进行社会监督。《中华人民共和国企业国有资产法》第十七条规定，国家出资企业从事经营活动，应当遵守法律、行政法规，加强经营管理，提高经济效益，接受人民政府及其有关部门、机构依法实施的管理和监督，接受社会公众的监督，承担社会责任，对出资人负责。《中华人民共和国招标投标法》第三十二条规定，投标人不得相互串通投标报价，不得排挤其他投标人的公平竞争，损害招标人或者其他投标人的合法权益。投标人不得与招标人串通投标，损害国家利益、社会公共利益或者他人的合法权益。禁止投标人以向招标人或者评标委员会成员行贿的手段谋取中标。《中华人民共和国反倾销条例》第二条规定，进口产品以倾销方式进入中

华人民共和国市场，并对已经建立的国内产业造成实质损害或者产生实质损害威胁，或者对建立国内产业造成实质阻碍的，依照本条例的规定进行调查，采取反倾销措施。《中华人民共和国矿产资源法》第三条规定，矿产资源属于国家所有，由国务院行使国家对矿产资源的所有权。地表或者地下的矿产资源的国家所有权，不因其所依附的土地的所有权或者使用权的不同而改变。国家保障矿产资源的合理开发利用。禁止任何组织或者个人用任何手段侵占或者破坏矿产资源。各级人民政府必须加强矿产资源的保护工作。《中华人民共和国环境保护法》第五十八条规定，对污染环境、破坏生态，损害社会公共利益的行为，符合下列条件的社会组织可以向人民法院提起诉讼：①依法在设区的市级以上人民政府民政部门登记；②专门从事环境保护公益活动连续五年以上且无违法记录。符合前款规定的社会组织向人民法院提起诉讼，人民法院应当依法受理。提起诉讼的社会组织不得通过诉讼牟取经济利益。

（二）在履行社会责任时对公共利益保护的规定

《中华人民共和国宪法》第十条规定，国家为了公共利益的需要，可以依照法律规定对土地实行征收或者征用并给予补偿。《中华人民共和国信托法》第六十条规定，为了下列公共利益目的之一而设立的信托，属于公益信托：①救济贫困；②救助灾民；③扶助残疾人；④发展教育、科技、文化、艺术、体育事业；⑤发展医疗卫生事业；⑥发展环境保护事业，维护生态环境；⑦发展其他社会公益事业。《中华人民共和国著作权法》第四十八条规定，有下列侵权行为的，应当根据情况，承担停止侵害、消除影响、赔礼道歉、赔偿损失等民事责任；同时损害公共利益的，可以由著作权行政管理部门责令停止侵权行为，没收违法所得，没收、销毁侵权复制品，并可处以罚款；情节严重的，著作权行政管理部门还可以没收主要用于制作侵权复制品的材料、工具、设备等；构成犯罪的，依法追究刑事责任。《中华人民共和国广告法》第九条规定，广告不得有下列情形：①使用或者变相使用中华人民共和国的国旗、国歌、国徽，军旗、军歌、军徽；②使用或者变相使用国家机关、国家机关工作人员的名义或者形象；③使用“国家级”“最高级”“最佳”等用语；④损害国家的尊严或者利益，泄露国家秘密；⑤妨碍社会安定，损害社会公共利益；⑥危害人身、财产安全，泄露个人隐私；⑦妨碍社会公共秩序或者违背社会良好风尚；⑧含有淫秽、色情、赌博、迷信、恐怖、暴力的内容；⑨含有民族、种族、宗教、性别歧视的内容；⑩妨碍环境、自然资源或者文化遗产保护；⑪法律、行政法规规定禁止的其他情形。《中华人民共和国广告法》第四十二条规定，有下列情形之一的，不得设置户外广告：①利用交通安全设施、交通标志的；②影响市政公共设施、交通安全设施、交通标志、消防设施、消防安全标志使用的；③妨碍生产或者人民生活，损害市容市貌的；④在国家机关、文物保护单位、风景名胜区等的建筑控制地带，或者县级以上地方人民政府禁止设置户外广告的区域设置的。

《中华人民共和国企业国有资产法》第四十三条规定，国家出资企业的关联方不得利用与国家出资企业之间的交易，谋取不当利益，损害国家出资企业利益。本法所称关联方，是指本企业的董事、监事、高级管理人员及其近亲属，以及这些人员所有或者实际控制的企业。《中华人民共和国拍卖法》第七条规定，法律、行政法规禁止买卖的物品或者财产权利，不得作为拍卖标的。《中华人民共和国招标投标法》第五十条规定，招标代理机构违反本法规定，泄露应当保密的与招标投标活动有关的情况和资料的，或者与招标人、投标人串通损害国家利益、社会公共利益或者他人合法权益的，处五万元以上二十五万元以下的罚款，对单位直接负责的主管人员和其他直接责任人员处单位罚款数额百分之五以上百分之十以下的罚款；有违法所得的，并处没收违法所得；情节严重的，禁止其一年至二年内代理依法必须进行招标的项目并予以公告，直至由工商行政管理机关吊销营业执照；构成犯罪的，依法追究刑事责任。给他人造成损失的，依法承担赔偿责任。前款所列行为影响中标结果的，中标无效。《中华人民共和国节约能源法》第七条规定，国家实行有利于节能和环境保护的产业政策，限制发展高耗能、高污染行业，发展节能环保型产业。国务院和省、自治区、直辖市人民政府应当加强节能工作，合理调整产业结构、企业结构、产品结构和能源消费结构，推动企业降低单位产值能耗和单位产品能耗，淘汰落后的生产能力，改进能源的开发、加工、转换、输送、储存和供应，提高能源利用效率。

三、公共利益与企业社会责任的关系

公共利益不同于国家利益和集团（体）利益，也不同于社会利益和共同利益，具有主体数量的不确定性、实体上的共享性等特征。斯密认为，公共利益不但客观存在，而且与私人利益不是截然对立的，两者之间有着不可分割的内在一致性。斯密肯定公利与私利的一致性无疑具有合理性，但是没有阐明公共利益形成的机制。公共利益与每个人追求自我利益最大化的行为之间难免会发生冲突，如果无数相互冲突的个人利益能集结为公共利益，那么企业只需要单纯追求自身利益最大化，自然会达到社会公共利益最大化。但是事实并非如此，三鹿奶粉事件、山西疫苗事件等说明企业自身利益与社会利益、公共利益并不完全统一，存在矛盾之处。

阿罗证明了著名的不可能定理："如果我们排除效用人际比较的可能性，各种各样的个人偏好次序都有定义，那么把个人偏好总和成为表达社会偏好的最理想的方法，要么是强加的，要么是独裁性的。"这说明了个人利益与公共利益的不相容性。但是这个结论似乎也存在无法解释的社会现象，如国外很多大型企业在员工培养、环境保护、灾难救助等方面的作为远远超出法律层面的要求，甚至比政府行动更为及时且不求回报。

阿马特亚·森认为，阿罗不可能定理证明的只是在决策信息缺乏情况下公共利益的不可能性。随着个人获得信息的增加，人们对持续获益的途径会有更清楚的理解，达到社会理性选择的可能性也会不断增加。只有顾及他人的需要、偏好，才能很好地实现个人利益，当利他因素成为经济理性的应有之义，人与人、人与社会之间相互隔绝的屏障被去除，个人利益与公共利益相关联的理论通道才能被打通。桑塔费学派经济学家金迪斯在一系列论文里论证了一个被称为社会学基本定理的观点：如果一个社会都是由自利主义者构成的，那么长期而言，这个社会将消亡；如果一个社会通过说服教育以及其他说教机构的努力，长期保持一定比例的利他主义者，它就能够稳定地发展下去。因此，公利与私利既不是完全统一、绝对一致，也不是彻底对立、相互矛盾，公利与私利之间存在着一种更为微妙的关系，通过这种关系两者的共存和发展得以维系。这里所说的私利不特指个人利益，还包括特定的组织、团体利益，即这里的私利是相对于公共利益而言的特定的组织、团体和个人利益。

企业社会责任是在一定历史时期，社会期望企业作为一个营利性的社会经济组织，对其利益相关者和社会整体应该承担的法律、经济、伦理道德和慈善责任，包括遵纪守法、保证员工生产安全、保证职业健康、保护劳动者合法权益、遵守商业道德、保护环境、支持慈善事业、捐助社会公益、保护弱势群体等。企业社会责任是企业作为特定的经济组织对整个社会承担的责任，其面向的是社会，行为主体是企业。公共利益是在特定范围或者一定条件下不特定大部分主体利益相一致的方面。企业承担社会责任的对象和公共利益的主体具有内在一致性。公共利益是以社会为整体出发点谋求的公共的利益。企业社会责任是企业出于公共理性，为了维护和改善自身所处的内部和外部环境而承担的相关责任。公共利益的实现是公共理性的价值取向，而履行社会责任是企业通过自身行动实现这种目标的方式和途径之一。

第二节　企业社会责任与和谐社会建设

企业承担社会责任是现代经济社会发展到一定阶段之后对企业提出的要求。在现代市场经济条件下，企业规模不断扩大，企业发展给社会生活各个方面带来的影响逐步增加，在社会经济发展中发挥着日益重要的积极作用。企业履行社会责任有助于建设和谐社会。

一、承担社会责任是企业应尽的职责

一般来说，企业有明显的双重性特征。第一，企业是经济组织。企业是产品的生产者与经营者，有经济利益诉求。传统经济学的一个重要观点是企业经济行为的根本宗旨和动力是实现利益最大化。从这一角度进行分析，企业表现出明显的自利性，这也是评估企业市场行为与价值取向的基本标准。第二，企业是社会组织。企业作为社会组织，需要在特定的社会环境中开展实践活动，和社会有着不可分割的关联，当然也是社会的组成部分。企业的这一属性决定其行为受社会约束。

企业在社会中生存和发展，必然和社会有密不可分的关系。企业的各种行为不仅是企业个体行为，也是社会行为，可能会给社会以及公共利益带来影响。企业承担社会责任，为社会发展做出积极贡献的同时，也能够因为优越的外部环境而受益匪浅。企业社会责任来自企业享受的社会权利，也就是说要想享受相应的权利，就必须履行相应的责任，这也是我们所说的责任铁律。

企业作为经济组织追求利益最大化是无可厚非的。不过企业作为社会组织，必须考虑到社会整体利益，关注社会发展，自觉承担相应的社会责任。其原因在于企业是社会的一部分，企业的经营发展和社会有着不可分割的关系。社会为企业的生存发展提供了保障，给企业带来了各种各样的资源。比如，企业生产经营所需要的各类生产要素均是从社会中得到的，企业从社会中获得了很多好处，也享受了诸多权利，那么也应该承担社会责任。另外，企业的经营发展也给社会发展带来了极大的影响。比如，在市场营销实践中，企业所销售产品的质量、性能、价格等不仅关系到消费者的经济利益，也影响着他们的健康与安全。部分企业在生产环节不注意对生态环境的保护，排放废水、废气与废物，导致生态环境受到了极大的破坏，引发了一系列外部经济问题，也威胁到人们的身心健康。既然企业经营发展给社会带来的影响是非常大的，那么企业就应

该对自身行为及其后果负责。

古典经济学中有一个非常经典的理论假设，就是认为企业和社会利益之间没有矛盾。亚当·斯密的观点是无数自私自利的经济人在无形之手指挥下从事对社会有价值的经济活动。亚当·斯密在确认人的利己主义本性以及趋利避害动机之后指出，人越追求自身利益，就越注重促进社会利益的实现。不过古典经济学中给出的理论假设和现实情况是不一致的，在一定情况下甚至是完全不存在的。因为这种理论假设只限于完全竞争市场，而完全竞争市场在现实生活中是非常少见的。另外，企业和社会利益并不总是保持一致的，甚至在某些情况下完全相反。由此看来，企业必须承担相应的社会责任，从而回报社会，避免因为企业经营行为不当给社会带来不良影响和不良后果，使企业和社会利益协调。

二、企业承担社会责任是企业参与和谐社会建设的根本途径

企业是现代社会发展以及经济建设的主要力量，企业的生存与发展和和谐社会有着密不可分的关系。要达成和谐社会建设目标，必须重视企业参与。企业是市场竞争主体，既要创造物质财富，又要承担相关责任。企业需要承担就业机会、优化员工工作环境等责任。企业内部与外部的和谐性是打造和谐社会必不可少的条件。所以，要想促进社会发展，每个企业都应该承担社会责任，自觉投入和谐社会建设中，塑造优良的企业形象。

企业履行社会责任，就要保障劳动者合法权益，保护环境，这样有利于和谐社会建设以及可持续发展目标的实现。

第三节　企业社会责任与环境保护

一、企业社会责任与环境保护的关系

（一）企业发展带来的环境问题

在市场经济条件下，企业通常以营利为主要目标，把获取最大利润作为最终目的，淡化其经营活动造成的外部负效应，忽视企业和环境之间的关系。企业发展可以说是一个不断开发、利用资源并把资源变成物质财富的过程。如果企业不注意企业活动对环境的破坏，选择粗放型增长、盲目地生产和开发等经

营行为，就会导致资源枯竭、环境状况恶化。全球性的环境恶化将使人类面临生存和发展的压力。

环境问题实质上是经济问题和社会问题。环境问题除了纯粹由自然力产生的自然灾害，其他都是伴随国民经济和社会发展而产生的，与人类各种经济活动有着密不可分的关系。

（二）环境保护是企业社会责任的重要内容

企业的经营活动对社会、广大的客户和环境产生不容忽视的影响。所以，企业不能对社会问题熟视无睹，企业的活动应对社会负责。

随着经济的迅猛发展，资源与环境遭到了破坏，人类面临的环境问题越来越多，越来越复杂多变，如大气污染、臭氧层破坏、酸雨、温室效应、水污染、水土流失、草原退化、沙漠化加剧、森林急剧减少、珍稀动植物灭绝等。波特尔说："有害废物扩散造成的后果已经随处可见：生态环境遭到破坏，人类健康受到威胁，大面积的植被遭受损毁，等等。"环境问题的现状已在政府、企业决策者、媒体及公众之间引起了强烈的反响。

美国著名的经济伦理学家乔治·恩德勒提出，企业社会责任包含三个方面，即经济责任、社会责任和环境责任，其中环境责任主要是指致力于可持续发展——消耗较少的自然资源，让环境承受较少的废弃物。

要做到环境保护，企业就要把节约资源、保护环境等有益于消费者和公众身心健康的理念融入企业活动的全过程和各个方面，促进经济社会的可持续发展。企业是资源和能源消耗量最大的社会组织，也是污染物排放量最大的社会组织，企业的经营行为对全球环境质量的好坏起着决定性的作用。另外，企业具有解决环境问题的重要技术力量，因而有能力承担环境保护与治理的责任。其在环境保护方面能够起到重大作用。因此，企业应为保护环境做出应有的贡献。

（三）企业承担环境保护社会责任的意义

（1）环境保护通过影响公众的消费需求引导企业的发展方向。随着社会经济的发展和人们环保意识的增强，人们的思维方式、价值观、消费心理和消费行为都发生了巨大变化。由于生活水平不断提高，物质需求逐渐得到满足，消费者更加注重追求生活质量，其需求开始朝着健康、舒适、协调方向发展，对无污染的需求和期望日益增长。同时，消费者从社会道德和社会责任感的角度出发，会自觉或不自觉地承担起保护自身生存环境的责任，于是绿色消费逐步风靡全球。这种消费需求必然会形成一种市场力量，直接对企业的生产过程和营销过程产生重要的影响。面对这种消费潮流，企业不得不转变营销观念，实施绿色营销策略，以更好地适应社会发展和消费者的需要。

（2）环境保护能提高企业的经济效益和竞争优势。企业应在保护生态环境的前提下获取利润，实现可持续发展。同时，绿色产品的生产也会给企业带来可观的经济效益，通过绿色消费理念使市场占有率增长。

（3）环境保护能增加企业的发展机遇。全球环境的恶化直接影响了人们的生活，消费者的购买偏好已经发生变化，消费者对绿色产品的需求逐渐增加，于是形成了巨大的市场需求动力，构成了一种能带来巨大利益的潜在市场。21世纪，企业之间的竞争不再局限于产品性能、质量、促销手段等方面，环境保护已成为一个竞争新要素。

企业在提高产品质量的同时，应考虑到提高企业开发新的绿色产品的效率和效益，而不应仅关注已有产品带来的收益。企业如果有足够的资金，应该既提高原有产品的绿色性能，又积极开发新绿色产品，开拓新市场。

（四）企业社会责任对加强环境保护的作用

（1）企业社会责任的自律作用。企业从事生产经营活动时，时时要与生态环境发生联系。企业社会责任促使企业从人与自然和谐相处的社会需要出发，自觉减少污染物排放，保护生态环境。企业社会责任使企业的行为更加自律，不需要外部力量的强制，这是企业兼顾社会利益而产生的一种自觉、主动的行为。企业社会责任使企业的环保行为从“要我做”变为“我要做”。这在一定程度上减少了政府监管的成本，对保护环境具有重要作用。

（2）企业社会责任的广泛渗透作用。企业社会责任与企业文化融为一体，能够产生潜移默化的影响增强企业员工的社会责任感。当前，企业文化对企业行为的影响越来越受到人们的关注。在企业中，每一个员工如果都树立可持续发展的观念，就会自觉遵守企业的环保规章，主动实施企业的环保措施。

（3）企业社会责任的持久激励作用。企业社会责任会影响一代又一代的企业员工，激励企业改进技术和管理，保护环境，使环保成为规范企业长期行为的基本准则。

二、企业应当承担的环境保护责任

（一）企业在环境保护方面应承担的责任

我国在清洁生产、污染物防治与控制、能源节约等方面制定了一系列的法律法规，明确了企业在环境保护、生态安全方面应承担的责任。

《中华人民共和国环境保护法》第六条规定，一切单位和个人都有保护环境的义务；第四十条规定，企业应当优先使用清洁能源，采用资源利用率高、污染物排放量少的工艺、设备以及废弃物综合利用技术和污染物无害化处理技术，减少污染物的产生；第四十一条规定，建设项目中防治污染的设施，应当与主体工程同时设计、同时施工、同时投产使用。防治污染的设施应当符合经批准的环境影响评价文件的要求，不得擅自拆除或者闲置；第四十二条规定，排放污染物的企业事业单位和其他生产经营者，应当采取措施，防治在生产建设或者其他活动中产生的废气、废水、废渣、医疗废物、粉尘、恶臭气体、放射性物质以及噪声、振动、光辐射、电磁辐射等对环境的污染和危害；第四十三条规定，排放污染物的企业事业单位和其他生产经营者，应当按照国家有关规定缴纳排污费；第四十六条规定，禁止引进不符合我国环境保护规定的技术、设备、材料和产品；第四十七条规定，企业事业单位应当按照国家有关规定制定突发环境事件应急预案，报环境保护主管部门和有关部门备案。在发生或者可能发生突发环境事件时，企业事业单位应当立即采取措施处理，及时通报可能受到危害的单位和居民，并向环境保护主管部门和有关部门报告；第四十八条规定，生产、储存、运输、销售、使用、处置化学物品和含有放射性物质的物品，应当遵守国家有关规定，防止污染环境。

《中华人民共和国清洁生产促进法》第三条规定，在中华人民共和国领域内，从事生产和服务活动的单位以及从事相关管理活动的部门依照本法规定，组织、实施清洁生产。第十八条规定，新建、改建和扩建项目应当进行环境影响评价，对原料使用、资源消耗、资源综合利用以及污染物产生与处置等进行分析论证，优先采用资源利用率高以及污染物产生量少的清洁生产技术、工艺和设备。第十九条规定，企业在进行技术改造过程中，应当采取以下清洁生产措施：①采用无毒、无害或者低毒、低害的原料，替代毒性大、危害严重的原料；②采用资源利用率高、污染物产生量少的工艺和设备，替代资源利用率低、污染物产生量多的工艺和设备；③对生产过程中产生的废物、废水和余热等进行综合利用或者循环使用；④采用能够达到国家或者地方规定的污染物排放标准和污染物排放总量控制指标的污染防治技术。第二十条规定，产品和包装物的设计，应当考虑其在生命周期中对人类健康和环境的影响，优先选择无毒、无害、易于降解或者便于回收利用的方案。企业对产品的包装应当合理，包装的材质、结构和成本应当与内装产品的质量、规格和成本相适应，减少包装性废物的产生，不得进行过度包装。第二十一条规定，生产大型机电设备、机动运输工具以及国务院工业部门指定的其他产品的企业，应当按照国务院标准化部门或者其授权机构制定的技术规范，在产品的主体构件上注明材料成分的标准牌号。第二十二条规定，农业生产者应当科学地使用化肥、农药、农用薄膜和饲料添加剂，改进种植和养殖技术，实现农产品的优质、无害和农业生产废物的资源化，防止农业环境污染。禁止将有毒、有害废物用作肥料或者用于造田。第二十三条规定，餐饮、娱乐、宾馆等服务性企业，应当采用节能、节水和其他有利于环境保护的技术和设备，减少使用或者不使用浪费资源、污染环境的消费品。第二十四条规定，建筑工程应当采用节能、节水等有利于环境与资源保护的建筑设计方案、建筑和装修材料、建筑构配件及设备。建筑和装修材料必须符合国家标准。禁止生产、销售和使用有毒、有害物质超过国家标准的建筑和装修材料。第二十五条规定，矿产资源的勘查、开采，应当采用有利于合理利用资源、保护环境和防止污染的勘查、开采方法和工艺技术，提高资源利用水平。第二十六条规定，企业应当在经济技术可行的条件下对生产和服务过程中产生的废物、余热等自行回收利用或者转让给有条件的其他企业和个人利用。

此外，我国还制定了一系列法律法规对企业应承担的环境保护、生态安全责任做出了明确规定，主要包括《中华人民共和国固体废物污染环境防治法》《中华人民共和国水污染防治法》《中华人民共和国大气污染防治法》《中华人民共和国环境噪声污染防治法》《中华人民共和国海洋环境保护法》《中华人民共和国节约能源法》《中华人民共和国水土保持法》《中华人民共和国野生动物保护法》《危险化学品安全管理条例》《中华人民共和国防治陆源污染物污染损害海洋环境管理条例》《建设项目环境保护管理条例》《中华人民共和国自然保护区条例》《电磁辐射环境保护管理办法》《环境行政处罚办法》《废物进口环境保护管理暂行规定》《化学矿山环境保护管理暂行规定》《饮用水水源保护区污染防治管理规定》等。

（二）企业违反相关的环境保护法律规定应承担的法律责任

《中华人民共和国环境保护法》第五十九条规定，企业事业单位和其他生产经营者违法排放污染物，受到罚款处罚，被责令改正，拒不改正的，依法作出处罚决定的行政机关可以自责令改正之日的次日起，按照原处罚数额按日连续处罚。前款规定的罚款处罚，依照有关法律法规按照防治污染设施的运行成本、违法行为造成的直接损失或者违法所得等因素确定的规定执行。地方性法规可以根据环境保护的实际需要，增加第一款规定的按日连续处罚的违法行为的种类。第六十条规定，企业事业单位和其他生产经营者超过污染物排放标准或者超过重点污染物排放总量控制指标排放污染物的，县级以上人民政府环境保护主管部门可以责令其采取限制生产、停产整治等措施；情节严重的，报经有批准权的人民政府批准，责令停业、关闭。第六十一条规定，建设单位未依法提交建设项目环境影响评价文件或者环境影响评价文件未经批准，擅自开工建设的，由负有环境保护监督管理职责的部门责令停止建设，处以罚款，并可以责令恢复原状。第六十二条规定，违反本法规定，重点排污单位不公开或者不如实公开环境信息的，由县级以上地方人民政府环境保护主管部门责令公开，处以罚款，并予以公告。第六十三条规定，企业事业单位和其他生产经营者有下列行为之一，尚不构成犯罪的，除依照有关法律法规规定予以处罚外，由县级以上人民政府环境保护主管部门或者其他有关部门将案件移送公安机关，对其直接负责的主管人员和其他直接责任人员，处十日以上十五日以下拘留；情节较轻的，处五日以上十日以下拘留：①建设项目未依法进行环境影响评价，被责令停止建设，拒不执行的；②违反法律规定，未取得排污许可证排放污染物，被责令停止排污，拒不执行的；③通过暗管、渗井、渗坑、灌注或者篡改、伪造监测数据，或者不正常运行防治污染设施等逃避监管的方式违法排放污染物的；④生产、使用国家明令禁止生产、使用的农药，被责令改正，拒不改正的。第六十四条规定，因污染环境和破坏生态造成损害的，应当依照《中华人民共和国侵权责任法》的有关规定承担侵权责任。第六十五条规定，环境影响评价机构、环境监测机构以及从事环境监测设备和防治污染设施维护、运营的机构，在有关环境服务活动中弄虚作假，对造成的环境污染和生态破坏负有责任的，除依照有关法律法规规定予以处罚外，还应当与造成环境污染和生态破坏的其他责任者承担连带责任。第六十六条规定，提起环境损害赔偿诉讼的时效期间为三年，从当事人知道或者应当知道其受到损害时起计算。第六十七条规定，上级人民政府及其环境保护主管部门应当加强对下级人民政府及其有关部门环境保护工作的监督。发现有关工作人员有违法行为，依法应当给予处分的，应当向其任免机关或者监察机关提出处分建议。依法应当给予行政处罚，而有关环境保护主管部门不给予行政处罚的，上级人民政府环境保护主管部门可以直接作出行政处罚的决定。第六十八条规定，地方各级人民政府、县级以上人民政府环境保护主管部门和其他负有环境保护监督管理职责的部门有下列行为之一的，对直接负责的主管人员和其他直接责任人员给予记过、记大过或者降级处分；造成严重后果的，给予撤职或者开除处分，其主要负责人应当引咎辞职：①不符合行政许可条件准予行政许可的；②对环境违法行为进行包庇的；③依法应当作出责令停业、关闭的决定而未作出的；④对超标排放污染物、采用逃避监管的方式排放污染物、造成环境事故以及不落实生态保护措施造成生态破坏等行为，发现或者接到举报未及时查处的；⑤违反本法规定，查封、扣押企业事业单位和其他生产经营者的设施、设备的；⑥篡改、伪造或者指使篡改、伪造监测数据的；⑦应当依法公开环境信息而未公开的；⑧将征收的排污费截留、挤占或者挪作他用的；⑨法律法规规定的其他违法行为。第六十九条规定，违反本法规定，构成犯罪的，依法追究刑事责任。

第七章　湖北企业社会责任实施体系建设

第一节　湖北企业社会责任价值创造的理念变革与战略制定

一、企业社会责任价值创造的理念变革

企业理念变革是企业发展的“先导”，从“非社会责任型企业”向“社会责任型企业”转变是实施企业社会责任价值创造保障机制的基础和起点，也是企业理念变革的具体实践。也就是说，企业社会责任价值创造的理念变革要从责任意识植入与责任概念灌输开始，逐步转变企业社会责任“成本观”。

在此思路之上，笔者认为应提高湖北企业对承担社会责任的重视程度，让湖北企业意识到这一行为对创造企业价值的重要意义，使湖北企业可以真正明确积极承担相关社会责任为企业建设和长足发展带来的积极影响。促进社会责任内化是当前企业战略体系的关键内容，在积极变革企业社会责任价值创造理念的背景下，基于企业社会责任视角，优化湖北企业的责任履行与落实状态。实际上，促进企业可持续发展是所有企业追求的战略目标。湖北企业通过积极承担社会责任创造出来的经济、社会、环境与文化价值，从企业可持续发展层面看，可以上升至经济可持续、社会可持续、生态可持续和文化可持续，最终实现企业可持续发展。

我国已经迈入以保持经济增长、转变经济发展方式、调整优化产业结构为主要特征的新常态时期，企业社会责任越来越受到企业重视。湖北企业要达成可持续发展目标，就必须积极承担社会责任，以此为突破口，创造更大的价值。与此同时，企业只有实现了可持续发展，才能够不断壮大自身实力，从而承担更加重大的社会责任。

（一）角色转换——由“经济组织”转向“复合型组织”

随着社会的发展和科技的进步，企业社会角色正在发生变化。过去企业作为典型的经济组织一直追求的是利润最大化，因为这关系到企业的生存与发展。目前，湖北企业所扮演的角色已经逐渐由经济组织向复合型组织转变。简单来说，企业作为社会的一员，必须要真正融入社会，承担社会责任，为达成经济目标奠定基础。组织角色的变化体现在企业将可持续发展目标作为发展方向。

（二）理念转换——由“成本增加”转向“绩效改善”

传统经济学理论认为企业承担社会责任会导致企业负担增加，也会降低企业的经济效益。产生这种观点的原因是对企业社会责任的认知层次相对较低，考虑问题不够全面。站在企业长远发展角度分析，湖北企业社会责任的承担水平和经济绩效成正比例关系，也就是说湖北企业可以通过承担社会责任改善与提升绩效水平。企业承担一定的社会责任、接受相关的责任审核确实会在一段时间和一定的范围之内促进企业成本上升，但是从长期来看，由于企业承担了社会责任，树立了较好的口碑和信誉，最终有助于企业获得长期利润。大量国内外企业的实践证明，企业强化社会责任管理，积极落实社会责任，不仅可提升社会效益，还能得到长久经济利益。

（三）管理转换——由“物本管理”转向“人本管理”

湖北企业要践行以人为本的发展观，就必须把承担社会责任作为有效手段。在企业可持续发展的过程中，应该积极转变管理观念，从过去以物为中心转向以人为中心，突出人本思想，把人本管理落到实处。因为对于企业的运营管理来说，人是管理活动的主体和客体。企业可借助有效的管理手段，明确不同层次管理人员的职能，使他们可以在共同认可的企业发展愿景之下通力协作，促进企业内部各部门的沟通与协调，提高企业经济效益。湖北企业在承担社会责任的过程中，应该加强管理方面的创新，坚持走人本化发展道路，重视内部员工潜能的发挥，在保持权责利一体化的情况下调动不同层次管理人员的主体参与热情，让企业在承担社会责任方面更具人性化色彩，也为可持续发展注入持久动力。

（四）关系转换——由“对立”转向“统一”

企业履行社会责任和企业实现可持续发展并非对立的，而是具有内在一致性，湖北企业必须将责任承担与可持续发展从对立关系变成统一关系。企业之所以越来越重视社会责任，是因为要想在日益激烈的市场竞争中脱颖而出，就必须在思想理念上进行全面变革，把承担社会责任作为企业战略的重要组成部分，在价值链的不同环节都渗透社会责任意识。只有这样，湖北企业才能够把内部和外部的优势资源整合起来提升对宏观环境的适应能力，加快可持续发展的步伐。

由此可见，湖北企业社会责任价值创造与其可持续发展有着密不可分的关系，湖北企业履行社会责任是企业可持续发展的客观前提，企业可持续发展有利于推动企业履行社会责任。

二、企业社会责任价值创造的战略制定

（一）将企业社会责任理念融入企业发展战略

企业战略是设立远景目标并对实现目标的轨迹进行的总体性、指导性规划，包括营销战略、发展战略、品牌战略等。把承担社会责任列入企业的长远规划，作为战略内容加以考虑，并在理论和实践中进行总结、提炼，形成企业社会责任战略这一新概念。企业社会责任战略是指企业在承担社会责任过程中，将诚信经营、关爱员工、节能环保、慈善捐款贯穿企业研发、采购、生产和营销等价值链的各个环节，改善企业与利益相关者之间的关系，壮大企业的整体实力，让企业通过承担社会责任，获得强大的竞争力，实现企业可持续发展的愿景。湖北企业社会责任战略涉及企业发展的方方面面，把社会责任理念融入企业战略是战略制定的一种实施方法，它可以有效保障后续管理进程以承担社会责任为主线，达到湖北企业创造价值的目标。

（二）推动企业向“战略型企业社会责任”发展

除了将湖北企业社会责任理念融入企业战略制定中之外，推动企业向“战略型企业社会责任”发展也是湖北企业战略制定的一种有效手段，两者略有不同，前者更加强调社会责任价值创造的前端责任意识的灌输，而后者则把关注点放在通过承担社会责任创造出来的巨大价值层次。战略型企业社会责任的含义在于探寻可以给企业以及全社会创造出共享价值的机遇。湖北企业需要在提出企业核心价值主张的过程中，高度重视社会利益的创造，扩大企业的社会影响力。所以，推动湖北企业向“战略型企业社会责任”发展不仅可以让企业更加主动、积极履行社会责任，还可以使企业创造出更大的价值。

在社会责任方面，湖北制造企业相比从前有了很大的提高，湖北省总工会陆续对全省各级工会和企业政党干部进行了社会责任标准（SA8000）培训，

提出中国企业需要把 SA8000 和 WTO 条款同等对待，把这一标准纳入劳动关系法律调整范畴，提高企业对复杂的全球化环境的适应能力，有效面对复杂环境给企业带来的诸多挑战，推动企业发展进步。在湖北省总工会的带动下，湖北省各市区都开始推动企业履行社会责任。黄石出台了《关于开展创建劳动关系和谐企业活动的通知》，重点规范的是企业和谐劳动关系指标、认证这两项内容；襄阳市委发出《关于在全市开展企业社会责任学习教育活动的通知》，同时组织领导小组和工作专班，编写了《负责的大国需要负责任的企业——企业社会责任读本》。在政府部门推动下，神龙汽车有限公司发布了湖北省内企业的第一份社会责任报告。中国企业社会责任发展中心的专家组和湖北省商务厅 WTO 开展了“湖北省企业社会责任调查问卷”的活动，对湖北省内农业、工业、服务业中的 57 家典型企业展开了调查。中国社会科学院经济学部企业社会责任研究中心首次发布《中国企业社会责任报告白皮书》，根据对湖北企业社会责任报告连续三年的监测数据，从完整性、实质性、平衡性、可比性、可读性、创新性六个方面对湖北企业社会责任报告进行评估。同时，湖北大学也以不记名的方式对湖北省 200 个企业进行了传真问卷、面访，此次调查研究的重点是了解企业对践行社会责任的认知水平以及实践程度。制造类企业也逐步认识到了主动承担社会责任的重要性。华新水泥股份有限公司为了有效承担社会责任，牢记初心使命勇于自我革命，从过去的实现利益最大化变成了清洁生活环境以及提供得到使用者信赖的建筑材料。这样的使命变化存在着两个重要的战略支撑点。一是清洁生活环境彰显对环境负责的态度；二是提供得到使用者信赖的建筑材料，凸显对顾客与社会负责的意识。武汉钢铁（集团）公司以“争新型工业先锋，铸钢铁强国脊梁，当现代文明创造者，做和谐社会实践者”为使命，提倡“追求企业效益和社会效益的共同提高”的价值理念，努力做到对用户、员工、股东、环境、社会和供应商负责。该公司在缓解社会就业压力、环保治理、社会公益、支持地方经济发展等方面都做出了重大贡献。湖北白云边酒业股份有限公司提出“以人为本、科学发展、回报社会”的价值观。“回报社会”是终极目标，即通过诚信纳税、创造就业、公益慈善和生态环保来履行社会责任。东风汽车集团股份有限公司（以下简称“东风公司”）提出了以“和”为核心的文化理念，“和”之内涵是“和衷共济，和悦共生”，东风公司致力于“人、车、自然、社会的和谐”。东风公司十分注重其在市场领域、社会领域、环境领域等方面的社会责任履行情况。例如，东风公司每年都会组织开展公益活动，包括地震捐款、爱心助学等；积极开展节能减排，提高用能效率，改善作业环境状况。此外，中冶南方工程技术有限公司提倡的“超越客户期望、提升员工价值、承担社会责任”核心价值观、湖北新洋丰肥业有限公司提出的“为社会分担责任，与员工分享成果”的核心理念、武昌船舶重工有限责任公司提出的“兴船报国，创新超越”的企业精神等都体现了企业积极履行社会责任的意识和担当。

鉴于此，笔者认为湖北企业应该将社会责任纳入企业战略制定范畴，做好企业社会责任价值创造的“顶层设计”，防范社会责任缺失问题，同时把确定和落实社会责任战略当作助推企业可持续发展的有效途径，形成有效的战略保障体系，把牢企业战略方向，创造出更大的社会价值。

第二节 湖北企业社会责任价值创造的管理创新与制度落地

一、湖北企业社会责任价值创造的管理创新

（一）治理理念创新

社会责任理念的提出推动了湖北企业治理理念的改革。随着社会责任理念的深入落实，湖北企业在治理理念方面也发生了变化，开始从单边治理转变为多边治理。由单边治理到多边治理的变革充分体现了湖北企业管理的全面化和系统化。所以，湖北企业治理理念的创新必须从单一的“股东治理”模式转向多元的“利益主体参与治理”模式。

湖北企业治理理念革新和治理结构不断完善是为了让企业可以更好地保障社会责任价值创造行为，要使治理理念革新与治理结构优化相互协调、共同推进，就要厘清湖北企业治理机构的科学完善对保障企业承担社会责任创造价值的影响。首先，要处理好利益相关者的关系。一般的企业都将治理的核心放在为股东创造最大利益上，却没有意识到其他利益相关者对企业可持续发展的重要性。其次，湖北企业在企业治理方法的选择方面，应该逐步从单边治理转变为多边治理。为了有效履行社会责任，现代企业应该积极开展多边治理工作，综合考量对企业发展产生影响的要素。企业多边治理模式是动态的，但一些核心要素是不会变的，如保护股东和其他利益相关者的利益，防止内部人控制；确保董事长对公司的战略性指导和对公司战略执行情况的有效监督；高标准的信息披露；完善的外部监督制约机制；等等。最后，湖北企业治理的关键是顶层设计。从全局的角度，统筹考虑项目各要素，在最高层次上寻求问题的解决之道。

（二）组织架构创新

国务院国有资产监督管理委员会发布《关于中央企业履行社会责任的指导意见》后，央企就做出积极表率，率先进行社会责任管理组织机构创新，建立专门的管理部门促进社会责任履行。独立的社会责任管理部门可以有效地推动管理创新，同时能第一时间发现责任缺失行为的源头所在，解决责任落实不到位的问题。总之，承担责任与管理创新的协同发展可以帮助湖北企业创造价值。另外，在人力资源管理过程中，为确保社会责任的落实效果，需要将其融入不同的管理模块。一方面，湖北企业需要承担对员工的各项责任；另一方面，企业需要将社会责任落实到每个一部门、每一个岗位上，培养员工成为“责任型”员工，建立湖北企业社会责任管理体系。

具体来看，湖北企业可以通过设立以下部门来完善组织架构。第一，企业可以通过控制第一大股东持股比例和合理限制前五大股东持股比例，优化股权结构，避免第一大股东为了自身利益最大化而不考虑企业长远发展的需要，选择不承担或少量承担企业社会责任，同时合理设置董事会规模、保障独立董事人数，避免出现董事长和经理人两职兼任的情况，通过让利益相关者实际参与公司决策最终实现共同治理。第二，在领导机构层面，企业构建社会责任领导机构，如社会责任领导小组等，为企业履行社会责任提供组织支持。第三，在归口管理部门层面，企业可以根据不同规模、不同性质进行有差异化治理结构安排。第四，在专职部门层面，企业也可以相应设立以“社会责任”命名的专职部门，企业在这一层面的治理结构设置已有成效。例如，中国电子科技集团有限公司设立“质量安全与社会责任部”，国家电网有限公司设立“社会责任处”等。此外，为推动下属单位社会责任工作，部分企业还在下属单位建立了相应的社会责任归口管理部门，如国家电网有限公司在下属单位设立社会责任工作领导小组，小组下设办公室，指导日常社会责任工作的开展。

（三）运营流程创新

社会责任履行的内在要求推动了湖北企业运营流程的改革与创新。把社会责任融入运营流程是非常重要的，而且要促进管理流程的全面融合。社会责任的履行既要求湖北企业在推进管理工作的过程中从内部拓展到外部，也要求在管理机制建设中从关注内部资源配置到促进社会资源优化配置。就湖北企业外部发展而言，社会责任和业务流程相结合，以供应链为核心，依托社会责任理念，可以在协调多元主体关系的同时创造出更大的价值。

（四）绩效考评创新

履行企业社会责任推动湖北企业变革绩效考评机制，从只关注财务价值的实现转变为关注经济、环境、社会与文化价值等的创造，重视企业软实力和可持续发展能力的提升。开展社会责任考评工作的重要目的在于确保湖北企业社会责任的落实效果，使企业中的所有员工都能够转变传统思想观念和行为。对此，在湖北企业构建考评体系的过程中，应该保证考核评价体系是全面与可衡量的。当然，不同的企业要充分考虑自身发展现状，坚持具体问题具体分析的原则，把实际情况作为根本立足点和出发点，在此基础上积极对接国际标准，构建一个科学有效的指标体系。例如，中国南方电网有限责任公司结合《社会责任报告编写指南》，建立了符合企业自身要求的南方电网社会责任指标体系。

在对员工进行实际考核的过程中，目标管理是促使员工积极承担自身责任，全面提高湖北企业管理有效性的方法。企业应该建立社会责任价值创造目标，然后对这个目标进行逐层分解，细化成员工个人目标，提升员工对企业社会责任的认知水平，并使员工建立统一战线，不管是在思想上还是在实际行动上，都要积极参与到企业社会责任价值创造活动中，并在员工和企业的共同努力下达成总体目标和分目标。湖北企业可定期结合目标管理，做好责任践行情况的考核，考核范围涉及公司、部门与个人，每一个层次都不可忽视，同时在这一过程中要做好归纳和反思并且落实奖惩制度。

二、湖北企业社会责任价值创造的制度落地

（一）湖北企业社会责任制度建设

企业制度是指企业作为一个有机组织，为了实现企业既定目标和实现内部资源与外部环境的协调，在财产关系、组织结构、运行机制、管理规范等方面的一系列制度安排。湖北企业制度具有动态性，简单来说就是随商品经济改革深化而发生改变，整个过程是从不完善到日益完善的过程。构建湖北企业社会责任价值创造战略保障体系应该重视企业制度中社会责任元素的融入。在制度建设过程中，要避免出现照抄照搬的问题。要相实现社会责任理念与企业制度完美契合，湖北企业就要做好以下工作。

1. 权责分明

湖北企业的管理机制要体现出权责分明，享受的权利越大，相应承担的责任也就越大。只有在制度建设过程中明确权责关系，才能够真正提升企业管理水平，

进而确保社会责任价值创造的有效性。湖北企业在完善责任制度的基础上，还应该把奖惩机制融入其中，评估员工权利使用、责任履行和价值创造的相关情况，并采取相应奖罚措施，让员工能够在思想和行动上自觉践行企业规范。从整体上看，奖罚机制的建立既可以防止员工滥用职权，也可以避免其责任缺失等行为的产生。

2. 灵活变通

湖北企业在制度建设过程中，除了要吸收利益相关者的建议和意见，了解他们的相关主张之外，还必须懂得灵活变通，在制度的制定与落实过程中保持一定的弹性，这样才能够创造最大化的价值，而不会因为一成不变和形式化的制度建设引发不良后果。企业所处的阶段不同，所制定的制度也会有区别。例如，如果企业所处的阶段要求重视销售活动的开展，那么在制度构建中就要偏重销售业绩奖励，适当减少与销售关联相对较小的内容；假如企业处在一个高速发展的阶段，那么在这个时期，应该做好统筹安排，高度重视制度建设，这样湖北企业就可以在履行社会责任的过程中创造更大的价值。

（二）企业社会责任制度落实

落实企业社会责任制度是非常困难的，要想落实企业社会责任制度，需要对企业整体开展制度层面上的深度检查、修正与补充。一是了解企业制度能否匹配企业社会责任观。二是有效修正不匹配的制度，补充目前缺失但是能够影响企业承担社会责任的制度。健全社会责任制度，湖北企业需要高度关注先进技术手段的运用，合理引入管理软件，并将其运用在规范管理体系、控制企业治理成本等方面，获得更为显著的治理效果。

综上所述，管理创新是把履行社会责任和价值创造结合起来的重要举措，要想确保社会责任制度的顺利落实，就应该把企业社会责任内容融入制度建设全过程，促进两者相辅相成，为湖北企业创造更大的价值。

第三节　湖北企业社会责任实现机制的构成要素

一、湖北企业社会责任实现机制的主体

（一）企业法人

市场经济是法人制度赖以建立的基础。在市场经济中，企业无疑是最活跃

的要素，同时是应该主动承担社会责任的主体。在企业践行社会责任的过程中，企业法人作为社会责任实现主体，拥有独立承担民事责任的能力，法人作为民事法律关系的主体，是社会组织在法律上的人格化，湖北企业应主动承担社会责任。

（二）股东大会

股东大会是股份公司的最高权力机构，要想制定企业重大决策和处理重大事件，就必须依靠股东大会做出决议。对湖北企业承担社会责任，因为涉及企业核心利益，所以必须经股东大会讨论才能够做出具体决议。股东大会所决定的事项都是公司经营、发展过程中的重大事项，企业承担社会责任的主体。

（三）董事会

董事会是由董事组成的、对内掌管公司事务、对外代表公司的经营决策机构。董事会在制定相关决策的过程中需要考虑股东利益，对利益相关者承担一定的责任与义务。董事会决定企业对外行为，因此董事会构成人员需要承担企业社会责任。企业承担社会责任的行为与董事会成员投票和决策以及董事对企业践行社会责任的态度密切相关。因此，要促使湖北企业自觉履行社会责任，必须在董事会决策环节更多考量企业社会责任。

（四）监事会

监事会属于企业内的监察机构，主要承担的是监控企业运营发展的责任，其主要作用是对公司的业务活动进行监督和检查，体现在企业社会责任层面上就是监事会监督关乎企业利益相关者的决策与业务落实情况。监事会为湖北企业践行社会责任提供内部监督机制方面的保证。

二、湖北企业社会责任实现机制的对象

（一）劳动者

劳动者是生产力中最积极活跃的组成要素。在现代企业的发展过程中，劳动者占据举足轻重的地位。现代企业的竞争从本质上来说是人才竞争，只有拥有丰富与优质的人力资源，才可以让湖北企业在激烈的竞争中获得优势。因此，为员工提供优质的工作环境与良好的条件尤为重要。湖北企业在发展过程中要不断完善企业管理员工参与制度，保障好员工利益，调动员工工作热情，进而

给企业创造更大效益，充分体现员工价值。如今的社会，分工和以往相比发生了很大的变化，朝着更加细致化和具体化的方向发展，对专业性的要求也逐步提升。大多数国家都把企业对员工的责任归入企业社会责任范畴。企业对员工的责任涉及多个层次，如安全卫生权、休息休假权、教育培训权、保险福利权等。

（二）消费者

消费者群体规模庞大且分布广泛。从消费者在市场上的地位来看，消费者是企业产品与服务的使用者与接受者，湖北企业所提供的产品或服务的好坏会给消费者的利益带来直接影响。所以，广大消费者在具体的消费活动中更加青睐于选择诚实守信且拥有极强责任感的企业。如果湖北企业重视消费者，了解他们普遍关心、关注的问题，会极大程度优化企业形象。湖北企业为了获得长足发展，就需要向社会提供优质产品或服务。企业能否顺利达成利润目标和消费者选择有着直接关联，特别是在供给大于需求的消费市场中，市场竞争更加激烈。只有企业秉持诚信准则，面向社会大众，供给优质的产品与服务，消费者才能够对企业产生依赖感，并逐步成为企业长久拥护者。假如湖北企业在发展过程中没有牢牢把握诚信原则，所生产的各种产品质量不合乎要求，甚至出现以次充好、以假乱真等情况，这不仅会损害消费者利益，还会给消费者造成不良消费体验，损害企业形象。所以，湖北企业在经营发展过程中需要始终意识到消费者是影响企业长足发展的重要利益相关者，只有维护好消费者的利益，保障好他们的权益，才能够提高客户黏性，满足消费者需求，为企业的长足发展提供强有力的支持。

（三）债权人

债权人是和企业发展密不可分的利益群体。湖北企业需要对债权人承担相应责任，既要保护债权人利益不受损害，又要关注企业长远利益的获得。假如企业利用非正常经营方法损害到债权人的利益，在这样的情况下要求债权人承担风险是不公平的。企业经营者需要承担相应的赔偿责任，这是落实公平原则的内在要求。

（四）上下游企业

上下游产业链的实质是不同产业地企业之间的关联，上游企业和下游企业是相互依存的，互助互利，共同发展。把社会责任延伸拓展到供应链网络，形成一个责任供应链，关注供应链中社会责任的落实，同时督促上下游企业共同承担。湖北企业积极承担社会责任不仅能够让供应链企业之间的竞争环境得到优化，形成良性竞争关系，还有助于为企业创造更高绩效，加大社会对企业的认同感，助推企业稳步发展。

（五）社区

孔茨和韦里克在《管理学》这部著作中指出了企业和社区之间存在的关系。企业要想扩大生存发展空间，就必须和相应社会环境相联系，随社会环境变化进行调整，积极参与社区活动。企业和社区间有着不可分割的关系，可以彼此促进实现共同发展。企业对社区的影响直接体现在提供就业、带动有关行业发展等方面，主要是带动餐饮、娱乐、休闲健身等相关行业发展。除此以外，社区的快速发展能够为企业的长效发展带来各种优势资源与良好条件，让企业有更加广阔的发展空间。总之，社区与企业间的作用是相互的，湖北企业在发展中承担社区责任能够帮助企业塑造良好形象，通过提升企业形象，扩大其品牌知名度，提升企业核心竞争力。企业借助社区可以顺利连接社会，所以社区是企业和社会之间沟通的桥梁与纽带。

第四节　湖北企业社会责任实现机制的主要特点

一、系统性和整体性

企业社会责任具有系统性特征，其实现机制也由此表现出系统性和整体性的特点。湖北企业要践行社会责任必须凭借多方面力量的参与与协同配合。企业作为市场经济主体，其所开展的经营管理活动包含社会发展的方方面面。企业在履行社会责任方面，实现机制具备多样化特征，这就要求企业履行相应社会责任，实现资源优化配置。

二、派生性和层次性

彼得·德鲁克在《管理：任务、责任和实践》一书中专门撰写了社会责任的限度。在他看来，企业先要做得好，然后要做好事。做好事的基础和前提是做得好。他认为，如果企业忽略经济上的业绩，力求承担自己根本无力承担的社会责任，企业往往很快会陷入困局，甚至面临生死存亡的威胁。假如由此导致企业失去了生存发展的机会，那么企业无疑是最不负责任的。湖北企业所承担的基本社会责任实际上就是将自己的企业建设好，只有这样才有能力承担其他的社会责任。如果企业根本没有生存发展的能力，而过度追求承担社会责任，那么企业会失去发展的基础，履行社会责任也就成为无源之水和无本之木。

企业承担的社会责任体现出不同的层次，其中经济层次和法律层次的责任是湖北企业在经营发展过程中需要严格遵守的基准。所以，经济与法律层面上的社会责任实现机制应该居于首要地位。从当前企业社会责任实现机制建设角度进行分析，需要重点关注经济层面和法律层面，注重完善制度，提升制度的规范性以及科学性，以此助推湖北企业承担社会责任。

第五节　企业内外部伦理调控

建立以责任为中心的伦理调控是立足责任伦理这一视角，约束、调控以及规范企业的经济与社会活动。这里所提到的调控可在内部或者外部落实。

一、企业外部伦理调控

并非所有企业均能保持良好的道德自律，因此对湖北企业能否有效履行社会责任，应该从企业外部开展必要的伦理调控。

站在社会视角进行分析，社会需要不断完善监督机制，用来确保企业对社会责任的有效履行，并且为企业承担责任提供优质的社会环境。为了最大限度发挥湖北企业伦理调控作用，应该在全社会营造企业伦理氛围。如果某个企业破坏了这样的氛围，打破了固有规则，虽然不至于立即受到法律惩处，但也会在群众、媒体等揭露之下付出代价，即影响企业形象和品牌价值，从而导致企业效益降低。具体来说，社会可基于制度建设角度，健全企业行为舆论监督系统，建立专门的评价机构，对行业企业伦理行为进行客观评价。评价机构成员应该涉及企业、政府、社区、传媒机构等不同领域，主要的职能是监督企业社会行为，充分发挥社会舆论力量，利用社会团体力量评价湖北企业履行社会责任的相关行为表现，而对企业的非伦理行为，则需要给出警示和严厉谴责，从而在全社会营造优质环境，督促所有湖北企业积极履行社会责任。

政府部门应该基于保障社会利益与推动社会有序运转视度，扮演好社会群众利益代表的角色，借助法律手段，明确指出湖北企业承担社会责任的规范化要求，监督制度的有效落实，提供各项保障条件。

二、企业内部伦理调控

在湖北企业内部建设过程中，建立健全伦理调控机制是进行内部伦理调控的有效方法。

（一）强化企业伦理观念

秉持塑造湖北企业良好道德形象的思想观念，着力打造伦理型企业。当代社会，企业塑造良好道德形象变得越来越重要。湖北企业应该适应道德压力，在发展过程中树立正确思想观念，坚持诚信、公正、公平、良性竞争等思想理念，积极承担社会责任，成为深受群众青睐的道德型企业。

加强湖北企业伦理文化建设。企业伦理文化属于企业文化的范畴，是由经济基础决定的，并受社会文化影响，对湖北企业活动有着深远的影响。

（二）建立企业伦理决策机制

为保证伦理决策机制在湖北企业中的顺利构建与落实，企业应该在决策环节加强伦理道德建设。企业管理活动过程实质上就是一系列的决策活动过程。对于企业而言，履行社会责任体现在制定决策和履行决策时加强对道德问题的考量。

为了有效推动湖北企业伦理决策机制的贯彻落实，必须发挥企业道德委员会这一企业外部机构的积极作用，针对企业决策进行有效的道德监督，约束和规范不道德行为。与此同时，在湖北企业的生产经营过程中，针对每一个环节都应该实施必要的道德调控，对企业的行为进行有效规范。

（三）完善企业道德培训机制

提升湖北企业道德培训机制建设的全面性以及完整性最为关键的是要制定企业道德准则，以此为指导，确定具体的培训内容，选择合理培训方法。湖北企业要想对自身行为进行约束，就必须制定道德准则，从而给企业的相关决策提供行动指南，这一准则应该具备很强的可行性、具体性以及逻辑性。

为了完善湖北企业的道德培训机制，必须面向企业的广大员工开展以伦理道德为主要内容的教育培训活动，提升企业员工的道德素养。要想打造良好的道德型企业，湖北企业应该将提升整体道德素质作为重中之重，具体涉及两个部分，即企业经营者与员工的道德素养，而其中尤为关键的是企业高层管理人员的道德素质。默克、惠普、松下等公司的创立者在其企业高标准道德行为规范的形成方面起到了决定性的作用。完善企业道德培训机制还要求湖北企业提高制度执行力。企业道德规范一旦制定，企业就应该遵守并身体力行。

第六节　构建责任型组织

企业社会责任是企业得以形成与发展的伦理根基。现代企业要承担切实履行企业社会责任的义务，构建责任型组织。

一、责任型组织构建的伦理基础：企业社会责任

湖北企业承担并履行好经济责任，为国民经济的快速稳定发展发挥自己应有的作用。伦理责任是社会对企业的期望，企业应努力使社会不遭受自己运营活动、产品及服务的消极影响。

有效履行社会责任并不是消极负担，如果能够对其进行正确把握与合理利用，是能够将其转变为湖北企业发展机遇的。将问题转变为机遇是企业管理的精髓。将社会问题转变为企业发展机遇的过程中，最重要的并不是新的技术、产品与服务，而是创新。一个长期秉公守法、努力履行社会责任、积极为社会建设贡献力量的企业能够塑造良好的企业形象，得到更多的无形资产，这些都是湖北企业长远发展必不可少的条件。

当代社会给湖北现代企业发展提出了全新要求，即企业应该致力于塑造正确的社会价值观与社会信念，构建和谐社会。我们如今所处的社会是由各种各样组织机构组成的，不同的组织机构承担着不同的功能，在这一过程中湖北企业承担的基本功能体现在两个方面。第一，企业组织需要持续面向社会，提供更多优质的产品与服务；第二，企业需要满足人们日益增长的对美好生活的需要。总之，湖北企业对社会责任的勇敢担当应该把关键点放在满足人类生活质和量的需求层面，让人们拥有更好的生活。

二、构建责任型组织的五个原则

（一）权责统一

对于企业的经营管理者来说，权利和责任是统一的，两者相辅相成，不能分割。权利应该和责任保持对称性，否则就是专制，当然缺少了责任，权利也会失去应有作用。企业要想最大限度体现应有的社会功能，充分履行社会责任，均需要拥有权利，否则湖北企业就不能顺利运转。在企业承担社会责任时，企

业的管理经营者需要考虑企业是否有能力承担社会责任，是否在其职权范围内。

（二）适度原则

企业承担社会责任应适度、量力。企业在履行社会责任的过程中需要支付成本、减少利润，因此企业承担社会责任应在力所能及的范围内。也就是说，企业理应承担社会责任，但不能以牺牲企业发展为代价。试想一下，如果一个企业在承担社会责任的过程中忽视了自身发展，致使企业走向衰退，那么企业管理者就是一个不负责任的人。

（三）经济责任与社会责任相结合

经济责任是企业承担社会责任的客观基础。作为一个经济体，企业的首要责任是生存与发展，即获取经济利益。企业发展是企业承担社会责任的基本前提，这是因为企业的经济责任是其承担社会责任的物质基础。一个企业唯有自身发展壮大了，才有可能承担更多的社会责任，回报社会。如果企业不能持续发展，则无力为社会提供就业机会，无法保证有足够的资源投入以保障员工的福利报酬，更谈不上承担为社会公益事业赞助、向慈善活动募捐等社会责任。

（四）追求长远利益

在某些情况下，企业履行社会责任可能会减少企业短期利润的获得，但从长远来看，企业社会责任与利润是相辅相成、相互促进的。社会是企业的生存环境，一切企业经济活动都是社会不可分割的重要组成部分，企业所需要的人力、物力资源都来自社会，企业的生存发展离不开社会的资源输入。另外，企业承担社会责任有助于保护资源和环境，实现可持续发展。企业履行社会责任，通过技术革新减少生产过程对环境可能造成的污染，同时降低能耗，节约资源，降低成本，从而使产品更具竞争力，获得持续发展的良好社会环境。

（五）培养具有社会责任感的企业管理人才

改革开放40多年后的今天，越来越多的企业管理者选择在创造财富的同时，努力承担更多社会责任，在环保、扶贫、教育、公共卫生等领域为社会发展做出了巨大贡献。通过不断提供知识创新、智力支撑和人才保障，企业在为经济社会发展做出巨大贡献的同时，实现了自身的跨越式发展。企业在做大做强的同时，能够与国家民族共命运，汲取40多年改革开放的有益经验，充分发挥自身优势，主动在脱贫攻坚、生态环保、教育和卫生等国家关注、社会关切、百姓关心的领域发力，把社会责任放在心上、扛在肩上，努力实现企业“回报社会，勇于担当”的家国情怀。

三、责任型组织构建的关键因素

（一）政府、社会与企业的关系的准确定位是基础

在企业、政府关系中，企业是主体，政府则是客体。随着我国市场经济体制的建立，政府必定要改变其职能，改革和精简政府机构，继续深入进行企业制度的改革，建立现代企业制度。企业是经济生活的微观组织，是现代社会商品与劳务的提供者，是市场的竞争主体，政府的职能为企业提供一个良好的、公平的竞争环境和为企业竞争提供服务。可见，政府与企业的联系非常密切，而且两者目标统一， 都是为了满足大众的需求。

在企业、社会关系中，对于一个企业来说，社会效益和经济效益同等重要，企业在发展过程中创造的经济效益在很大程度上也推动了社会经济的发展，产生了巨大的社会效益。企业也不能脱离社会而单独存在。

（二）管理层的责任意识与奉献精神的培养是关键

人是企业管理的主体，是生产力起主导作用的要素，无论什么样的先进技术、先进管理方法，都要依靠人来操作、去实现。企业管理层是指对公司大小事务有决定权的人，一般分为高层管理者、中层管理者和基层管理者。在企业中，管理层要树立责任意识，责任意识是一种全局意识，也是一种风险意识。我们今天弘扬的奉献精神不是不要个人利益，而是要求我们要把奉献和获得正当的个人利益统一起来。爱岗敬业是一种普遍的奉献精神，只有爱岗敬业的人才会在自己的岗位上尽职尽责，遵守职业道德，勤勤恳恳，精益求精，才会为社会做出更大的贡献。

第七节　湖北企业社会责任评价体系

企业是社会系统的重要组成部分，是国民经济的细胞，是社会进步的推动者，构建和谐社会，企业发挥着不可替代的基础作用。政府、企业及社会各界应共同携手，建立企业社会责任体系，大力推进和谐社会建设，承担社会赋予的责任和使命。

一、湖北企业社会责任评价体系构建原则

（一）目的性

构建企业社会责任评价体系的目的在于衡量企业履行社会责任的状况，找出企业的薄弱环节，提出改善方法，从而使企业更好地履行社会责任。

（二）代表性

评价体系的测量指标既要反映当前国际上对企业履行社会责任的共同要求，又要符合中国的国情和企业的实际。

（三）可行性

评价体系所选取的测量指标必须符合企业社会责任理论，与企业生产经营活动的实际状况大体吻合。同时，评价指标体系所需要的数据必须易于取得，易于解释，指标计算方法科学，便于进行量化处理。

（四）可比性

评价体系中指标的可比性主要体现在两个方面。一是在不同的时间和空间范围内具有可比性；二是在指标的口径、内涵上具有可比性。

二、湖北企业社会责任评价体系构建的基本思路

首先，借鉴国际上有关企业社会责任的评价标准，结合我国企业的实际情况，构建一个合适的企业社会责任评价体系。鉴于我国的社会文化背景、各类资源的开发和使用情况，如果将国际通用的指标体系直接应用于我国企业，将会给企业经营带来极大障碍。但是，如果完全不顾国际标准的要求，在经济全球化发展的今天，企业的经营活动会遭受很大的困难。

其次，参考我国政府提出的相关方针政策。近些年，我国政府在环境保护、员工权益、资源配置等方面出台了各种政策法规，这对企业具有极强的约束力，并对企业的生产经营活动产生深远的影响。

最后，构建企业社会责任评价体系时坚持突破重点，分类指导。针对存在的突出问题，制定相应的标准，有效解决相应的问题，引导企业完成向国际标准的迅速过渡和接轨，使企业获得更大的经济效益。

参考文献

[1] 文理 . 企业战略管理 : 原理 · 实例 · 分析 [M]. 合肥 : 中国科学技术大学出版社 , 2019.

[2] 王景利 , 黄臻 . 企业战略管理 [M]. 北京 : 国家行政学院出版社 , 2018.

[3] 吴丹 . 企业战略管理 [M]. 南京 : 河海大学出版社 , 2017.

[4] 杨洁辉 , 曾东海 . 企业战略管理 [M]. 开封 : 河南大学出版社 , 2015.

[5] 王立杰 , 宋梅 . 企业战略管理 [M]. 北京 : 煤炭工业出版社 , 2015.

[6] 蔡维琼 , 陶佳鹏 . 企业战略管理 [M]. 长春 : 吉林大学出版社 , 2015.

[7] 李国英 , 王丹丹 , 崔玉蕾 . 企业战略管理 [M]. 天津 : 南开大学出版社 , 2015.

[8] 韩景元 . 企业战略管理 [M]. 北京 : 中国铁道出版社 , 2015.

[9] 李沛强 . 企业战略管理 [M]. 上海 : 上海交通大学出版社 , 2015.

[10] 谭白英 , 熊莎莎 . 企业战略管理 [M]. 武汉 : 武汉大学出版社 , 2014.

[11] 何小波 , 龚全安 . 企业战略管理 [M]. 北京 : 中央广播电视大学出版社 , 2014.

[12] 于秀娥 , 赵青 . 企业战略管理 [M]. 北京 : 中国商业出版社 , 2014.

[13] 丁宁 , 王馨 , 王进云 . 企业战略管理 [M]. 北京 : 北京交通大学出版社 , 2012.

[14] 周小军 , 刘成林 , 黄琳娜 . 企业战略管理 [M]. 长春 : 东北师范大学出版社 , 2012.

[15] 张国良 . 企业战略管理 [M]. 杭州 : 浙江大学出版社 , 2011.

[16] 王绚皓 , 陈江波 , 于欣 . 企业战略管理 [M]. 哈尔滨 : 哈尔滨工业大学出版社 , 2011.

[17] 龚荒 , 庄绪春 , 邹俊佩 . 企业战略管理 [M]. 徐州 : 中国矿业大学出版社 , 2011.

[18] 王丽杰 . 企业战略管理 [M]. 厦门 : 厦门大学出版社 , 2011.

[19] 李敬 , 陈收 . 企业战略管理 [M]. 长沙 : 湖南大学出版社 , 2011.

[20] 郑俊生 . 企业战略管理 [M]. 北京 : 北京理工大学出版社 , 2011.

[21] 宋国敏 . 企业社会责任与内部控制探索与融合 [M]. 北京 : 中国社会出版社 , 2018.

[22] 周晓唯 . 企业社会责任的理论与实践 [M]. 西安 : 陕西师范大学出版总社 , 2016.

[23] 许英杰 , 石颖 . 战略性企业社会责任 [M]. 北京 : 中国言实出版社 , 2016.
[24] 崔丽 . 当代中国企业社会责任的法理与实践以关系契约理论为视角 [M]. 北京 : 法律出版社 , 2015.
[25] 李建升 , 李巍 . 企业文化与企业绩效关联机制研究企业社会责任视角 [M]. 北京 : 经济管理出版社 , 2012.
[26] 黎友焕 . 中国企业社会责任研究 [M]. 广州 : 中山大学出版社 , 2015.
[27] 彭劲松 . 企业管理与企业社会责任 [M]. 广州 : 华南理工大学出版社 , 2011.
[28] 张坤 . 企业社会责任实现机制研究 [M]. 西安 : 西安交通大学出版社 , 2017.
[29] 易开刚 . 企业社会责任教程 [M]. 杭州 : 浙江工商大学出版社 , 2014.
[30] 殷格非 . 企业社会责任管理解码责任竞争力 [M]. 北京 : 中国三峡出版社 , 2018.
[31] 吴巧生 , 温健 , 许巍 , 等 . 资源型企业社会责任调查 [M]. 武汉 : 湖北人民出版社 , 2015.
[32] 唐立军 , 孙永波 , 刘文纲 . 我国企业社会责任管理研究 [M]. 北京 : 中国财富出版社 , 2015.
[33] 杜莹 , 秦学京 , 屈荣 , 等 . 中国企业社会责任理论与实践 [M]. 石家庄 : 河北科学技术出版社 , 2015.
[34] 章辉美 . 和谐社会视野中的企业社会责任研究 [M]. 北京 : 光明日报出版社 , 2016.
[35] 廉春慧 . 企业社会责任信息、企业声誉与利益相关者行为意向研究 [M]. 北京 : 企业管理出版社 , 2018.
[36] 李海廷 . 企业社会责任的危机缓冲效应研究 : 基于消费者反应的视角 [M]. 北京 : 中国财富出版社 , 2018.
[37] 郭洪涛 . 中国企业社会责任比较研究基于不同所有制的视角 [M]. 北京 : 新华出版社 , 2018.
[38] 孙红梅 . 企业社会责任会计体系构建研究 [M]. 上海 : 上海财经大学出版社 , 2014.
[39] 赵怡晴 , 李仲学 , 祖秉辉 , 等 . 企业社会责任动态理论与评价技术 [M]. 北京 : 煤炭工业出版社 , 2016.
[40] 郝琴 . 企业社会责任战略基于国家标准 [M]. 北京 : 中国经济出版社 , 2016.
[41] 卢剑峰 . 旅游企业社会责任、变革、创新与绩效关系研究 [M]. 沈阳 : 东北大学出版社 , 2018.
[42] 陈煦江 , 高露 , 焦佳 . 食品企业社会责任与经济绩效的关系研究 [M]. 成都 : 西南交通大学出版社 , 2018.

[43] 黎友焕 . 企业社会责任概论 [M]. 广州 : 华南理工大学出版社 , 2013.
[44] 唐立军 , 孙永波 , 刘文纲 . 首都零售企业社会责任评价研究 [M]. 北京 : 中国财富出版社 , 2015.
[45] 刘淑华 . 企业社会责任绩效评价及推进机制 [M]. 北京 : 中国经济出版社 , 2015.
[46] 屈晓婷 . 绿色低碳发展中的企业社会责任 [M]. 北京 : 北京交通大学出版社 , 2015.
[47] 金仁仙 . 全球化背景下的企业社会责任研究以韩国政府和企业为例 [M]. 北京 : 对外经济贸易大学出版社 , 2017.
[48] 李恒 , 黄雯 . 企业社会责任理论及其推动力研究 [M]. 成都 : 四川大学出版社 , 2015.
[49] 杨春方 . 企业社会责任驱动机制研究理论、实证与对策 [M]. 广州 : 中山大学出版社 , 2015.
[50] 尹美群 , 张继东 . 中国旅游企业社会责任报告现状与研究 [M]. 北京 : 旅游教育出版社 , 2015.
[51] 董淑兰 , 王永德 . 企业社会责任与绩效关系研究基于价值创造与可持续增长的视角 [M]. 沈阳 : 东北财经大学出版社 , 2017.
[52] 嵇国平 , 阚云艳 . 企业社会责任与企业绩效的关系研究企业软实力和利益相关者关系的双重中介效应 [M]. 上海 : 上海财经大学出版社 , 2018.
[53] 胡琴芳 , 戴军 , 周欢 . 企业社会责任行为对消费者购买意愿的影响机制研究 : 基于社会交换理论视角 [M]. 武汉 : 武汉大学出版社 , 2018.
[54] 蔡世刚 . 企业管理 [M]. 西安 : 西安交通大学出版社 , 2017.
[55] 祝宝江 , 周荣虎 , 陈国雄 . 企业管理 [M]. 上海 : 上海交通大学出版社 , 2017.
[56] 高鹏飞 , 崔奇 , 董建伟 . 企业管理 [M]. 北京 : 中央广播电视大学出版社 , 2014.
[57] 朱春红 . 企业管理 [M]. 沈阳 : 东北大学出版社 , 2013.
[58] 熊明华 . 企业社会责任成本与企业效益的关系研究——基于浙江省中小企业的实证分析 [M]. 杭州 : 浙江大学出版社 , 2016.
[59] 华冬萍 . 企业社会责任培育过程中的政府作用研究 [M]. 苏州 : 苏州大学出版社 , 2014.